Lukasevangelium, Kapitel 1-10
ausgelegt für die Gemeinde
Walter Lüthi

主イエスの言葉と働き

ルカ福音書1章から10章による講解説教

ヴァルター・リュティ［著］
野崎卓道［訳］

新教出版社

序　言

　このルカによる福音書の講解の執筆は数十年にわたっています。説教で取り上げる聖書の章句を選ぶ際、初めからルカにある種の優遇が与えられたという事実によって、すでにこの執筆が軌道に乗せられていました。私は一九四六年の春から、日曜日の朝の説教において連続して諸福音書のすべてのたとえを講解したとき、その中にはルカによる福音書のものが少なくありませんでした。この福音書の最初のまとまった全体的な講解は一九四八年の秋から一九五〇年の春まで、週日の夕礼拝においてなされました。それ以来、ルカによる福音書について書き留めた文書を何回かの休暇の旅行に持って行きましたので、今さしあたり、少なくとも最初の一〇章を思い切って印刷することができます。

　この講解に影響を与えた文献を一つ一つ挙げることは簡単ではありません。ここでは、いろいろな神学的な流れや時代思潮との対決の成果が問題となっています。福音主義の牧師は第一次世界大戦の終結以後、必然的にそれらと接触しました。神学教師たちの中には、後に私たちが彼らの見解から距離を置き、それどころか関係を断たなければならなかった人々がいますが、それでもそれらの神学教師たちに対しても大いに感謝する理由があります。そのように言うとき、私はとりわけ筋金入りの神学的自由主義を念頭に置いています。それは当時二〇年代初頭、ベルンにおける私たちの学部において、ほとんど信じられないほど自信に満ちあふれて活動していました。私たち学生は当時、私たちの教師たちから、「厳密な学問性」という研ぎ澄まされた器具によって、血が出るほどにひげを剃られました。人はまだ「非神話化」について語っていませんでした。しかし、事実上、これをとても活発かつ熱心に行っていたので、当時すでに普通の神学生は実際に説教を語る牧師職に移行することを恐れていました。当時、年上の同僚は次のように言って新米を慰めることができました。「神学を研究するとは、まず初めに真っ裸にされ、それから日曜日の午前九時から十時の間に教会員たちの前で、どんなに自分がぽかぽかしているかを自慢することだ」と。それでもやはり、昔の自由主義の時代を共に経験した私たちに祝福が残っていました。すなわち、私たちは第一の幸い章句[(1)]の場所へと、人が自慢できるようなものはもはや本当に何一つ持っていないところへと駆り立てられたのです。高山の山脈の雌ヤギが道のない岩石砂漠で草や葉を一つ一つ探して集めるように、人は断食し、ベルトをよりきつく締め、自分を養ってくれる霊的な糧を探し求めました。

それから、そうこうするうちに、二人のブルームハルト[(2)]が注目されるようになり、彼らの時代がやって来たように思われました。ヘルマン・クッター[(3)]とレオンハルト・ラガツ[(4)]は、それぞれが自分のやり方で、二人のブルームハルトに由来する救世主に関する御国の知らせを燭台の上に置くのを手伝いました。フリードリヒ・ツンデル[(5)]は彼の『イエス』と『使徒時代』を書きました。それは朝の雨のようでした。そして、間もなく夕方の雨も降ってきました。カール・バルト[(6)]の『ローマ書』は私たちにとって決定的に重要な助けでした。そして、彼の『教会教義学』の著作集はキリストを聖書の中心として倦むことなく指し示し、私たちにとって岩から湧き出る水のようでした。教会と神学は肌で感じ取れるほどの祝福で満たされました。そのようにして、人は三〇年代と四〇年代が経過するうちに、在職の牧師として説教に力を注ぐ際、参考資料を自由に使いこなすようになりました。人はほんの少し前には、そのようなものを夢にも思いませんでした。一つだけ挙げるとすれば、キッテルの辞典の分冊が次々と家に届いたことです。そのようにして、徐々にチェストや地下室や納屋は旧約聖書と新約聖書関連の蔵書でいっぱいになりました。しかし、マナ〔天からのパン〕は、ため込み、蓄えることに最初から耐えられませんでした。そして、神からのうずらの恵みにさえも、人は飽き飽きしえたのです。その結果、「あなたたちの鼻から出るようになり、吐き気を催すほどになった」〔民数記一一章二〇節〕のです。

第二次世界大戦後、世の中においてのみならず、教会や神学においても、事の成り行きは予想されたのとは驚くほど違いました。ヒトラー帝国の崩壊直後、人はドイツで「神学的自由主義は『破滅し、最終的にすっかり姿を消したかのようでした』」という驚くべき知らせに遭遇することがありました。そのような発言は現実よりも、むしろ必ずしも親切ではない希望的観測から生じたものでした。人間がこの地上で生きている限り、人間から神を認識しようとする愚かな試みを人間は企てることでしょう。そして、その間、神学的自由主義も形を変えて常に存在し続けることでしょう。「この弟子」も「死ぬことがない」〔ヨハネによる福音書二一章二三節による〕のです。

戦後世代の若い大学生たちは、私たちが第一次世界大戦後に見出したのとはまったく異なる出発点を有しています。今彼らに新発見のように影響を及ぼしているものは、私たちにとっては古くからの知り合いです。私たちが当時、病気として耐え忍んだものを、彼らは治療薬と感じ始めたのです。ひょっとしたら、彼らは暮らし向きが良すぎるのかもしれません。ひょっとしたら、彼らは必要以上に食べさせられた者として、神学的な肉鍋から離れ、荒れ野の風や砂や星に憧れているのかもしれません。彼らはどうやら世界観に関する減量療法を必要としていたようです。その方法が見出され、今日では「非神話化」という商標で次々に人手に渡っています。この新自由主義が若い牧師世代を新たな神学的高慢へと導くのか、それとももう一度、第一の幸い章句の健全な貧しさへと導くのかは、今のところまだ分かりません。その時々の神学的潮流に対しては、いくらか信仰のユーモアをもって対処し、最上の結果を期待するのが賢明だと私たちは思います。

非神話化の波が福音書記者ルカにとりわけ激しく迫るのは理解できることです。ルカ自身は、これまでのすべての人々に対するのと同様に、ルカを批判するこれらの最近の批評家たちにも平然と耐えて生き長らえることでしょう。このような泰然とした態度で本講解が諸教会とその御言葉の奉仕者たちを強めますように。

ヴァルター・リュティ

目次

序　言 …… 3

キリストのご降誕と幼少時代 …… 15

1　御言葉の奉仕者　1章1―4節 …… 15
2　先駆者の受胎告知　1章5―25節 …… 20
3　処女マリアより生まれ　1章26―38節 …… 28
4　マリアとエリサベト　1章39―56節 …… 34
5　道を備える者の到来　1章57―80節 …… 41
6　キリストのご降誕　2章1―7節 …… 49
7　天使の知らせ　2章8―14節 …… 56
8　羊飼いたちの証　2章15―20節 …… 62
9　神の民へのイエスの受け入れ　2章21―40節 …… 69
10　十二歳　2章41―52節 …… 78

荒れ野での始まり …… 85
11 御言葉がヨハネに臨んだ時 3章1―2節 …… 85
12 荒れ野で叫ぶ者 3章3―20節 …… 90
13 イエスが洗礼を受けられる 3章21―22節 …… 96
14 およそ三十歳 3章23―38節 …… 101
15 哀れな悪魔 4章1―2節a …… 106
16 慈善家になる誘惑 4章2節b―4節 …… 112
17 権力者になる誘惑 4章5―8節 …… 117
18 聖人になる誘惑 4章9―13節 …… 122
カファルナウムでの最初の活動 …… 131
19 ナザレで拒絶される 4章14―30節 …… 131
20 カファルナウムの悪霊に取りつかれた男 4章31―37節 …… 138
21 シモンの家で 4章38―39節 …… 144
22 カファルナウムでの夜 4章40―44節 …… 148
23 ペトロの漁獲 5章1―11節 …… 154

24 重い皮膚病にかかった人 5章12―16節……160
25 中風の人 5章17―26節……166
26 徴税人レビ 5章27―32節……173
27 断食に関する問い 5章33―35節……178
28 服とぶどう酒に関する話 5章36―39節……184

反論と論争……191

29 安息日の主 6章1―5節……191
30 人間の萎えた手 6章6―11節……196
31 十二使徒 6章12―16節……201
32 幸い章句と災いを告げる叫び 6章17―26節……208
33 敵を愛する愛 6章27―36節……216
34 裁く心に逆らって 6章37―38節……223
35 盲人を導く盲目の案内人 6章39―42節……227
36 二種類の果樹について 6章43―46節……233
37 正しい家屋建築について 6章47―49節……238

38　カファルナウムの百人隊長　7章1—10節……244

ガリラヤ全土におけるしるしと奇跡……251

39　ナインの青年　7章11—17節……251
40　洗礼者の問い　7章18—35節……257
41　ファリサイ派の人シモンの家での宴会　7章36—50節……265
42　婦人の信奉者たち　8章1—3節……272
43　種を蒔く人のたとえ　8章4—15節……278
44　升の下のともし火について　8章16—18節……284
45　イエスの家族　8章19—21節……288
46　湖上の突風を静める　8章22—25節……293
47　悪霊に取りつかれたガダラ人の男の癒し　8章26—39節……298
48　ヤイロの娘　8章40—56節……306
49　荒れ野での給食　9章1—17節……312

カファルナウムからエルサレムの門の前まで……319

50　ペトロの信仰告白　9章18—27節……319

51　山上の変容　9章28―36節……325
52　癲癇の少年の癒し　9章37―45節……330
53　弟子たちの間での順位争い　9章46―48節……335
54　見知らぬ悪魔祓い師　9章49―50節……340
55　天からの火？　9章51―56節……345
56　三人の従う者たち　9章57―62節……350
57　七十人の派遣　10章1―16節……356
58　七十人の帰還　10章17―20節……364
59　災いを告げる叫びと喜びの叫び　10章21―24節……369
60　善きサマリア人のたとえ　10章25―37節……375
61　キュリオス　10章38―42節……382
訳注……389
訳者あとがき……398
人名索引……405

主イエスの言葉と働き

――ルカ福音書 1 章から 10 章による講解説教――

キリストのご降誕と幼少時代

1　御言葉の奉仕者　1章1—4節

1、2わたしたちの間で実現した事柄について、最初から目撃して御言葉のために働いた人々
がわたしたちに伝えたとおりに、物語を書き連ねようと、多くの人々が既に手を着けています。
3そこで、敬愛するテオフィロさま、わたしもすべての事を初めから詳しく調べていますので、
順序正しく書いてあなたに献呈するのがよいと思いました。4お受けになった教えが確実な
ものであることを、よく分かっていただきたいのであります。

ルカは御言葉の奉仕者として自己紹介します。その際、彼にとって詩や理念が問題なのではなく、まず第一に教えさえも問題ではありません。彼の言葉は出来事と歴史に由来します。そして、御言葉の奉仕者であるルカが今まさに書き記そうとしている歴史は、何と特別な歴史であることかを人はよく考えてみてください！　目が見たことなく、耳が一度も聞いたことのないことについて、ここでは

報告されなければならないのです。人はそんなことができるのでしょうか。いずれにせよ、ここで執筆にとりかかる人が彼の企ての冒険的性質をどれほど深く感じているかが、人は分かるように思います。あたかも彼は御言葉に、この特別な御言葉に仕える唯一の人でもなければ、最初の人でもないことを喜んでいるかのようではないでしょうか。彼は「わたしたちの間で実現した事柄について、物語を書き連ねようと、すでに彼よりも先に手を着けている多くの人々」〔一節〔による〕〕について語るのです。

これらの「多くの人々」とは誰なのでしょうか。ルカの時代には断片的に存在していた彼らの文書は、私たちが知っている報告の中に消化吸収された後、失われてしまいました。マルコによる福音書がすでに存在していることは確実です。なにしろ、第三福音書記者は多くの部分でマルコに依拠しているのですから。ルカにはマタイとも共通点があります。それゆえに、聖書には一つの福音書の報告だけではなく、同時に四つの福音書の報告が存在するという注目すべき事実に私たちは直面しているのです。確かに、それらのどの福音書の報告も完全な使信を含んでいます。しかし、四つの福音書の記事のいずれも自分の他に、さらに三人の共同報告者を持っているということは、それぞれの福音書の報告が「わたしたちの知識は一部分です」〔コリントの信徒への手紙一 一三章九節による〕という使徒の洞察に注意するように促しているのです。言葉では言い表せないことを言い表わす必要があったときに、かつて事情が異なっていたことがあったでしょうか。すでにモーセが「ああ、主よ。わたしはもともと弁が立つ方ではありません！」〔出エジプト記四章一〇節〕と嘆いているのではないでしょうか。四人の男たちが、他に比較しうるもののないあの唯一の主の歴史を書くことを許され、書かなければならなかったのです。ルカはキリスト教会の伝統によれば、第三番目に組み入れられた福音書記者です。博物館では、特に見る価値のある特定の作品は、鑑賞者がその作品の周りをぐるりと一回りし、四つのすべての側面からそれを見ることができるように設置されるものです。そのように神の摂理が、たった一人の人が主の御言葉と御業を書き留めることのないように配慮したのです。キリストには伝記作者はいませんが、四人の報告者たちがいます。私たちはいわば「この方の周りをぐるりと一回りし」、四つのすべての側面からこの方をじっくりと眺めることができなければなりません。それどころか、ルカに似通っているヘブライ人への手紙の著者は、明らかにキリストを「遠くから眺めていた」旧約聖書のキリストの証人たちも一緒に加えることによって、「多くの人々」についてのみならず、まさに「おびただしい証人の群れ」（ヘブライ人への手紙一二章一節）について語るのです。ルカは自分がこのおびただしい群れの一つの小さな塵に過ぎないことを承知しています。そして、彼はすべての人々をひっくるめて奉仕者、すなわち「御言葉の奉仕者」（二節〔による〕）と呼ぶのです。

ルカは、彼が引き合いに出す「多くの人々」を目撃者、「アウトプタイ」[7]（二節）と呼びます。この名称には、ある種の公的性格を感じさせる響きがあります。法医学者が死体の身元を確認するとき、私たちは「死体解剖」について語ります。聖書の目撃者たちも十字架に架けられ、墓に葬られた一つの死体を見ました。しかし、彼らは特別な種類の目撃者たちです。というのは、彼らはその時、復活なされた主を見、「身元を確認した」からです。パウロは次のように言っています。「キリストがケファに現れ、その後十二人に現れたことです。次いで、五百人以上もの兄弟たちに同時に現れました。そのうちの何人かは既に眠りについたにしろ、大部分は今なお生き残っています。次いで、ヤコブに現れ、その後すべての使徒に現れ、そして最後に、月足らずで生まれたようなわたしにも現れました」（コリントの信徒への手紙一　一五章〔五―八節による〕）。彼らは皆「アウトプタイ」でした。ヨハネもこのような目撃者です。「初めからあったもの、わたしたちが聞いたもの、目で見たもの、よく見て、手で触れたもの――御父と共にあったが、わたしたちに現れたこの永遠の命――わたしたちがこれらのことをあなたがたに書くのは、あなたがたの喜びが完全なものになるためです」〔ヨハネの手紙一 一章〔一―四節による〕〕。

ルカは目撃者であることをはっきり主張しません。彼は自分自身のことや新しいことを何一つ報告する必要はありません。しかし、目撃者たちによる既存の「資料」、それを彼は御言葉の奉仕者として整理し、伝えます。彼はそれを「すべて揃えて」〔三節〕報告します。ルカは他の福音書記者たちの手元にない断片を持っています。人はそれを「ルカの特殊資料」と呼びます。例えば、見失った羊や無くした銀貨や失われた息子〔放蕩息子〕の輝きを放つたとえ、善きサマリア人のたとえ、ベタニアでのマリアやマルタとの記念すべき出会いがその一部を成しています。ルカはすべてのことを「初めから」報告します。マルコはまず洗礼者ヨハネの登場から始まります。ルカは、洗礼者とイエスの最初の幼少時代の物語や誕生物語、シメオンやアンナとの出会い、十二歳の少年が神殿に留まり、律法学者たちに尋ねる少年時代の出来事を補足的に伝えています。これらの報告に関しても、ルカは「アウトプタイ」を引き合いに出します。彼の仕事は部分的に、既存のものを整理することにありました。それほどに徹底して、彼は御言葉の奉仕者であることを望み、ただ奉仕者であることだけを望みます。

ルカはその報告をテオフィロという名前の一人の人のために書きます。この人についてはその名前以外には何も確かなことは分かりません。この名前はギリシア語に由来し、「神を愛する」〔ゴットリープ〕[8]という意味です。彼はまだ異邦人なのでしょうか。彼はキリストへの道の途上にあるのでしょうか。彼がすでに洗礼を受けていたというのは大いにありそうなことです。「敬愛するテオフィロさま」という呼びかけは上流社会の人物を暗示します。テオフィロは彼のキリスト教信仰のための歴史的基盤、すなわちルターが翻訳しているように、「教えの確かな根拠」を獲得しなければなりません。人はこの福音書のあちこちで、この福音書が異教のギリシア出身の一人のキリスト者のために特別に書かれたものであることに気づくように思います。例えば、イエスの系図（三章）は、マタイの場合のようにアブラハムから始まるのではなくて、アダムにまで遡ります。キリストは「アブラハムの子孫」であるのみならず、アダムの祖先でもあるのです。なにしろ、御父が世界と人類を創造された時、キリストはすでに御父と共におられたのですから。

では、ルカ自身、彼は何者なのでしょうか。新約聖書には、この名前の人に関する三つの言及が存在します。コロサイの信徒への手紙の中でパウロはこう書いています。「愛する医者ルカも、あなたがたによろしくと言っています」（コロサイの信徒への手紙四章一四節による）。彼の職業は医者であり、彼は文学的教養を身につけています。そのことは、彼が、堅実な歴史叙述という当時一般に通用していた要求を彼の報告に課していることから明らかになります。ひょっとしたら、彼はかつて奴隷であり、今は解放奴隷であるのかもしれません。テオフィロは以前、ルカの主人だったのでしょうか。確かなことは、ルカという人が使徒パウロの最も親しい同労者としても証言されているということです。フィレモンへの手紙にはこう書かれています。「キリスト・イエスのゆえにわたしと共に捕らわれている、エパフラスがよろしくと言っています。わたしの協力者たち、マルコ、アリスタルコ、デマス、ルカからもよろしくとのことです」（フィレモンへの手紙二三—二四節）。ルカがどのような形でパウロの協力者であるのか、それを「ルカだけがわたしのところにいます」というテモテへの手紙二四章一一節の御言葉が私たちに明らかにしてくれます。この箇所は、ローマでの最後の捕虜時代の使徒を私たちに示しています。そこでパウロは毎日、それどころか毎時間、自分の死を予期しています。そして、ここでは、「ルカだけが彼と共に」いるのです。ルカはこの白髪の囚人を医者として援助しているのでしょうか。

この人が第三福音書を書くことを許されるのです。彼は「御言葉の奉仕者」としてそれをします。彼がいかなる者であろうと、彼の気高い奉仕によって、彼は教会の〔信徒たちの〕協力者であることが許されるし、教会の教師の一人に数えられることが許されます。これらの教師たちについては、「彼らは太陽のように輝く」〔マタイによる福音書一三章四三節による〕と書かれています。

2　先駆者の受胎告知　1章5—25節

5ユダヤの王ヘロデの時代、アビヤ組の祭司にザカリアという人がいた。その妻はアロン家
の娘の一人で、名をエリサベトといった。6二人とも神の前に正しい人で、主の掟と定めを
すべて守り、非のうちどころがなかった。7しかし、エリサベトは不妊の女だったので、彼
らには、子供がなく、二人とも既に年をとっていた。8さて、ザカリアは自分の組が当番
で、神の御前で祭司の務めをしていたとき、9祭司職のしきたりによってくじを引いたとこ
ろ、主の聖所に入って香をたくことになった。10香をたいている間、大勢の民衆が皆外で祈
っていた。11すると、主の天使が現れ、香壇の右に立った。12ザカリアはそれを見て不安に

なり、恐怖の念に襲われた。13天使は言った。「恐れることはない。ザカリア、あなたの願い
は聞き入れられた。あなたの妻エリサベトは男の子を産む。その子をヨハネと名付けなさい。
14その子はあなたにとって喜びとなり、楽しみとなる。多くの人もその誕生を喜ぶ。15彼は主
の御前に偉大な人になり、ぶどう酒や強い酒を飲まず、既に母の胎にいるときから聖霊に満
たされていて、16イスラエルの多くの子らをその神である主のもとに立ち帰らせる。17彼はエ
リヤの霊と力で主に先立って行き、父の心を子に向けさせ、逆らう者に正しい人の分別を持
たせて、準備のできた民を主のために用意する。」18そこで、ザカリアは天使に言った。「何
によって、わたしはそれを知ることができるのでしょうか。わたしは老人ですし、妻も年を
とっています。」19天使は答えた。「わたしはガブリエル、神の前に立つ者。あなたに話しか
けて、この喜ばしい知らせを伝えるために遣わされたのである。20あなたは口が利けなくなり、
この事の起こる日まで話すことができなくなる。時が来れば実現するわたしの言葉を信じな
かったからである。」

21民衆はザカリアを待っていた。そして、彼が聖所で手間取るのを、不思議に思っていた。
22ザカリアはやっと出て来たけれども、話すことができなかった。そこで、人々は彼が聖所
で幻を見たのだと悟った。ザカリアは身振りで示すだけで、口が利けないままだった。23や
がて、務めの期間が終わって自分の家に帰った。24その後、妻エリサベトは身ごもって、五
か月の間身を隠していた。そして、こう言った。25「主は今こそ、こうして、わたしに目を
留め、人々の間からわたしの恥を取り去ってくださいました。」

「すべての事を初めから」報告することをルカは望んでいます。ルカのやり方はとにかく驚くほど回りくどいように思われます。確かに、まず第一にある受胎告知がなされますが、まだイエス・キリストの受胎告知ではなくて、その前にこの方の先駆者の受胎告知がなされます。にもかかわらず、すでにこの時点で、すべての御言葉が来るべき唯一なる主に関わりを持っています。この福音書記者が一人の祭司とその妻からその報告を始めるのは偶然ではありません。この地上で天の御国を打ち建てる唯一なる主が来られることを知っている人がいるとするならば、祭司こそその人です。他に並ぶ者のいない唯一なる主はイスラエルの民の中から生まれます。この方は予告なしに御姿を現されるのではありません。民にこの方を迎える備えをさせるために、預言者エリヤが再来し、この方に先立ってやって来ます。神が御自分の民に関して、また御自分の民を通して地上のすべての諸国民に関して用意しておられる将来のご計画を祭司ザカリアは知っています。彼は約束に通じています。というのは、彼は聖書の専門家だからです。そして、ザカリアはこの将来を信じています。なにしろ、ザカリアとその妻について次のように書かれているのですから。「二人とも神の前に正しい人で、主の掟と定めをすべて守り、非のうちどころがなかった」(六節)。しかし、ザカリアは、この唯一なる主が来られる日や時間については知りませんし、十年なのか、百年なのか、千年なのかも分かりません。祭司の家系に連なるザカリアの先祖たちが皆、何百年も前にそのことを知っていたように、ザカリアも確かにそのことを知っています。しかし、もしこの大いなる到来と、彼、ザカリアがこの地上で過ごすことの許される期間とがちょうど重なることになるならば、それは不思議な出来事であるに違いないでしょう。よりにもよって彼とその妻がその実現を見ることが許されるという特権を、ザカリアみたいな人がどこから引き出すというのでしょうか。にもかかわらず、神は今やまさにこのような間近に迫る実現を計画しておられるのです。天では、すでに決定が下されています。今やこの唯一なる主を迎えるための最初の準備が整えられなければなりません。そして、彼、ザカリアが、それに関与する人々の一人とならなければならないのです！　このことが原因で年老いた男の体温が上がるほどです――誰がそこで落ち着きを失わずにいられるでしょうか。

神は約束されたことを守られます。それこそが、ここで私たちに向かって近づいて来るただ一つの重要なことです。ザカリアという名前は「主は覚えていてくださる」という意味であり、エリサベトという名前は「神の誓い」を意味します。神の時が到来します。神には、不可能なことは何一つありません。そして、その実現がまさに、多くの人々がそのことを最も予想しなかった時と場所で、すなわち神殿で「始まる」ことをルカは示します。神殿に関わる日々の出来事は機械仕掛けのように正確に進行します。二四の祭司の家系があります。二四「組」の中から年に二回、八日間それぞれの組の当番が回って来ます。毎日、その組の他の構成員にくじが当たります。務めが終わると、その組の祭司たちは再び地方にいる彼らの家族のもとに帰郷します。これらの人々の間では、血筋や過去の経歴が非常に重要視されます。人は自分の祖先をアロンにまで遡り、隙間なく数え上げることができます。しかし、現在はどうなのでしょうか。将来に対する生き生きとした希望はどこにあるのでしょうか。これまでもずっとそうでしたが、神の教会に霊が欠けていると、厳密さと正確さ、伝統と秩序が重要視されるようになるのです。

しかし今や、神は御自分の約束のゆえに、御自分の教会のこのような惨めな状態を見過ごされません。神は神殿をわざと無視されません。よりにもよって、神はこれらの「髭の長いレビの息子たち」と「時代遅れのアロンの娘たち」の中から、神が用いようとなさる道具を選び出されるのです。アロン以来、またレビの時代以来信じられ、待ち望まれてきたことを、神はそっと闇に葬るようなことはなさいません。たとえ、神がそうされるべき十分な理由があったとしても、神はそれをアブラハムに約束されたがゆえに、またそれを父祖たちに約束されたがゆえに、神はその子孫たちに背を向けるようなことはなさいません。ザカリアは「主は覚えていてくださる」であり、エリサベトは「神の誓い」なのです――。

しかし今や、エリサベトとザカリアは年を取っており、彼らには子どもがいません。そのことには、私たちが今日「子どものいない夫婦」について語る以上の意味があります。エリサベトは不妊なのです。彼女の家系、彼女の祭司の家系！　が彼女と共に終わることになるのです。この二人は大きな系統樹〔系図〕の中で枯死する枝の上にいます。〔これは〕徐々に死に近づくことを表す比喩です。そのように二人の老人とも傷を負っています。子どものいない人々は後ろ指をさされますし、子どものいない祭司たちであれば、なおさらのことです。彼らは神によって罰せられた人々、烙印を押された人々と見なされています。しかし、誰が知っているでしょうか。傷は掘り起こされた畝間であり、その中に神は御自分の苗木を植えられるのです。ザカリアは祭司の組の中の一つ、二四組の中の八番目の祭司の組に属しています。神は二三組のそばを通り過ぎ、そしてまさにこの組、八番目の組のところで立ち止まられ、次のように言われます。「ここで唯一なる主ではないが、その唯一なる主の先駆者が生まれることになる。彼はエリヤの霊と力で、この方（この唯一なる主）に先立って行く」（一七節）と。

そうです、神が不妊という恥辱の中に御自分の祝福、このような特別な、とりわけ意義深い子どもを授ける祝福を置かれるのは、これが初めてではありません。私たちはアブラハムとサラの時代の出来事を思い起こします。この時、楽園の遺産は埋められ、浪費されたように思われましたが、見よ、神は新しいものを植えてくださったのです！　私たちはペリシテ人たちとの戦争の時代を思い起こします。この時代、約束の地は子どもたちや子孫たちのために奪い返されなければなりませんでした。その時、神は救助者サムソンを不妊の母に賜りました。私たちはとりわけ、神が不妊のハンナをサムエルの母に選ばれたエリの時代の神の民（ゲマインデ）の状況を思い起こします。不毛の大地から若枝を生え出でさせ、墓から命の主を甦らせ、最後には御自分の子らを墓から呼び出され、御自分の死者たちを海が引き渡さざるを得ないようにされる神、この神こそが、今まさにエリサベトの枯れ果てた母胎から唯一なる主の先駆者を呼び起こそうとなさる方なのです。

ザカリアとエリサベトは若い頃に跡継ぎを求めて祈りました。今この時には、彼らはもうとっくに願うことをやめていたことでしょう。というのは、彼らにとって、子どもを持つ年齢は過ぎ去っていたからです。しかし、衣服は時代遅れになり、本は時代遅れになり、借金ですらも時効になりますが、祈りは時代遅れになることはなく、時効になることもありません。そして、見よ！　彼らの若い頃の祈りの今始まる実現は、この二人の老人がそれを理解できるよりも小さなものではなく、願いや理解を超えてもっと大きなものなのです。彼らは母としての幸せや父としての喜びを求めて祈り、小さな家族の出来事を求めて祈りました。しかし今や、ザカリアは、天使ガブリエルが次のように語るのを聞きます。「その子はあなたにとって喜びとなり、楽しみとなる。多くの人もその誕生を喜ぶ。彼は主の御前に偉大な人になる」（一四―一五節〔による〕）。ひょっとしたら、彼は人間の前には取るに足らない人になるかもしれませんが、主の御前には偉大な人になります。というのも、彼は神の国におけるある任務、ある職務を受け取ることになるからです。この彼の将来の職務のゆえに、この子はすでに母の胎にいる時から聖霊に満たされています。そして、彼の重要性は、旧約聖書におけるあの最後の、約束に満ちた御言葉によって言い換えられます。それは次のような内容です。「見よ、わたしは大いなる恐るべき主の日が来る前に、預言者エリヤをあなたたちに遣わす。彼は父の心を子に、子の心を父に向けさせる」（マラキ書三章〔二三―二四節〕）。

そして、その間、外では民衆も神殿の前で祈りを捧げています。ヘロデのような人がその国の王であるならば（六節）、どうして民衆は天に向かって叫ばずにいられましょうか（一〇節）。確かに、民衆の中には、全体として見れば、神が御自分の民の嘆きを顧み、「イスラエルの慰め」、すなわち約束された王を遣わしてくださるようにと祈る人々も時おりいます。「飼い主のいない羊のように弱り果て、打ちひしがれている」〔マタイによる福音書九章三六節〕民衆が外で両手をよじり合わせている間、神殿内部の隠れた所では、「すべての願いや理解を超えて、すでに神は願いを聞き届けてくださっている」と祭司に告げられるのです。

もちろん、この予期せぬ神の介入によって、旧来の礼拝の仕組みに支障が生じます。ザカリアは神の天使を見ます。中央の垂れ幕の前には香壇があり、その右側には供えのパンを置く台があり、左側には七本の支柱を持つ燭台に火が灯されています。右側、すなわち、より大いなる栄光の側、そこにある供えのパンを置く台のそばに、今や天使ガブリエルが立っています。ザカリアはすっかり驚きます。というのは、天使が現れる時には、いつでも神の聖なる至高の臨在が生じるからです。「天使は彼に言った。『恐れることはない。ザカリア、あなたの願いは聞き入れられたからだ。あなたの妻エリサベトは男の子を産む。その子をヨハネと名付けなさい』」（一三節〔による〕）。人間的に見れば、ヨハネはエッセネ派という禁欲的な一派に属することになります。彼はその風変わりな衣食のために、人々から注目を浴びることになります。彼はイスラエルの多くの子らを「その神である主のもとに立ち帰らせ」、「準備のできた民を主のために用意する」(一四—一七節)のです。

この祭司は天使の口を通してそれを聞きました。彼に許されていた時間をかなり過ぎても、彼は、待っている民衆の前に依然として姿を見せません。二四の祭司の組による聖なる流れ作業に支障が生じました。神御自身が介入されたのです。神の大いなる時が到来するならば——そして、それは今到来したのです——、私たちの聖なる秩序の時刻表や時間割でさえも中断されうるのです。洗礼者は人々の平和を激しく乱す者となります。それどころか、唯一なる主——洗礼者はこの方の先駆者です——でさえも、いずれ神殿において、それとはまったく別の予定の中断を引き起こされることになります。ヘロデは、まして祭司たちはこの予期せぬ出来事を受け入れるでしょうか。確かに、多くの人々にとって「喜びとなり、楽しみとなる」のですが、他の人々はつまずくことになるでしょう。

ザカリアとエリサベトもまた、聞いたことに関して、ただ喜びだけを味わうのではありません。驚きからようやく落ち着きを取り戻すと、あることがザカリアの身に起こります。ザカリアの人間的な弱さがむき出しになるので、それはとりわけ私たちの心を揺り動かします。すなわち、信仰深いザカリアが疑念に駆られるのです。祈る者の祈りが聞かれた瞬間に、不信仰がその人を襲います。このような経験をしたことのない人がいるでしょうか。その結果、ザカリアの身に生じた失語症を、人は「罰としての不思議な御業」と呼びました。もっとも、どちらかと言えば、ここでは恵み深い守りが問題となっているように私たちにはどうしても思われてきます。口が利けなくなるという出来事は、早春には冷害の恐れがあるので、「苗床」に覆いをかけるときに庭師がすることとどことなく似たところがあります。時は来ました。しかし、まだ早春です。ついでに言えば、神が御言葉を賜る時だけではなく、威厳をもって御言葉を取り去られる時も、それは、神が新たに介入され、神が語られたことを表すしるしなのです。――祭司の口が利けなくなるということと、彼の妻が身を隠すこととは対応しています。「その後、妻エリサベトは身ごもって」――続けて意味深長に次のように語られます――「五か月の間身を隠していた。」それはあの聖なる隠れです。サウルは王になるために油を注がれた後、荷物の間に隠れました〔サムエル記上一〇章二一節以下〕。エリヤは荒れ野に隠れました〔列王記上一九章三節以下〕。ダマスコ〔での出来事〕の後、パウロは何年もの間ずっと隠れて暮らしました〔ガラテヤの信徒への手紙一章一七節〕。洗礼の後、主は霊によって荒れ野へと導かれました〔ルカによる福音書四章一節以下〕。そのようにいつの時代でも、神が御自分を啓示なさることと御自分を隠されることとは互いに深く結び合っていたのです。

3　処女マリアより生まれ　1章26―38節

26六か月目に、天使ガブリエルは、ナザレというガリラヤの町に神から遣わされた。27ダビ
デ家のヨセフという人のいいなずけであるおとめのところに遣わされたのである。そのおと
めの名はマリアといった。28天使は、彼女のところに来て言った。「おめでとう、恵まれた方。
主があなたと共におられる。」29マリアはこの言葉に戸惑い、いったいこの挨拶は何のことか
と考え込んだ。30すると、天使は言った。「マリア、恐れることはない。あなたは神から恵み
をいただいた。31あなたは身ごもって男の子を産むが、その子をイエスと名付けなさい。32そ

の子は偉大な人になり、いと高き方の子と言われる。神である主は、彼に父ダビデの王座を
くださる。33彼は永遠にヤコブの家を治め、その支配は終わることがない。」34マリアは天使
に言った。「どうして、そのようなことがありえましょうか。わたしは男の人を知りませんの
に。」35天使は答えた。「聖霊があなたに降り、いと高き方の力があなたを包む。だから、生
まれる子は聖なる者、神の子と呼ばれる。36あなたの親類のエリサベトも、年をとっているが、
男の子を身ごもっている。不妊の女と言われていたのに、もう六か月になっている。37神に
できないことは何一つない。」38マリアは言った。「わたしは主のはしためです。お言葉どおり、
この身に成りますように。」そこで、天使は去って行った。

ルカはここで初めてこの方の御名、すべての名にまさる大いなる御名、「イエス」という御名を挙げます。この御名の前には、天にあるものも地にあるものも、すべてのものがひざを屈めます。「見よ、あなたは身ごもって男の子を産む。その子をイエスと名付けなさい」（三一節〔による〕）。「イエス」とは救世主、救い主を意味します。「その子はいと高き方の子と言われる。」すなわち、神の御子です。すでに旧約聖書において、例えば人間が神の子らと呼ばれています。新約聖書も神の息子や娘としての人間を知っています。しかし、いと高き方の御子はただお一人しかおられません。他のすべての人々は神の子としての身分をこの方に負っています。この唯一なる方は神の御子と**なる**のではありません。この方はずっと以前から神の御子であり、永遠の昔からそうであり、永遠にそうあり続けられます。そのように語るとき、私たちは一度限りの出来事の入口に立っています。それから次のように書いてあります。「神である主は、彼に父ダビデの王座をくださる。彼は永遠にヤコブの家を治

め、その支配は終わることがない」（三二節、三三節）。不思議なことです！　なにしろ、ルカは、明らかに彼が引き合いに出すあの目撃者たちの指示に従い、今まさにエルサレム、大いなる約束の地、神殿から私たちを連れ去ろうとするのですから。私たちは今やルカのあとについて北上し、外国、すなわちガリラヤへ行き、そこへ、すなわち異教的・ユダヤ教的な薄闇、いかなる約束の光も届かないナザレという名のあの村へ行きます。なにしろ、ナザレは旧約聖書全体において一言も触れられていないのですから。ルカはただ一つ、ダビデ王の家系から生まれた後の子孫であるヨセフという名の男の中にヤコブの祝福やダビデの王座とつながる白い糸を見つけることができます。来るべき方は実現する方となられます。かつて神の民に与えられたすべての約束はこの方において然りであり、アーメンなのです。この方は予告された方であり、イスラエルの王です。メシアの誕生と受肉が今やここで前もって告げられるのであり、それ以下ではありません。そして、それゆえに、「どうして、そのようなことがありえましょうか」というマリアの問いは私たちの問いとなるのです。

しかし、ただ一つの答えしかありません。すなわち、神の御心のままになるということです。神がここで御業をなされる方、お選びになる方なのです。そして、お選びになる方として、神はその手段と方法を自由に選ぶことがおできになります。神は憐れもうとする者を憐れまれます。ここでの展開がどんなに奇妙な印象を与えるとしても――もしここで、この出来事の一回性がなんらかの方法で、しかも十分にはっきりと際立たせられ、その特徴が示されていないとしたならば、それは奇妙なことであり、まさに不安にさせるのではないでしょうか。いいですか、イエスの受肉が一人の男の意志や計画に支配されることを神がお許しにならないというのは、とにかく比類のないことなのです。確かに、男もそこに居合わせることを許されますが、僕（しもべ）としてそこに居合わせることを許されます。ヨセフは完全に奉仕者です。例えば、神は地上の実父を用いることで受肉の秘義を成し遂げることがおできにならなかったというわけではありません。しかし今や、地上の父子関係さえも排除して、人間の影響を受けず、人間のもくろみを抜きにして、御自分の御子を人とならせることが神の御心に適ったのです。誰が神に対して、一度限りの事柄にふさわしいこの一度限りの方法を悪くとり、禁じようとするでしょうか。

そして、私たちの人間的な感覚からすれば、ほとんど息をのむほどの同じ自由において、神は人間の母子関係の助けを借りて、御自分の御子を人にならせようと決断されるのです。女性を代表する一人の女がその母性を神の御業のために提供することを許され、イエスを身ごもることを許され、イエスを妊娠することを許され、イエスを産むことを許され、神の母となることを許されるのです。なぜイエスには人間の母親がいるのに、人間の父親がいないのかという問いは未解決のまま残ります。ここですべての女性に共通する優位や、特別にそのために選ばれた者の優位を探し求めることはまったく無意味なことでしょう。ここでは、神の恵み深い御心、神の自由が働いているのです。

ナザレ出身の娘であるマリア――エリサベトは彼女の叔母です――は一人の男性と婚約しています。婚約した女性は法的にはすでにヨセフの妻ですが、事実上は家に連れて帰る日からようやくヨセフの妻になるということを、当時のパレスチナの婚姻法に精通しているマタイは知っています。なぜ、それが処女でなければならないのかは私たちの理解を越えています。すでに妻であり、母である女性に神の産みの母の奉仕を課することも神には可能であったことでしょう。しかし今や、神はそうすることと〔処女に神の産みの母の奉仕を課すること〕をお望みになったのです。妊娠し、子どもを産む若い女性について、すでに昔の預言者の一人が語っています〔イザヤ書七章一四節〕。ここでは今やそれが実現するのです。しかし、イスラエルのすべての娘たちの中で、なぜ、よりにもよってマリアでなければならないのでしょうか。彼女はより優れているのでしょうか。彼女は他のすべての娘たちよりも清らかなのでしょうか。ここには、そのことについて一言も書かれていません。書かれたとおりの文面によれば、それはまさにマリアの側に理由のあることではありません。彼女をこの奉仕に適した者とするただ一つの根拠は神の側にあります。ここでは、人間の側にはいかなる手がかりもありません。なぜマリアが神の母になるのかということの根拠は彼女の性質ではなく、神の恵みです。使徒パウロが唯一の例外について語るところ、すなわち「罪を犯されなかったが、わたしたちと同じ」（ヘブライ人への手紙四章一五節による）であられる方について語るところでは、誘惑がどんなに大きくても――ここでは、マリアをもう一つの例外として、ただ一人罪のない方の仲間に加える誘惑がどんなに大きくても――ここに書かれていることのゆえに、またこの唯一なる主の栄光のために、私たちはまさにこの誘惑に抵抗しなければなりません。人がごく最近に至るまで、キリストと並ぶ第二の救いの中心の核にまでマリアを高めようと試み、唯一なる主キリストのためにいついつまでも残されている称号を神の母のために選ぶことは、確かに理解できることです。しかし、ここには、私たちの魂の救いのために、またこの世の唯一の救いのために、率直に「否」と言う以外のキリスト教的な可能性は存在しません。マリアは神の恵みを受けたナザレ出身の娘です。そして、パウロが一方で主を「第二のアダム」と呼ぶのに対して、マリアを「第二のエバ」にまで高めていないことは注目されなければなりません。注目すべきことに、名前で呼ばれている天使がマリアに向かって「恵まれた方」と語りかけます（「ガブリエル、神の強き人」）（二八節）。「おめでとう、マリア、あなたは恵みで満たされている、あなたは恵まれた方！」。そして、万が一それを聞き逃したすべての人のために、もう一度次のように言われます。「マリア、恐れることはない。あなたは神から恵みをいただいた」（三〇節）。ここではマリアの性質ではなく、神の恵みがほめたたえられるべきなのです。ここでは恵みがすべてであり、功績は何一つありません。そして、最終的にこのガリラヤの高地出身の娘がほめたたえられるただ一つの理由は、彼女が信じたという事実だけなのです。「おお、信じたあなたは、なんと幸いでしょう」（四五節〔による〕）。信仰は恵みの賜物です。

従って、マリアは神に仕える人々、神の男女の僕たち、「使徒や預言者たち」と一列に並んで立っています。しかし、これらすべての人々の中でマリアはキリストより前の最後の人であり、キリストと共にいる最初の人なのです。事実、預言者たちを選び分かち、神への奉仕において彼らを用いることが神の御心に適ったのですが、預言者たちは受け取った知らせを「重荷」と呼ぶのを常としました。マリアも神の重荷の担い手です。しかし、モーセから洗礼者に至るまでの預言者たちの重荷は、来るべき唯一なる主に関する知らせであるのに対して、マリアの祝福に満ちた重荷はこの方御自身、この方、唯一なる主なのです。しかし、キリストがその存在を彼女の業に負っているのではなく、むしろマリアの方がその存在を、キリストの救い主としての御業、御父の自由な恵み深い御心に負っているのです。

「聖霊があなたに降り、いと高き方の力があなたを包む〔陰で覆う〕」[9]（三五節）。陰はオリエントの人々にとって神の慈しみを意味します。聖霊はマリアを陰で覆われます。この陰も賜物です。恵みの陰を与えることのできる木はたった一本しか存在しません。それは、救い主がそこで「成し遂げられた」〔ヨハネによる福音書一九章三〇節〕と語られたあの木の柱です。神の母マリアは他のすべての死すべき人間と同じように、最初から十字架の陰のもとに生きているのです。

「どうして、そのようなことがありえるのか」をマリアが理解しておらず、分かっていないのは無理もないことです。事実また、神は一つのしるしという助けをマリアにお与えになることによって、死すべき人間には考えられないマリアの状況を顧慮してくださいます。「御覧なさい、あなたの親類のエリサベトも、年をとっているが、男の子を身ごもっている。不妊の女と言われていたのに、もう六か月になっている」（三六節〔による〕）。空の墓が主の復活を指し示しているように、キリストの処女懐胎は、ここでは永遠の昔から御父と共におられた方がお生まれにならなければならないということを指し示しています。しかし、復活の奇跡も処女懐胎の奇跡も両方とも、「できないことは何一つない」（三七節）神の御業です。処女マリアは、彼女がそれに値すると認められた崇高な奉仕に携わることで、最終的にキリストの御体を納め、再び引き渡すアリマタヤのヨセフの墓と同じようにわずかな貢献をするに過ぎません。

4　マリアとエリサベト　1章39―56節

39そのころ、マリアは出かけて、急いで山里に向かい、ユダの町に行った。40そして、ザカ
リアの家に入ってエリサベトに挨拶した。41マリアの挨拶をエリサベトが聞いたとき、その
胎内の子がおどった。エリサベトは聖霊に満たされて、42声高らかに言った。「あなたは女の
中で祝福された方です。胎内のお子さまも祝福されています。43わたしの主のお母さまがわ
たしのところに来てくださるとは、どういうわけでしょう。44あなたの挨拶のお声をわたし

が耳にしたとき、胎内の子は喜んでおどりました。45主がおっしゃったことは必ず実現する
と信じた方は、なんと幸いでしょう。」
46そこで、マリアは言った。
47「わたしの魂は主をあがめ、
わたしの霊は救い主である神を喜びたたえます。
48身分の低い、この主のはしためにも目を留めてくださったからです。
今から後、いつの世の人もわたしを幸いな者と言うでしょう、
49力ある方が、わたしに偉大なことをなさいましたから。
その御名は尊く、
50その憐れみは代々に限りなく、
主を畏れる者に及びます。
51主はその腕で力を振るい、
思い上がる者を打ち散らし、
52権力ある者をその座から引き降ろし、
身分の低い者を高く上げ、
53飢えた人を良い物で満たし、
富める者を空腹のまま追い返されます。
54その僕イスラエルを受け入れて、
憐れみをお忘れになりません、

55 わたしたちの先祖におっしゃったとおり、
アブラハムとその子孫に対してとこしえに。」
56 マリアは、三か月ほどエリサベトのところに滞在してから、自分の家に帰った。

先駆者の到来は前もって告げられていましたし、唯一なる主のご降誕も予告されていました。今や二人の母親、老婦人のエリサベトと少女のマリアとの出会いに至ります。年上の女性のもとに来るのは年下の女性の方です。「そのころ、マリアは出かけて、急いで山里に向かい、ユダの町に行った。そして、ザカリアの家に入ってエリサベトに挨拶した」（三九節、四〇節）。ルカはこの出会いの場所の名前を挙げる必要はないと考えます。「マリアは急いでいた」とあります。確かに、彼女は信じていますが、ガブリエルは彼女へのみ告げが実現することを示するしとして、彼女の年老いた叔母もまた身ごもっていると告げました。それゆえに、マリアはそんなにも急いでいるのです。彼女は彼女の信仰に対する確証を熱望します。

挨拶の際、エリサベトは、彼女が宿している子どもと一緒に預言するように促されます。「マリアの挨拶をエリサベトが聞いたとき、その胎内の子がおどった」（四一節）。エリサベトは自分が母となったことに気づきます。しかし、ルカはここで、六ヶ月目になる彼女が「胎動を感じる」ということと以上のことを言おうとしています。ヨハネはすでに母の胎にある時から聖霊に満たされている、この大天使ガブリエルの約束が今や実現するのです。そして、今や同じ聖霊がエリサベトの心を動かし、彼女に発言するように促します。その発言はマリアを驚かすだけではありません。二人の妊婦がお互いを理解し合い、和やかに言葉を交わしておしゃべりするときによく見られるような話し方をエリサベトはまったくしません。「エリサベトは声高らかに言った」（四二節）とはっきりと書き留められています。あたかも人が群衆に語りかけるかのように、彼女は叫びます。そして、事実、彼女はここで見渡すことのできない聴衆にも語りかけています。彼女は諸大陸にわたり、幾世紀にわたって語っているのです。「あなたは女の中で祝福された方です。胎内のお子さまも祝福されています」（四二節）。エリサベトは、天使が彼女の姪に約束したことがすでに彼女の身に実現したことに気づいています。そして、ルカは、一人の女性がかつてこんなふうに「妊娠した」[10]ことはないということを知っています。「わたしの主のお母さまがわたしのところに来てくださるとは、どういうわけでしょう」（四三節）。マリアから生まれる方は主であられ、エリサベトやヨハネの主でもあられ、マリアの主でもあられ、キュリオス、正真正銘の主であられます。そして、私たちがすでに言及したように、今やエリサベトは、マリアが幸いであるとほめたたえるのです。なぜなら、マリアに約束されたことが実現したからであり、またマリアがそれを信じたからです。ここで二人の女性たちは、彼女たちに向けて語られた約束と今始まった実現に共にあずかる祝福された交わりの中で出会います。彼女たちではなく、あるいは彼女たちのうちのどちらか一方でもなく、神が誓い、守り、約束し、実現されるという事実、まさにこの事実こそがこの瞬間の比類のない厳かさなのです。

　そして今や、マリアは彼女の側でも、この預言者のような挨拶に対して、預言者のように答えます。聖霊は彼女の心と唇に賛美の歌を授けられます。彼女はここで、その信仰のゆえに幸いであるとほめたたえられた女性として語ります。「そこで、マリアは言った。『わたしの魂は主をあがめます』」（四六節〔による〕）。彼女の魂は主を大きくします。それは単純に、ここで人間の魂が、神が現にそうであられ、かつてそうであられ、これからもそうあり続けられるままに神を受け入れる、すなわち偉大な方として神を受け入れるというふうにしてなされます。この方が主であられることを私たちが率直に認めるとき、私たちの魂は主をあがめます。「そして、わたしの霊は救い主である神を喜びたたえます」（四七節）。洗礼者ヨハネ――マリアは彼の喜びをまさに象徴的に彼女の胎内に感じましたが「花婿の声を聞いて」〔ヨハネによる福音書三章二九節〕喜ぶことになるように、マリアは喜びます。聖霊が彼女の内で喜んでおられるのです。それは、キリストが救い主であられるということに対する喜びです。医者を必要とするすべての病人の中で、それどころか、救い主がおられなければ失われてしまうすべての人々の中でマリアは最初の人なのです。マリアは、救い主の受胎が現実となったことを喜びます。そのように彼女は最初の者として、「民全体に与えられる大きな喜び」〔ルカによる福音書二章一〇節〕を感じます。

「なぜなら、主はそのはしための卑しさに、目を留めてくださったからです」（四八節〔による〕[11]）。彼女の崇高さではなく、彼女の卑しさ。主は彼女の卑しさに「目を留めてくださった」のです。神が人間に「目を留めてくださる」とき、それは人間に与えられうるすべての恵みの中でも最高の恵みです。旧約聖書が神の祝福について語るとき、まさにこの「目を留めてくださる」ということを念頭に置いています。神が私たちに好意を持ってくださるということ、神が私たちに味方してくださり、私たちに敵対されないということ、神が人間に御顔を向けてくださるということに神の祝福はあります。「主があなたを祝福し、あなたを守られるように。主が御顔を向けてあなたを照らし、あなたに恵みを与えられるように。主が御顔をあなたに向けて、あなたに平安を賜るように」〔民数記六章二四―二六節〕――このことがマリアの身に起こったのです。彼女自身のゆえではなく、彼女がインマヌエル、「神は我々と共におられる」〔マタイによる福音書一章二三節〕という方を身ごもっているがゆえに、主は彼女の卑しさに「目を留めてくださった」のです。そして「今から後、いつの世の人も、わたしを幸いな者と言うでしょう」（四八節）。ここでは突然、選びの秘義が非常に力強く現れます。キリストと共に現れた命の光円錐の中に入るすべての人は、たとえほんの一瞬の間だけでも、わずかにそれに触れるだけであったとしても、彼らが好むと好まざるとにかかわらず、おのおのがその人らしく「永遠のものとされる」経験をします。人はここで、重い皮膚病の人シモンの家でキリストに油を注いだあのもう一人のマリアを思い起こします。「どこでも、この福音が宣べ伝えられる所では」（マタイによる福音書二六章一三節）、人は彼女の名前に言及するでしょう。しかし、ポンティオ・ピラトという人もまた使徒信条の中に入り、アウグストゥスという人もクリスマス物語の中に入ります――ユダという人も受難の記事の中に入ります。後の世の人々はマリアを幸いな人とほめたたえることでしょう。なぜなら、主がそのはしための卑しさに目を留めてくださったからであり、神が「偉大なことをなさった」からであり、「その憐れみは代々に限りなく、主を畏れる者に及ぶからです」（四九節、五〇節〔による〕）。

そしてその後、この祝福された女性の信仰のまなざしは全世界を見据える視野へと高まります。マリアの賛歌が発せられるとき、自分たちの立場において依然として間違いなく安泰だと感じている権力者たち（それがまさにヘロデ大王の時代であることに私たちは注意を喚起します）がその地位と王座から引きずり降ろされるのを、マリアは目にすることを許されます。反対に彼女は、身分の低い人々、この世の人々の目から見れば小さく、軽んじられている人々が高く上げられるのを見ます。「主は権力ある者をその座から引き降ろし、身分の低い者を高く上げられます」（五二節〔による〕）。このナザレ出身の娘の目で、世界史――そこでは、現実に権力がその座に就き、身分の低い人は屈辱を受けています――を直視することを許される人は、そのような椅子の脚が不安定であり、「主の言葉は権力に打ち勝つ」[12]ということを霊において見抜くことを許されます。そして、人が「思い上がる」（五一節〔による〕）ところで、マリアは「その腕で力を振るう」神に信頼を置きます。そして、彼女には霊において、詩編二編で語られているあの威厳に満ちた笑い声が遠くでこだまするのがすでに聞こえています。二〇世紀の新聞の読者は、受胎の奇跡を経験し、神の約束を信じ、自分の救い主を喜ぶこのナザレ出身の娘からどれほど多くのことを学ばなければならないことでしょうか！　ひょっとしたら、二〇世紀の新聞の読者には、神がマリアの卑しさに目を留めてくださったがゆえに、彼女が信仰によって見ることを許されるあらゆる価値基準の崩壊とあらゆる価値の転換の予感がほのかに生じてくるかもしれません。

最後にマリアの賛歌はある警告へと高まります。彼女が裁きを真剣に受け取るがゆえに、それは悔い改めへの招きとなります。「というのは、人は空腹のまま帰ることになるかもしれないからです。権力ある者をその座から追放し、身分の低い者を高く上げる唯一なる主が来られるかもしれません。それなのに、人はそれにまったく気付かなかったということがありうるのです。」「飢えた人を良い物で満たし、富める者を空腹のまま追い返されます」（五三節）。もし飢えていないなら！　もし富んでいるならば！　もし人が健康で、医者を必要としていないならば！　裁きの日――私たちは故あって知っています――を洗礼者ヨハネが見、予告しなければならなかったように、もし救い主の到来が裁きの日であるならば！

「マリアは、三か月ほどエリサベトのところに滞在してから、自分の家に帰った」（五六節）。高齢のエリサベトにとって妊娠期間の中でも特にしんどい最後の三カ月間、若くて元気なマリアがザカリアの家に滞在します。彼女がはしためであることを非常に現実的な方法で証する機会がそこですぐに彼女に与えられたのです。

5　道を備える者の到来　1章57—80節

57さて、月が満ちて、エリサベトは男の子を産んだ。58近所の人々や親類は、主がエリサベ
トを大いに慈しまれたと聞いて喜び合った。59八日目に、その子に割礼を施すために来た人々
は、父の名を取ってザカリアと名付けようとした。60ところが、母は、「いいえ、名はヨハネ
としなければなりません」と言った。61しかし人々は、「あなたの親類には、そういう名の付
いた人はだれもいない」と言い、62父親に、「この子に何と名を付けたいか」と手振りで尋ね
た。63父親は字を書く板を出させて、「この子の名はヨハネ」と書いたので、人々は皆驚いた。
64すると、たちまちザカリアは口が開き、舌がほどけ、神を賛美し始めた。65近所の人々は皆
恐れを感じた。そして、このことすべてが、ユダヤの山里中で話題になった。66聞いた人々
は皆これを心に留め、「いったい、この子はどんな人になるのだろうか」と言った。この子に
は主の力が及んでいたのである。
67父ザカリアは聖霊に満たされ、こう預言した。
68「ほめたたえよ、イスラエルの神である主を。
　主はその民を訪れて解放し、

69 我らのために救いの角を、
僕ダビデの家から起こされた。
70 昔から聖なる預言者たちの口を通して語られたとおりに。
71 それは、我らの敵、
すべて我らを憎む者の手からの救い。
72 主は我らの先祖を憐れみ、
その聖なる契約を覚えていてくださる。
73 これは我らの父アブラハムに立てられた誓い。
こうして我らは、
74 敵の手から救われ、
恐れなく主に仕える、
75 生涯、主の御前に清く正しく。
76 幼子よ、お前はいと高き方の預言者と呼ばれる。
主に先立って行き、その道を整え、
77 主の民に罪の赦しによる救いを知らせるからである。
78 これは我らの神の憐れみの心による。
この憐れみによって、高い所からあけぼのの光が我らを訪れ、
79 暗闇と死の陰に座している者たちを照らし、
我らの歩みを平和の道に導く。」

80 幼子は身も心も健やかに育ち、イスラエルの人々の前に現れるまで荒れ野にいた。

「さて、月が満ちて、エリサベトは男の子を産んだ」（五七節）。家庭内の喜ばしい出来事に際して姿を現す「親類や近所の人々」は「主がエリサベトに示された大いなる慈しみ」に言及し、「彼女と共に喜び合った」（五八節〔による〕）のです。この息子がどれほど特別な秘義であるのかを彼らが知っているのならよいのですが！　早くもここですぐに「憐れみ」という言葉がこの段落全体に頻繁に現れることは注意を引きます。出来事それ自体についての報告は簡潔になされます。言わば出生登録簿に男の子の名前を記入する戸籍役場の役人の場合のように、ありのままの事実が言及されます。「さて、月が満ちて、エリサベトは男の子を産んだ」（五七節）。それとは反対に、割礼は討論するきっかけを与えます。イスラエルの男子は誰でも八日以内に割礼を施されます。律法はそうするように命じています。洗礼者の両親は「主の定めをすべて守り、非のうちどころがありません」（六節〔による〕）、この時もそうです。

割礼に際して、命名もなされなければなりません。ここで、小さいながら注目すべき思いがけない出来事が起こります。近所の人々や親類は、この息子がこの家系の伝統を受け継ぎ、祭司となり、その父と同様にザカリアと名づけられるべきことを当然と見なします。しかし、神はすでにそれとは異なる指示を下しておられました。母エリサベトはヨハネという名に肩入れします。それは腹立たしくもこの家系の伝統を破るに等しいことです。主の強き者、ガブリエルがこの風変わりな名前を、待望されるべき子どもの父親に告げたのです。エリサベトはどうしてそれを知っているのでしょうか。ある人は聖霊による霊感を考えました。それは十分にありうることでしょう。しかし、自然に説明がつくことは、同様に自然なこととして受け入れなければならないにもかかわらず、ここには、実際にまだ十分超自然的な要素が残っています。従って、口が利けなくなったザカリアは、彼が割礼の際に用いるのと同じ意思疎通の方法を、すでにそれ以前に彼の妻に対して用いていたというほうがより自然に思えます。「すると、ザカリアは字を書く板を出させて、『この子の名はヨハネ』と書いた」（六三節〔による〕）。今になってようやく、その場に居合わせている親戚は面食らいます。今になってようやく「人々は皆驚いた」のであり、彼らには、ここでは涙ぐましくも二人の老夫婦がようやく年寄子を授かったのではないということが予感されます。

ザカリアは天使の命令に従いました。九か月前には、不従順が彼の口を利けなくしましたが、今や彼の従順に基づいて、舌の使用が再び許可されます。彼がいちばん初めに何を語るのかは、ここには書いてありません。いまだかつて前例のないことを表現するために造られた人間の言葉を獲得することは随分難しかったことでしょう。「ザカリアは語り、神を賛美した」（六四節〔による〕）。今や彼らには、この出来事において神の御手が働いていることが分かりました。しかし、神が介入されるたびに、恐れが当事者たちを満たします。びっくり仰天する代わりに、今や神への恐れが生じます。今や彼らは皆、この息子のことで、もはや気持ちがすっきりしなくなります。彼はひとかどのものになるでしょう。しかし、何になるのかは、彼らには分かりません。彼らは今や聖霊降臨祭の出来事のあの目撃者たちと同じような状況に置かれます。ルカが別の場所で伝えているように、その時、彼らは驚き、戸惑い、「いったい、これはどういうことなのか」（使徒言行録二章〔一二節〕）と互いに言いました。いずれにせよ、ここで彼らを次の問いへと駆り立てるのは、もはや単なる好意的な好奇心ではありません。それはすでに神への恐れです。「『この子は一体どんな人になるのだろう』……。主の御手がこの子と共にあった」（六五節、六六節〔『聖書協会共同訳』による〕）。

その後に続いて生じる「ザカリアの賛歌」は幼子ヨハネの将来についての問いに対する単なる答え以上のものです。ここであらかじめ断っておかなければなりませんが、その中には、私たちの理解や感情の自然な傾向がそれにぶつかって砕けてしまう言葉や言い回しが人目を引くほど頻繁に現れます。ザカリアは「預言します」。すなわち、お語りになる方が明らかに聖霊であられる場合に、ルカにおいてその都度なされるように、ザカリアは聖書の御言葉によって語るのです。聖霊降臨祭の日のペトロの説教や石打ちの刑の日のステファノの説教においても同様に聖書の御言葉が響いています。

ところで、この父は自分の息子について語るのだろうと予想されるでしょう。しかし、そうではありません。彼は近くのものを越えて、はるか遠くを見る人のように語ります。なぜなら、彼はそこで、近くにあるすべてのものよりも彼に近づいて来るものを認めるからです。ザカリアは霊の働きを受け、救い主について預言します。「イスラエルの神である主はその民を訪れて解放する。」キリストの受胎はザカリアに知られています。救いは近づいています。それは来りつつあります。それどころか、救いは到来したのです。神は御顔をその民に向けてくださったのです。ついに恵みに満ちた訪問が起こりました。神は「その民を訪れ解放した」（六七節、六八節）のです。「我らのために救いの角を起こされた」（六九節）のです。旧約聖書――私たちはとりわけダニエル書八章を思い起こします――においては、角は常に残虐や粗暴や破壊的な権力を表す表現です。角は特に好んで紋章という形でこの世の王国を導くように、それは不気味な象徴であり、大抵の場合、災いの角です。それどころか、後に悪魔が角の生えたものとして描かれるようになるのは理由があってのことです！　しかし、ここで今や神も角を起こされました、ただし、〔先の例とは〕反対に、ダビデの家とダビデの家系から「救いの角」を起こされたのです。

「それは、我らの敵、すべて我らを憎む者の手からの救い」（七一節）。イスラエルの民は憎しみを受けました。ユダヤ人に対する憎しみが存在するのは、この人種にも備わっている人間的な、あまりに人間的な欠点のためだけではなく、むしろ実際には、この民に最初から課せられている務めのゆえなのです。それは、あらゆる根本的な反ユダヤ主義に常に備わっている、激しく神に敵対する態度、反キリスト教的な態度です。その務めゆえに、イスラエルの民はどんな民の中にあっても異物なのです。しかし、イスラエルの民の敵は「陣営の外」にだけ探し求められるべきではありません。誰がイスラエルの民の敵であるのかは、「救いの角」が突き始めるや否やいよいよ明らかになります。その後、驚くべきことが起こるでしょう。イスラエルの民自身がすべての敵の中でも最もしぶとい敵となるでしょう。この敵は祭司の衣を身にまとうでしょう。しかし、今や「御自分の民を救う」ために来られた方はイスラエルの民の外や内にいるすべての敵よりも偉大な方となられるでしょう。今や神の憐れみがすでに父祖の時代に約束していたことが成就しました。神は御自分の契約を思い起こし、神がかつてアブラハムという人に立てられた誓いを守られます。神は御自分の民を救い、解放なさいました――何のために？――仕えるためです。「その民がわたしに仕え」（出エジプト記八章一六節）、その民が地上の諸国民の中で祭司の国民となるために、かつてエジプトの国において、モーセが神のご委託を受けて民の解放を要求するためにファラオの前に進み出ました。これこそが真実の「キリスト者の自由」の特徴です。すなわち、仕えるための自由です（七四節、七五節）。

そして、「生涯、恐れなく」仕えるべきであり、そうすることが許されます。恐れなく仕える？人はまたもや「どうして、そのようなことがありえましょうか」（ルカによる福音書一章三四節）と尋ねたくなります。ザカリアは今や先駆者の職務を叙述し始めるとき、明確な答えを与えてくれます。この幼子はいと高き方の預言者として主に先立って行き、主のためにその道を備えます。では、この道を備える者の務めの内容は何なのでしょうか。それは、私たち人間を神から引き離すすべてのもの、私たちが神の御前で心に抱いている不安の非常に奥深くに潜む原因を手放すよう民に促すことです。ヨハネは預言者として救いを指し示します。非常に具体的に「罪の赦し」をその内容とする救いを指し示します。救い！　赦し！　恐れのない人生！　父と子の祝福された交わり！　これが証人の務めの意義であり、悔い改めを勧めるヨハネの説教の意義なのです（七六節、七七節）。

そして、今や私たちはもう一度この特別な〔神の憐れみという〕言葉を聞くことになるのですが、もはや前もって知らされていただけではなく、すでに完全に実現された、この完全な一度限りの救済行為を決断された神の憐れみがなければ、ザカリアは決して救いと罪の赦しと恐れのない人生を差し出すことはできないでしょう。ここで起こることは、それが原文に文字通り書いてあるように、「神の憐れみの心による。この憐れみによって、高い所からあけぼのの光が我らを訪れた」（七八節〔による〕）のです。救いは神の御心の最も奥深い衝動に由来します。そして、ルターが美しい言葉で翻訳しているように、それは神の「心からの憐れみ」なのです。

そして、それは「高い所からのあけぼのの光」となるでしょう。不思議です。そこにはまたもや、あらゆる想像可能なものの進行を妨げるこのような障害物が存在します。普通であれば、あけぼのの光はすべて低い所から昇るものです。例えば、すべての成長の動きは下から上へと向かいます。太陽も月も星も、それらが私たちの感覚によって知覚できるように、「昇り」そして「沈み」ます。しかし今や、「高い所からのあけぼのの光」が私たちを訪れるというのです。それは通常のように低い所で始まり、昇り、再び低い所で終わるのではありません。むしろ反対に、それは高い所からのあけぼのの光であり、降って来て、それから再び昇ります。「乾いた地に埋もれた根から生え出た若枝」〔イザヤ書五三章二節〕と旧約聖書に書いてありました〔エレミヤ書二三章〔五節〕、ゼカリア書三章八節〕。今やその上さらに「高い所からのあけぼのの光」と書いてあるのです――「日よとどまれアヤロンの谷に」〔ヨシュア記一〇章一二節〕！

しかし、民はまだ「暗闇と死の陰に」座しています。なにしろ、それはザカリアの賛歌の中で私たちに出会う「預言」なのですから。しかし、民は立ち上がり、一つの道を進むでしょう。イスラエルの民の救い主は「我らの歩みを平和の道に導かれます」〔七九節〔による〕〕。「いかに美しいことか、山々を行き巡り、平和を告げる者の足は！」〔イザヤ書五二章七節による〕。足――この世の王たちも彼らの臣下たちの足を利用します。歩兵は、かつてはローマの軍団の主要な要素〔pièce de résistance〕でした。歩兵大隊はナポレオンの誇りでした。そして、かつて有名だった閲兵式歩調の堂々たる威容によって引き起こされた余震は今なおヨーロッパの哀れな地を苦しめています。――しかし今や平和の主が来られました。そして、この方は暗闇に座している御自分の民を呼び出され、「我らの歩みを平和の道に導かれます。」この方は「平和を実現する人々は幸いである」〔マタイによる福音書五章九節〕と宣言されるでしょう。それは、その足が平和のために進軍の用意ができている人々のことです。この方は、「平和の福音の宣教を履物とした」〔エフェソの信徒への手紙六章一五節による〕御自分の使者を、地の果て、世の終わりに至るまで遣わされるでしょう。

最後に、この預言者のまなざしはもう一度「幼子」に戻ってきます。その際、ここに書いてあることだけでなく、語られないことも意味深長で、示唆に富んでいます。神殿やエルサレムについては一言も語られず、父のあとをそのまま継ぎ、ひょっとするとありうるかもしれない祭司の務めについては一言も語られません。この幼子は大きくなりました。この幼子は明らかに健康に恵まれ、成長しました。そして、この幼子は「霊において強く」なりました。そのことは反って前途有望な経歴にとって心配の種となりました。そして、彼は荒れ野におり、神の御心によって隔離された人けのない場所にいました。善良な意志を持つ「近所の人々や親類」の判断によれば、このような待望は――ひょっとしたら――不安を誘うような怠惰であったとしても、にもかかわらず、それは、この「幼子」ヨハネが理性に従って企てることのできた一切のことにはるかに優ることでした。その理由はただ単に、それが神の御心に適うことだったからです。「彼がイスラエルの人々の前に現れるまで」、荒れ野に滞在するよう彼に命じられていたのです。

6　キリストのご降誕　2章1―7節

1そのころ、皇帝アウグストゥスから全領土の住民に、登録をせよとの勅令が出た。2これ
は、キリニウスがシリア州の総督であったときに行われた最初の住民登録である。3人々は皆、
登録するためにおのおの自分の町へ旅立った。4ヨセフもダビデの家に属し、その血筋であ
ったので、ガリラヤの町ナザレから、ユダヤのベツレヘムというダビデの町へ上って行った。
5身ごもっていた、いいなずけのマリアと一緒に登録するためである。6ところが、彼らがベ
ツレヘムにいるうちに、マリアは月が満ちて、7初めての子を産み、布にくるんで飼い葉桶

に寝かせた。宿屋には彼らの泊まる場所がなかったからである。

「皇帝アウグストゥスから全世界の人々の税額を査定するようにとの勅令が出た」とき、また「キリニウスがシリア州の総督であったとき」に――「それは起こりました。」すなわち、あらかじめ告げられていたキリストが世にお生まれになりました。なぜ、この時点なのかは私たちには分かりません。なぜ、まさにその当時それが起こったのかということに関しては、人間の側でそれを裏づける根拠と同じ数だけ、それに反対する根拠を挙げることができました。ローマにとって、またローマから見れば、それは幸福な時代であり、平和な時世でした。歴史家はそれに関して次のように語っています。「二世代に亘って帝国の土台を揺るがした内乱の苦しみと恐怖の時代は過ぎ去りました。平和を造り出すことが、新しい支配者としてふさわしい者であることの最高の証でした。人々は安堵の息をつき、自分たちの恩人また救い主として、それどころか世界の救世主、地上の神として、この新しい支配者に歓声をあげました。」アウグストゥスはまぎれもない平和の皇帝でした。彼は秩序と安全が保たれるように配慮しました。国家の郵便物が時刻表通りに遠い目的地に届くために、彼は道路建設の促進に深い関心を寄せていました。アウグストゥスは建築主として、ローマをぼろ小屋住宅地から大理石の都市に変えました。彼が設置した都市消防隊は彼の誇りでした。そして一時的に、巨大な帝国全体のために兵役に服している人々がたった二五軍団、二五万という微々たる数であったこともありました。ですから、ある日、元老院が外の練兵場で――よりによって練兵場で――平和の神に祭壇を奉納したとき、ローマから見れば、それは決して芝居がかった振る舞いではありませんでした。従って、救い主がこの世にお生まれになったとき、それは取り立てて悪い時代ではありませんでした。

しかし、一方の人にとってナイチンゲールであるものが、他の人にとってはフクロウ[13]なのです。確かに、このローマの平和はイタリアだけでなく、地中海周辺の諸国民に益をもたらしましたが、これらの諸国民は自由と尊厳という高い代償を支払って、平和と安全を買い取らなければなりませんでした。彼らは支配された諸国民であり、その国々は占領地域でした。さらにローマの平和はお金がかかりました。この首都の路上や広場にいた二〇万人の貧民たちは生活費を必要とし、養ってもらう必要がありました。ローマでは無料でパンが提供され、いつまでも続く民間の祭りの費用が気前よく支払われていたのに対し、遠く離れた属州では、皇帝の国庫管理官が新たな税金の財源、しかも繰り返し新たな税金の財源に関心を持っていました。徴税人はパレスチナに限らず、よく知られた嫌われ者でした。

するとと見よ、そのような徴税活動の最中に、すなわち「皇帝アウグストゥスから全世界の人々の税額を査定するようにとの勅令が出た」とき、遠く離れた被支配国の一つの占領地域において、主は「暗闇と死の陰に座している者たちを照らし、我らの歩みを平和の道に導く」（一章七九節）と年老いたザカリアが預言した方がこの世にお生まれになるということが起きました。この約束された方はローマの平和ではなく、神の平和をもたらされます。しかし、なぜ、それがまさにこの時代に起こらなければならなかったのかについては、ただ神のみがご存じです。神には、それを百年前にでも、あるいは千年後にでも生じさせることがおできになったことでしょう。神には、御自分の決断と実現の日時について、私たちに説明する義務はありません。皇帝アウグストゥスの統治時代の間にパレスチナで起こったことは、時の初めにおける世界の創造と同じように、神御自身のご決断によることです。神が父祖たちに、そして最後にマリアにあらかじめ告げられたことが、まさにあの時代に実現されなければならなかったということ、ただそのことだけが重要なのです。

ヨセフという名の一人の男が皇帝の命令に従います。従って、ヨセフはその民の中で、ある種の十字軍遠征の考え方で、ローマのいまいましい外国人による支配と闘った熱心党には属していません。ヨセフは皇帝のものを皇帝に返します。それ以外に、私たちはこの男についてほとんど何も知りません。彼の職業は大工です。マタイは、ルカによる福音書第一章において聞いたすべてのことが真実であることを私たちに証明すること、すなわち、ヨセフがマリアを妻に迎えたとき、マリアが処女であったこと、またマリアが人前で辱めを受けないように、ヨセフは明確な神のご命令に基づいて彼女を受け入れたということを知っています。従って、ヨセフは世間の人々から見ればこの子の父親ですが、神の御目から見ればこの子の父親ではありません。大切なことは、ヨセフがダビデの家と家系に連なるということです。

なぜヨセフは臨月間近の状態にある妻に、徒歩で行けば少なくとも三日はかかる、ナザレから古いダビデの町ベツレヘムへの旅を強いなければならないのか、その理由は必ずしも判然としません。たとえ占領国が関係しているとしても、国家権力による命令がその唯一の動機であることはまずないでしょう。むしろ、マリアは神のご指示を受け、彼女の人生の伴侶である夫に付き添ってダビデの町に行くのだと考えられます。そこに到着すると、明らかに無理をし過ぎたために、まだその時期が来ないうちに誘発され、彼女が出産の時を迎えるということが起こります。しかし、超満員の旅人の宿屋はお産に適した場所ではありません。そこで二人は、動物たちが滞在する場所へと逃れます。伝承にあるように、それが家畜のための洞窟のような形をした雨宿りの場所であったのか、それともきちんとした家畜小屋であったのかは本題とまったく関係がありません。

このようなわけで、揺りかごがないので、新生児を飼い葉桶に寝かすことになりました。この事実に、数多くの美しく意味深い考えが結び合わされることができました。私たちの村から遠く離れた、低木の生い茂る小川のほとりに、少々薄気味悪い場所がありました。そこではよく、さまざまな放浪者たちが野営していました。あるとき、いつもよりも早く冬が始まりました。その翌日、ジプシー[14]の母がこの小川の上流にある帆布の屋根の下で男の子を産んだという知らせが村中に広まりました。〔温度計と一体化された〕気圧計はその朝、零下二三度の低位を指していました。他日、死に瀕しているある放浪者に最後の慰めの言葉をかけるために私は呼び出されました。人々は私を家畜小屋の中に連れて行きました。そこで彼は藁で編んだ敷物の上に毛布に包まれて横になっていました。この世では、人間がジプシーの箱馬車で生まれ、家畜小屋で毛布に包まれて死ぬことがありうるがゆえに、これらの最も貧しい人々にも一人の救い主が与えられるために、それゆえに救い主は人間社会の外で、野外で暮らす動物たちのもとでお生まれになるのだと含蓄のあることを人は語ることができるでしょう。「ところが、彼らがベツレヘムにいるうちに、マリアは月が満ちて、初めての子を産み、布にくるんで飼い葉桶に寝かせた。宿屋には彼らの泊まる場所がなかったからである」（六節、七節）。

しかし、もし私たちが深く考えを巡らすことで理解したつもりになるならば、まさにそのときこそ、私たちはことによるとそれを理解していなかったかもしれません。というのは、ここでどんなことがあっても把握されなければならないことは次の単純な事実だからです。すなわち、私たちはまさにここでこそ、不可解なことに関わりを持つということです。しかも、ここでは、救い主が動物たちのもとでお生まれになるという付随状況だけが不可解なのではなくて、そもそも救い主がこの世にお生まれになることが不可解なのです。救い主が最も人間的なこと、すなわち誕生と死を引き受けられるということが不可解なのです。世の救い主がおむつを必要とし、おまけに後には死者を包む亜麻布をさえ必要とするということが不可解なのです。救い主が天使としてこの世に来られるのではなく、人間として、私たちのような人間として、この世に来られるということが不可解なのです。またこの方の誕生が他のすべての出産と同じように卑しく血にまみれて生じるということが不可解なのです。マリアが痛みもなく、血も流さずに子どもを産んだということ、そして、それが、彼女が自分で子どもにおむつを当てることができたことの証拠であると伝説はまったく何の根拠もなく語りますが、そのような伝説は恐らく正しくないでしょう。ここでは、ほとんど奇妙なほどに人間的な側面を強調し、率直に「そして、マリアは初めての子を産んだ」と言われています。この世の救い主についてそのようなことが語られているということ、それこそがまさしく驚嘆すべきことであり、そうあり続けるのです。

今までにも、例えば次のようなことが暗示的に語られてきました。「もし、ある人が水中に落下するならば、この不慮の災難に遭った人に対して三種類の態度があります。彼が助かるにはどうしたらよいかを、人は岸から彼に説明することができます。もしくは、彼がつかまるために、人は岸から救命浮き輪を彼に投げ渡すことができます。もしくは――人は彼のあとから水中に飛び込み、彼をつかみ、みずからの命を賭して救い出すことができます」と。その上で人は次のように主張することができます。「まさに神は人類を救うために、この後者の道をお選びになったのです。それゆえに、救い主は人となられたのです。完全に救い主となるために、完全に人間となられたのです。この方は失われた者のために、失われた者と同じ姿になられたのです」と。しかし、このような極めて深遠な解釈によっても、キリストの受肉の奇跡が驚嘆すべきことであることに変わりありません。実際に神はキリストを王の城においてこの世に生まれさせることもおできになったことでしょう。もしくは、神はキリストを人としてではなく、天使としてこの世に来させることもおできになったことでしょう。もしくは、神はキリストをそもそも天に留めておくことがおできになり、そこから私たちの救い主たらしめることもおできになったことでしょう――いったいなぜ、そうできないというのでしょうか。その場合には、まさかキリストが今よりも劣った私たちの救世主、また救い主であったでしょうか。キリストが父の右に座して以来、まさかキリストはより劣った方であられるのでしょうか。キリストがこのようにして人となられたということ、この方がそもそも地上の私たちのもとに来てくださったということ、そのことは、かつてヨブに「わたしが大地を据えたとき、お前はどこにいたのか。お前がそんなに賢いのであれば、言ってみよ」〔ヨブ記三八章四節による〕と問われた方の説明がつかない、他者の介入の余地のない御心であり、そうあり続けます。

この世の人々が、すでに永遠の昔からいまし給う自分たちの救い主を人間として知るに至ることを、神が、まさに神がお望みになったのです。また、この救い主がユダヤ人の子どもとしてこの世にお生まれになること、ダビデ家出身の大工ヨセフがその養父となり、処女マリアがその母となることを、神がお望みになったのです。また、この子が旅の途中、動物たちのもとで生まれ、おむつに包まれ、飼い葉桶の中に寝かされたこと、そして、これらすべてのことがまさにこの時、すなわち皇帝アウグストゥスから命令が下され、キリニウスがシリア州の総督であった時に起こるように、神がお定めになったのです。誰がここで――それを認め、膝を屈め、拝むこと以上に意義深いことをしようとするでしょうか。

7　天使の知らせ　2章8―14節

8その地方で羊飼いたちが野宿をしながら、夜通し羊の群れの番をしていた。9すると、主
の天使が近づき、主の栄光が周りを照らしたので、彼らは非常に恐れた。10天使は言った。
「恐れるな。わたしは、民全体に与えられる大きな喜びを告げる。11今日ダビデの町で、あ
なたがたのために救い主がお生まれになった。この方こそ主メシアである。12あなたがたは、
布にくるまって飼い葉桶の中に寝ている乳飲み子を見つけるであろう。これがあなたがたへ
のしるしである。」13すると、突然、この天使に天の大軍が加わり、神を賛美して言った。
14「いと高きところには栄光、神にあれ、
　地には平和、御心に適う人にあれ。」

「その地方で羊飼いたちが野宿をしながら、夜通し羊の群れの番をしていた」（八節）。この御言葉には、牧歌的な響きがあります。ルカは羊飼いの物語を語り聞かせるつもりなのでしょうか。もっとも、それにしては羊飼いの角笛や「きよし、この夜」の歌が欠けています。しかし、くつろいだ雰囲気は突如引き裂かれます。突然、羊飼いたちは、断固たる態度で彼らに立ち向かう天の御使いの前に立たされていることに気づきます。同時に、夜の暗闇は光に飲み込まれます。ルカはこの光を「主の栄光」と呼びます。それはいわゆる「シェキナー」[15]、神がその中に住まわれ、誰もそこに近づくことのない永遠の光の輝きです。それは太陽や月や星の光とは異なる光です。「造られたのではない光の

輝き」[16]が彼らの周りを照らします。神に最も特有な直接の神の光があの一度限りの夜に突然現れなければなりません。普段は夜の間にありとあらゆる予期しない出来事に対して常に覚悟ができている羊飼いたちが不安に駆られるほどに、その光はまったく突然、恐ろしいまでに近づいて来ます。「すると、彼らは非常に恐れた」とはっきり言われています。「すると見よ、主の天使が彼らに近づき、主の栄光が彼らの周りを照らしたので、彼らは非常に恐れた」（九節〔による〕）。

その結果として、天使は自分が現れたことで、明らかに本来意図していなかったこのような副次的な影響を及ぼしたことに配慮して、羊飼いたちが恐れる必要はないことを伝えざるを得なくなります。天使は決して羊飼いたちにひどい恐れを吹き込もうとするのではなく、むしろ天使は羊飼いたちに大きな喜びを伝えなければならないのです。原文ではここに「ユアンゲリツェッサイ」と書いてあります。それは「福音、良き知らせを告げること」を意味します。この言葉と共に、私たちはここで初めて、ルカが好んで用いるこの表現に出会います。福音、すなわち、その言葉の元の意味は「喜びの知らせ」です。しかも、それが「勝利の知らせ」であるがゆえに喜びの知らせなのです。急使は顔を輝かせ、槍の穂先を緑の葉で飾り、船や馬に乗り、あるいは徒歩でやってきて、不安に怯えて待ちわびる市民たちに、勝利が勝ち取られたことを知らせます。このような勝利の知らせのことをギリシア人たちは「エヴァンゲリウム〔福音〕」（『キッテル辞典』）と呼んだのです。しかし、ここには今や、天から降り、人々に大きな喜びの知らせ、すなわち神が地上に来られたという前代未聞の勝利の知らせを大声で伝える天使たちがいるのです。それは「大きな喜び」となるでしょう。天では、すでにこの喜びが沸き起こりました。天では、すでにこの出来事に対する天使たちの歓声が永遠の空間にこだましています——今やこの地上の人間もこの天の歓声に参与すべきなのです。もはや天が独り占めしようとしないものに、今や人間もいわば巻き込まれ、感染させられるべきなのです。本当にこの喜びは大きなものです。その喜びの対象のゆえに、この喜びは大きなものなのです。それは救い主の受肉に対する彼処(かしこ)の喜び、天の喜び、神の喜びです。そして、それは「民全体に与えられる」べきなのです。それはさしあたりユダヤの民全体に限定される必要がありますが、この神の民の執り成しによって、この喜びは人の顔をしているすべてのものに、全世界の人々に与えられるべきなのです。

今日、世界の救世主、ソーテール、(17)救い主、ユダヤ人と異邦人の救い主がお生まれになったがゆえに喜びは大きいのです。ルカは明らかに、異邦人たちもそれを理解することができるように、意図的にそのような表現を用いています。なにしろ、異邦人たちには、彼らの救助者や恩人のことを「ソーテール」、救世主とも呼ぶ習慣があるのですから。しかし、その後すぐに、ある言葉が続きます。その言葉は誤解の余地なく次のことを示しています。すなわち、ここでは誰かある名ばかりの救世主や救助者について語られているのではなく、キリスト、油注がれた方、メシアとしてユダヤ人たちに約束されていた方について語られており、そのような方として主であられ、イスラエルの主、すべての諸国民の主、主の主、世界の主、正真正銘の主について語られているのだということを示しています。大天使の御告げはその文言において際立って包括的であり、同時に極めて明確です。「なぜなら、今日ダビデの町で、あなたがたのために救い主がお生まれになったからである。この方こそ主キリストである」(二〇節、一一節〔による〕)。

しかし、この新生児に関するこの証言が非常に崇高であるのにひきかえ、この方の外見は非常に卑しく、非常に目立たないでしょう。そこには王笏や王冠、王のゆり籠のような見るべきものは何一つないでしょう。栄光に満ちたメシアを待ち望む人はつまずくでしょう。「あなたがたは、布にくるまって飼い葉桶の中に寝ている乳飲み子を見つけるであろう。これがあなたがたへのしるしである」（一二節）。

するとそこでまたしても突然、この一人の大天使に「天の大群」、（文字通りには）「天の大軍」が加わります。ここに書いてある御言葉には普通、戦いを連想させる響きがあります。軍勢、天使の軍勢です。それは危険なものになりえます。他のどんな軍勢よりも恐るべきものでしょう——しかし、この日、この軍隊は荘厳で崇高な神への賛美によって、この一人の大天使によってすでに告げられた勝利の知らせが真実であることを証します。神への賛美を声に出して表すという理由からだけでも、天からの使いたちそのものが必要なのです。彼らが伝えることは、死すべきものが口にすることなど許されていない大それたことであるでしょう。そして、この天使の軍勢の歓喜の合唱団を覆ういと高き天に向かって、「栄光」——「平和」——「御心にかなう」という三つの御言葉が繰り返し響き渡ります。

「いと高きところには栄光、神にあれ。」年老いたザカリアは「『高い所からあけぼのの光』（ルカによる福音書一章七八節）が昇る」と語るように促されました。ここで天使たちはこの御言葉を受け継ぎます。天使たちは高きところを指し示します。いと高きところに神の栄光があります。星空や雲のみならず、天使たちが住まうあの場所よりも高きところ、私たちが「高きところ」という言葉で思い浮かべることのできるすべてのものの彼方です。それは、人間がそのために何かをしたり、それを阻止したり、あるいはそれに異論を唱えたりすることができることなく、この出来事は起こったということを意味します。それは上から、完全に上から起こり、さらに、夜には星が輝き、朝には太陽が昇る時ともまったく異なり、空から雨が降り、露が降りる時ともまったく異なり、雷が落ちる時ともまったく異なり、高きところから、何らかの方法で人間が理解することや影響を及ぼすことができないところから、それは起こりました。上から下へ、いと高き天から直接、聖霊降臨祭やイースターが生じるのと同じように、クリスマスは生じました。ここで栄光を保持しておられるのは――「いと高きところには栄光、神にあれ」――ただ神のみです。「いと高きところには栄光、神にあれ」、これこそがこの時から、キリストが行われ、語られるすべてのことと一致する調べなのです。キリストは、耳が聞こえず、口も利けないあの人を癒される前に、高きところに目を向けられたと書いてあります〔マルコによる福音書七章三四節〕。キリストはいと高きところにおられる御父に感謝の祈りを捧げ、栄光を帰すことなしには、少量のパンも食べることはありません。そして、人はその際、神の栄光に関するこの御言葉はもう一つの御言葉、すなわち平和に関する御言葉に先行するということに注意してください。私たちに特徴的なことですが、私たちはよくそれを見過ごします。神は唯一の救い主であられるという栄光を保持することを望まれます。私たちが個人として、また民として、喜んで神にこの栄光を帰さない限り、この地上で平和を見出すことはないでしょう。それゆえに、いと高きところにおられる神の栄光に関する御言葉が最初の御言葉であり続けるのです。神を信じない時代の人々は平和を得ることはできませんし、平和を得るはずがありません。「神に逆らう者に平和はない、と主は言われる」〔イザヤ書四八章二二節〕。それゆえに「いと高きところには栄光、神にあれ。」

「地には平和。」イエスの受肉と共に、ここで地上に到来したこの平和は神の平和の秩序であり、神の法秩序であるということが、私たちにはよく分かっていなければなりません。もしあなたがそう言いたいなら、「新しい秩序」と言ってもよいでしょう。しかし、実際には、それは本来の秩序であり、古い秩序、最古の秩序、最初の秩序です。それはかつて通用していましたが、その後破壊されてしまい、今ここで回復される秩序です。しかも、ここで今や再び正常な状態に戻されるのは、いくつかの、小さな、個人的な混乱状態だけではありません。むしろ、ここで天からの使いたちが大声で告げる平和を魂の平和に限定するわけにはいきません。この神の平和は諸国民の問題や困窮や無秩序にしつこく迫ります。そうです、キリストの誕生がローマ皇帝に明確に関連づけられていることは意義深く、注目すべきことです。ローマ皇帝がそのことにいくらか気づいていようといまいと、この事実そのものには何の変わりもありません。従って、キリストと共にこの地上に到来した平和の秩序や法秩序は、混乱に陥り、神が定められた限度を超えて転がり落ちた世界全体に適用されます。マリアがその賛歌においてあらかじめ告げ、ずっと前から正真正銘の預言者たちが預言していたあの包括的な新しい秩序がここでキリストの受肉と共に始まったのです。そこでは、義が人々の間に宿り、そしてそれゆえに平和も宿ります。そこでは、諸国民は彼らの剣を打ち直して鋤とします〔イザヤ書二章四節〕。そこでは、獅子は干し草を食らい〔イザヤ書一一章七節〕、乳飲み子は毒蛇の穴に戯れます〔イザヤ書一一章八節〕。

　このような新しい秩序がクリスマスと共に始まったのです。しかし、それは時代の根本的な転換を意味します。だからこそ、天の大群はこんなにも歓声をあげて動き始めるのです。それよりも小さなことのゆえではありません。天使の大軍はどんな些細なことのためにも歌い、動くことはありません。人間の尺度によれば、また下から見れば、とても些細なあの出来事の影響を天使たちは見て取るがゆえに、天が割れるほどに天使たちの歓声が湧き上がるのです。

　平和が到来しました。繰り返し家庭内不和が生じ、路地で鬨(とき)の声が上がるのは、例えば、天からの使いたちがあの夜、嘘をついたからではありません。平和は到来しました。私たちがここで平和を探し求め、この御手から平和を受け取るにはあまりに尊大であるがゆえに、ただそのことのためだけに、私たちは繰り返し平和を手に入れないのです。このように語ることで、私たちは「そして、御心に適う人に」という第三の御言葉に到達します。本来、神は私たちに極めて強い不快感を抱かざるを得ないにもかかわらず、神は私たちを御心に適う者にしようと心に決められたのです。今や気に入らないことが御心に適うことに変わるというのです。もちろん、それはひとりでには起こらないでしょう。そのためには多くのことが必要でしょう。キリスト――キリストが必要なのです！　御父にとって御子のご降誕は、御父が私たちを御心に適う者にすることができるようになるために御父が捧げられる犠牲なのです。しかし今や、神はこの犠牲を捧げられました。今や御父はやっとの思いで御子を手放されたのです。それゆえに、ルカはここで「福音」という言葉を用います。それゆえにまた、ルターはこの箇所について、「この賛美の歌を理解する者はすべてのことを理解する」と言うことができます。そして、理解するということは、ここでは次のことを意味します。すなわち、沈黙し、拝み、ただ贈り物を受け取り、完全に自分を委ねるということを。

8　羊飼いたちの証　2章15―20節

15天使たちが離れて天に去ったとき、羊飼いたちは、「さあ、ベツレヘムへ行こう。主が知
らせてくださったその出来事を見ようではないか」と話し合った。16そして急いで行って、マ
リアとヨセフ、また飼い葉桶に寝かせてある乳飲み子を探し当てた。17その光景を見て、羊

飼いたちは、この幼子について天使が話してくれたことを人々に知らせた。18聞いた者は皆、
羊飼いたちの話を不思議に思った。19しかし、マリアはこれらの出来事をすべて心に納めて、
思い巡らしていた。20羊飼いたちは、見聞きしたことがすべて天使の話したとおりだったので、
神をあがめ、賛美しながら帰って行った。

天からの使いたちの務めは限られていました。彼らには、ある特定の任務が割り当てられていました。彼らは明らかに削除も補足もせずに、その任務に従わなければなりません。彼らはまったく委任された者にすぎず、まったく使節にすぎず、まったく使者にすぎません。ヘブライ人への手紙の著者は彼らを「奉仕する霊」〔一章一四節〕と呼びます。天使を表すこの聖書の名称が一般に「召使い」という意味で用いられたのは偶然ではありません。天使はあの夜、あのベツレヘムの東に位置する羊飼いの野でその任務を果たすや否や、彼らは必要以上に長居するのを遠慮するかのように元どおり姿が見えなくなります。天使たちには、私たち人間に対して遠慮するところや避けるところがあり、普段は森に住み、外の広々とした野原で、いつでもほんの一瞬しか見られない生き物と似ています。彼らは天に属する被造物です。それゆえに、彼らは地上に留まることができないのです。

しかし、羊飼いたちは留まります。羊飼いたちは神からの誕生通知の最初の受取人として選び出されました。なぜ、よりにもよって羊飼いたちなのでしょうか。また、なぜ当時、あの地方で自分たちの仕事に専念していたすべての羊飼いたちの中で、よりにもよって、そこにいたまったく特定の羊飼いたちなのでしょうか。私たちには、その理由は分かりません。この章全体において、まさにその他の点でもそうであるように、私たちはここで再び神の選びの羽ばたきをかすかに感じるだけです。そ

うすることが神の御心に適ったのです。確かに、人は説明のためにいくらかのことを引き合いに出すことはできます。しかし、威厳に満ちた選びの秘義はそのまま残ります。ここには、いわば二つの系列の考え方があります。第一に、聖書において、羊飼いには特別な事情があるという印象を受けます。すでに人類最初の二人の兄弟の時代にカインは農耕を営むのにひきかえ、「アベルは羊飼いであった」とアベルについて言われています。ヤコブは羊飼いですが、エサウは野を駆け巡ります。イスラエルの民はエジプトの国では羊飼いの民です。モーセは四〇年間、荒れ野のはずれでエトロの羊の番をします。ダビデとアモスは群れから離れて、特別な務めに召し出されました。私たちは詩編二三編と、ヨハネが伝えるイエスの羊飼いのたとえを知っています。第二の系列の考え方はとりわけこの職業の卑しさを指摘します。羊飼いたちは「アム・ハ・アレッ」、すなわち「地の民」(18)に属しており、モーセの律法を正しく守ることができませんでした。それゆえに彼らは軽蔑され、それのみならず、人々は、羊飼いたちが将来の約束に全面的にあずかることができるとは思っていませんでした。それで、後期ユダヤ教に由来するある注釈は次のような趣旨の見解を示しています。「人は、苦しい生活を送っている羊飼いを援助する必要などない」と。さらには「羊飼いは裁判において、完全に有効な証人であることはできない」と。それなのに、よりにもよって神はこのような名もない人々に御子の誕生通知をいちばん初めに届けるのです。神はよりにもよって羊飼いたちを最高の証人の務めにお選びになります。ここでは後の者が先になります。

天使は去ります。しかし、羊飼いたちは取り残され、夜の闇があとに残ります。人間は問題と苦しみを抱えたまま取り残されます。原文には、「羊飼いである人々」(19)と書いてあります。私たち人間の困惑や困窮を表す表現です。羊飼いであるわずか数人の小さき人々が夜の闇に取り残されます。そして、先ほどの光がとても激しく輝いていただけに、元の夜の闇が再びベツレヘムの野原にいっそう重苦しくたれこめます。羊飼いである小さき人々は夜の闇に取り残され、今や行くべき道を見出さなければなりません。「あれはいったい何だったのか。あれは夢だったのか。あれは荒れ野の幻想だったのか。あれは、その背後に現実の出来事が存在しない幻覚であり、錯覚だったのか。」

いずれにせよ、夜、野外にいた羊飼いたちのもとで起こったことを、私たちはあまりにも当然のこととして受け取らないほうがよいでしょう。天使は彼らに「あなたがたは、飼い葉桶の中に寝ている乳飲み子を見つけるであろう」と言いました。羊飼いたちはこの報告を要求として受け取り、彼らは従います。金持ちの男と貧しいラザロのたとえ〔ルカによる福音書一六章一九―三一節〕の結びで、金持ちの男は責め苦の場所で、「わたしには地上にまだ五人の兄弟がいます。どうか、神が彼らに一人の天使をお遣わしくださり、あの者たちまで、こんな苦しい場所に来なくてもよいように、彼らに注意してください」と頼みます。しかし、そこにいる金持ちの男には「彼らにはモーセと預言者がいる」という答えが与えられます。つまり、彼らには聖書、神の御言葉が与えられているということです。「もし、モーセと預言者を信じないのなら、天使が来ても、彼らは信じないであろう」〔ルカによる福音書一六章三一節による〕。私たち人間はこのような者たちなのです。天の使いたちが来ても、まだとても私たちが信じるということにはなりません。そして、今や天使たちは実際に天から小さき羊飼いである小さき人々のもとにやって来ました。すると見よ、羊飼いたちは信じるのです！　羊飼いたちは、天使がいなくても、すでに聖書の素朴な御言葉を信じていたからこそ、天使たちを信じるのです。

しかし、いずれにせよ、彼らは今なされなければならないことをなし、聞き従うために、彼らのありったけの信仰の力を必要としています。「さあ、ベツレヘムへ行こう。主が知らせてくださったその出来事を見ようではないか」（一五節）。彼らは自らお互いに励まし合う必要があります。彼らははっきり決意し、「さあ、行こう――！」と信仰の決断が下されます。彼らに「主が知らせてくださった」ことに基づいて、彼らは出発します。人間的な保証なしに、神の御言葉に基づいて彼らは出発します。その際、彼らは思い切ってすべてを賭けます。というのは、羊飼いたちに預けられていた家畜に対する彼らの賠償義務は情け容赦なく、厳しいからです。それなのに、彼らは今やすべてのものをそのまま放置し、夜の闇の中へ急いで行きます。マリアが以前、天使と出会った後、ユダヤの山地へ急いで行ったように、羊飼いたちは急いで行きます。ここでは、後にその網を捨てる弟子たちのもとで起こるのと同じことが羊飼いの身にもいくらか起こります。

そして、羊飼いたちが急いで行くのは無駄ではなく、羊飼いたちは見つけることを許されます。人と約束をしたから、言われた通りにしなければならないと言い張る子どもたちと同じように、羊飼いたちはその際、厳格に考えます。羊飼いたちは、まさしく彼らに前もって知らされていた通りにすべてのもの、すなわち最初にマリア、次にヨセフ、最後に幼子と飼い葉桶を探し当てます。「そして彼らは急いで行って、マリアとヨセフ、また飼い葉桶に寝かせてある乳飲み子を探し当てた」（一六節〔による〕）。羊飼いたちが目にするものは一人の乳飲み子――この乳飲み子は産婦人科の他の大勢の新生児たちと同じように見えます――と一人の産婦と一人の夫、さらに人の滞在場所としては異常な環境です。ひどい卑しさを表すしるしばかりです。しかし、羊飼いたちがよりどころとするものは、この産婦とこの夫、とりわけこの乳飲み子について羊飼いたちに伝えられた御言葉です。この御言葉、すなわちまさにこの乳飲み子こそがイスラエルのメシアであり、そのような方として、すべての諸国民の救い主であられ、ダビデの家から〔生まれると〕約束されていた方であると証言するこの御言葉は羊飼いたちのもとでは偉大であり、力を持っています。

そして、羊飼いたちは思い切ってこのことを伝えます。「その光景を見て、羊飼いたちは、この幼子について天使が話してくれたことを人々に知らせた」（一七節）。つまり、羊飼いたちは行く先々で、「私たちはメシアを見た」と証言したのです。まさにこの大いに驚かせる知らせを羊飼いたちは広めます。人々は羊飼いたちの言うことを信用しません。羊飼いたちは少々頭がおかしいのではないかと人々は思うでしょう。しかし、羊飼いたちは聞いた御言葉を広めます。そして、羊飼いたちがこの乳飲み子について証言することは、それを聞くすべての人々のもとで不審を招きます。人々は頭を振ります。それは当然ではないでしょうか。動物たちのもとで、夜の人目につかない場所で生まれたユダヤ人の小さな男の子が世の救い主であり、すべての民に与えられる平和と大いなる喜びを世にもたらしたなどというようなことに対して、どうして頭を振らずにいられるでしょうか。

その時すでに「不審に思うこと」が始まっていました。これはその後も頻繁に姿を現し、驚愕することへと高まりました。そして、このように驚愕することは、最終的に大祭司がその衣を引き裂き、「彼は神を冒瀆している」〔マタイによる福音書二六章六五節による〕と断言するという結果に終わります。そして、十字架の傍らを通り過ぎた人々も皆、この方に対して頭を振りました。

しかし、羊飼いたちの訪問は何よりもマリアにとって必要なことでした。羊飼いたちはマリアにとって次のことの確証なのです。すなわち、「神の強き人」〔天使ガブリエル〕が彼女に語った通り、この乳飲み子は、まったく見分けがつかないにもかかわらず、すべての民にとって来るべき方であるということの確証なのです。しかし、マリアに関しては「マリアはこれらの御言葉をすべて心に納めて、思い巡らしていた」（一九節〔による〕）と書いてあります。今やこれらすべての御言葉は冬作物の種のように彼女の心に植え付けられました。長い冬、荒天の冬になることでしょう。しかし、種はすでに蒔かれました。種蒔く人のたとえの最後には、「ところが、ほかの種は、良い土地に落ち、実を結んだ」〔マタイによる福音書一三章八節による〕と書いてあります。ここでは、それと同じことがマリアの身に起こります。

ところで、「羊飼いたちはもはや日常生活に戻りたくないはずだ」と私たちには思われます。もし、人がメシアを見出したならば、人はメシアのもとに留まるはずではありませんか。しかし、まったく思いがけず、明らかに高い所からの命令により、彼らについてこう言われています。「羊飼いたちは、見聞きしたことがすべて天使の話したとおりだったので、神をあがめ、賛美しながら帰って行った」（二〇節）。人は飼い葉桶の中に寝ている乳飲み子を見させてもらったならば、今や人は神をほめたたえ、賛美することを許されます。まもなくこの乳飲み子は外国に消えます。人々は一〇年、二〇年、三〇年もの間、もはやこの方の消息について何も耳にしなくなります――それなのに、これらの数人の羊飼いである小さき人々はすでに、神がメシアを遣わしてくださったことをほめたたえ、賛美しているのです！

同時に、これらの羊飼いたちは孤独です！　孤立し、彼らの信仰を共にする教会は存在しません。これこそがまさに信仰です。彼らのうち一人がなお生き長らえて、三〇年後にエルサレムで起こった出来事を体験したでしょうか。私たちはそれを知りません。羊飼いたちは再び彼らの群れの番をします。しかし、すべての諸国民の救い主にしてイスラエルの民のメシアがお生まれになったのであり、この世におられます。それで十分なのです。

9　神の民（ゲマインデ）へのイエスの受け入れ　2章21—40節

21八日たって割礼の日を迎えたとき、幼子はイエスと名付けられた。これは、胎内に宿る前
に天使から示された名である。
22さて、モーセの律法に定められた彼らの清めの期間が過ぎたとき、両親はその子を主に献
げるため、エルサレムに連れて行った。23それは主の律法に、「初めて生まれる男子は皆、主
のために聖別される」と書いてあるからである。24また、主の律法に言われているとおりに、
山鳩一つがいか、家鳩の雛二羽をいけにえとして献げるためであった。
25そのとき、エルサレムにシメオンという人がいた。この人は正しい人で信仰があつく、イ
スラエルの慰められるのを待ち望み、聖霊が彼にとどまっていた。26そして、主が遣わすメ
シアに会うまでは決して死なない、とのお告げを聖霊から受けていた。27シメオンが〝霊〟
に導かれて神殿の境内に入って来たとき、両親は、幼子のために律法の規定どおりにいけに
えを献げようとして、イエスを連れて来た。28シメオンは幼子を腕に抱き、神をたたえて言
った。

29「主よ、今こそあなたは、お言葉どおり、
　この僕を安らかに去らせてくださいます。
30わたしはこの目であなたの救いを見たからです。
31これは万民のために整えてくださった救いで、

32 異邦人を照らす啓示の光、
あなたの民イスラエルの誉れです。」
33父と母は、幼子についてこのように言われたことに驚いていた。34シメオンは彼らを祝福し、
母親のマリアに言った。「御覧なさい。この子は、イスラエルの多くの人を倒したり立ち上が
らせたりするためにと定められ、また、反対を受けるしるしとして定められています。35—
—あなた自身も剣で心を刺し貫かれます——多くの人の心にある思いがあらわにされるため
です。」
36また、アシェル族のファヌエルの娘で、アンナという女預言者がいた。非常に年をとって
いて、若いとき嫁いでから七年間夫と共に暮らしたが、37夫に死に別れ、八十四歳になって
いた。彼女は神殿を離れず、断食したり祈ったりして、夜も昼も神に仕えていたが、38その
とき、近づいて来て神を賛美し、エルサレムの救いを待ち望んでいる人々皆に幼子のことを
話した。39親子は主の律法で定められたことをみな終えたので、自分たちの町であるガリラ
ヤのナザレに帰った。40幼子はたくましく育ち、知恵に満ち、神の恵みに包まれていた

諸福音書は、イエスが後に「異邦人たちに引き渡された」、すなわち神の民（ゲマインデ）から締め出され、破門されたと報告しています。それとは反対のこと、すなわち、それ以前にこの方の神の民（ゲマインデ）への受け入れが行われた場合にのみ、このような措置が取られることができました。このような記憶すべき行為、すなわちアブラハムに与えられた約束によって生きる人々の群れにイエスを受け入れることがここでは問題となっています。「八日たって割礼の日を迎えたとき、幼子はイエスと名付けられた。これは

胎内に宿る前に天使から示された名である」（二一節）。イエスはユダヤ教徒であるしるしをその身に負いました。イエスは割礼を受けた者となり、それに伴って律法に対して義務を負わされました。確かに、ルカはこの事実についてごく簡潔に言及するだけですが、少なくともルカにとってこの事実は言及する必要があるほどに重要なことなのです。しかし、ルカにとってさらに重要なことは、この機会に、当時の天使の命令に従って生活が送られ、その子にイエスという名前が付けられることです。ルカはそのことで二重の服従を確認します。すなわち、ここでは律法の要求が満たされ、また預言者の言葉と生きた言葉、すでに書き記された神の言葉とまだ書き記されていない現在の神の言葉への服従が実践されるのです。

しかし、生後八日目の割礼だけが厳密に律法に従って実行されるのではなく、さらに別の二つの掟も遵守されます。一つは初子の贖いです。「すべての初子を聖別してわたしにささげよ。なぜなら、それらはわたしのものだからである」と出エジプト記一三章二節に書いてあります。家畜であれ人であれ、すべての雄の初子は特別に神の所有物です。要するに、最初に生まれたイスラエルの男子は皆、神に仕える者とならなければならないのです。それゆえに、人は犠牲によって彼を神から贖うことができ、贖わなければなりませんでした。イエスのために、このようないわゆる「奉献」が行われます。規定料金は高額です。その額は五シェケルです。それは当時の労働者の日給の約二〇倍です。最後に、そこではさらに、産婦の清めに関する律法が尊重されなければなりませんでした。この律法の前では、すべての産婦は汚れた者と見なされました。すなわち、産婦は男の子の場合には三三日間、女の子の場合には六六日間、祭儀に参加することを許されませんでした。これらの日の後、裕福な人々は一歳の小羊を献げました。貧しい人々の場合には、献げ物は二羽の鳩に軽減されました（レビ記一二章二節以下)。「さて、モーセの律法に定められた彼らの清めの期間が過ぎたとき、両親はその子を主に献げるため、エルサレムに連れて行った。……主の律法に言われているとおりに、山鳩一つがいか、家鳩の雛二羽をいけにえとして献げるためであった」(二二―二四節〔による〕)。世の救い主の場合には、母の清めのために、貧しい人々の規定料金が支払われるということを私たちはこの機会についでに聞き知ります。そのようにして、主であり、救い主であられる方がそのご降誕を通して、被造物としての貧しさに服するのみならず、同時に社会的な貧しさをも受け入れ、従順に律法を引き受けられたのです。パウロがガラテヤの信徒たちに次のように書き送るとき、パウロは主のこのような二重の自己卑下をガラテヤの信徒たちに思い起こさせます。「しかし、時が満ちると、神は、その御子を女から、しかも律法の下に生まれた者としてお遣わしになりました。それは、律法の支配下にある者を贖い出して、わたしたちを神の子となさるためでした」(ガラテヤの信徒への手紙四章四―五節)。

ところで、そのためにわざわざエルサレムに旅行しなくても、地方のどこかで律法の要求が満たされることもできました。しかしながら、マリアの清めとイエスの奉献は注目すべきことにエルサレムで、すなわち神殿そのものにおいてなされました。エルサレム、すなわちあの最初の啓示がザカリアに与えられた神殿において聖なる出来事は始まり、そして私たちは再びエルサレムへ導かれるのです! 到来したメシアは御父の家に連れて来られなければなりません。そこには、恐らく祭司やレビ人たちがいることでしょう。彼らは母の清めと彼女の最初に生まれた息子の贖いの儀式を執り行います。しかし、ここでは、シメオンとアンナという二人の信徒たちが本来の、預言者としての務めを果たすことに注意してください。明らかに年老いた男性と思われるシメオンは敬虔で神を畏れる人でした。アンナはやもめです。彼女は祈り、断食します。それ自体、何も特別なことではありません。人が敬虔で神を畏れるということ、人が祈り、断食するということはどちらも当時のエルサレムでは通例のことでした。しかし、今やここで「すると見よ――」と言われるのです。そして、聖なる言い伝え〔聖書〕において、この呼びかけが現れる時にはいつでも何かが起こり、また起こりつつあるのです。その場合には、それは特別なことを指し示す指のようなものです。しかし、もし人が「ここで特別なこととはいったい何なのか」と尋ねるならば、それは次の点にあります。すなわち、シメオンが「イスラエルの慰められるのを待ち望み、聖霊が彼にとどまっていた」（二五節）ということ、またアンナが「エルサレムにおいてイスラエルの救いを待ち望んでいるすべての人々に、到来したメシアのことを話した」（三八節〔による〕）ということです。

確かに、神殿で仕える僕（しもべ）たちもイスラエルの民全体も慰めを待ち望み、イスラエルの救いを待ち望み、メシアを待ち望みます。それはいわばイスラエルの使命であり、神の民にふさわしいことです。しかし、神の民はもうすでにかなりの年数待ち続けており、数年が数十年になり、数百年になり、待ち続けているうちに最初の千年がすでに過ぎました。このように待つ期間が相当長く続いた結果、実際には、待望はもはや本当の待望ではなくなり、もはやただなんとなく聖なる伝統になってしまいました。当然です。誰が千年以上もの間、息切れせずに、本当に待ち続けることができるでしょうか。それどころか、事態が突然深刻化し、人々が何世紀もの長い時間の隔たりを越えて、大いなる希望の弧を描いて待望していることが実現するということ、まだ自分が生きている間に実現するということを誰が本気で当てにすることができるでしょうか。例えば、歩哨兵が昔の兵器庫の前や博物館で模造され、等身大の模造品として置かれているのを人が見るように、当時のイスラエルの民は、人の手で作られたあの歩哨兵の一つに似ています。「すると見よ――」！　今や「シメオンという人」がいます。彼はイスラエルが慰められるのを待ち望んでいます。そして、何千年も前から予告されていた方を本当に待ち望んでいるのです。また非常に高齢のアンナという小さな女性がいます。その他にも何人かの人々がいます。彼らはまだ息切れしていません。彼らのもとでは、赤々と燃える待望の火花は消えておらず、彼らは緊急事態に備えて待機しています。ザカリアとエリサベト、マリアとヨセフ、野原にいる幾人かの羊飼いたち、洗礼者とその弟子たち、主が後にその家族の墓所に埋葬されることになるあのアリマタヤのヨセフはこのような「この地の穏やかな人々」〔詩編三五編二〇節〕、このような目を覚まし続ける人々の一人に数えられます。なにしろ、アリマタヤのヨセフについては、彼「もまた神の国を待ち望んでいた人の一人」〔ルカによる福音書二三章五一節による〕であったとはっきり書いてあるのですから。従って彼も、生きながらえており、まだ眠りこんでいない神の歩哨兵でした。シメオンのような人々はその宗教的な欲求を満たすことで疲れ果ててしまわず、むしろ個人的な事柄の領域を越えて、偉大なもの、全体的なもの、究極的なものを見る目を持ち続けました。私たちのアドヴェントの賛美歌の一つは彼らのことを「御国の族(やから)」、「御国の友」と呼んでおり、「シオンの見張り」[20]、「非常に高い鋸壁(きょへき)の上に立つ見張り」[21]と呼んでいます。

ところで、そのようなことが起こるということ、すなわち、千年間〔それどころか、私たちにとっては間もなく二千年間〕じっと待ち続け、約束が実現しないにもかかわらず、息切れせず、見張りと祈りの聖なる炎が消えないということは、神がなさった、また神がなさる奇跡の一つです。パウロが後にローマの信徒たちに〔八章〕、「わたしたちは、目に見えないものを望んでいるなら、忍耐して待ち望むのです」〔八章二五節〕と書いている箇所で、すぐ後に続く節には「〝霊〟はわたしたちの弱さを助けてくださいます」〔八章二六節による〕と書いてあります。教会の目を覚まし続けてくださるのは聖霊です。聖霊が、息切れせず、灰の下で火が燃えるように配慮してくださるのです。従ってここでも、「聖霊が彼にとどまっていたからである」〔ルカによる福音書二章二五節による〕と説明し、目を覚まし続ける見張りのシメオンについて、そのように言われているのです。やがてこの世の終わりにメシアが来られるという一般的で拘束力のない教えから踏み出し、「メシアは来られる。備えをせよ。メシアは来られる」という具体的で拘束力のある指示を与える権限を今やシメオンに付与し、委任なさる方は聖霊であられます。

しかし、福音宣教が今やただ普遍的な永遠の真理をくどくどと述べ立てるのを止め、具体的な真理となるところでは、福音宣教はいつでも人々にとって奇異で、不快な感じを与えます。そのような宣教者はいつの時代でも、同時代の人々の嘲笑の的にならないまでも、孤独な「屋根の上の鳥」となり、つまずきとなります。孤独な呼ばわる者、高い鋸壁の上にいる見張りのこのような運命とこのような任務がシメオンに与えられたのです。シメオンは年月が経過する中で、「私はそれを生きて迎えることになるのだろうか」と何度も自問しました。シメオンは待ち望まれた方に出会う前に死ぬことはないという保証を神からいただきました。そして、シメオンが何十年間、見張りの務めを果たしたのかはそこには書いてありません。しかし、彼が遂に「主よ、今こそあなたは、お言葉どおり、この僕を安らかに去らせてくださいます」〔ルカによる福音書二章二九節〕と言うことができるとき、私たちにはどうしても、彼が何度となく安堵の溜め息をつき、深く息をつくように思われます。「主よ」、原文ではここに「デスポタ」[22]という言葉が書いてあります。目を覚まし続けていること、見張りに立っていることは明らかに骨の折れる使用人の務めでした。その結果、シメオンにはどうしても、時おり神があたかも「デスポタ」、すなわち厳格な主人であるかのように思われたのです。

しかし、「見よ」！　今こそ「見よ」！　何千年も前から約束されていたことが今こそ実現されます。シメオンや目を覚まし続けていたわずかな人々が見ずして待ち望んだもの、「見よ」、今や緊急事態が生じます。それはあの朝起こります。聖書に書いてある通り、その時シメオンは「〝霊〟に導かれて」神殿の境内に入って来ます。そこで聖霊はシメオンに、不思議にも一人の子どもが！　――その子はまさにその日神殿で献げられるのです――メシアであることをお示しになります。そして、今やシメオンがイエス、すなわち「神は救い給う」という名の幼子をその両親の腕から受け取り、この幼子に対して、「わたしの目はあなたの救い主を見ました。これは万民のために備えてくださった救い主で、異邦人を照らす光、あなたの民イスラエルの誉れです」〔ルカによる福音書二章三〇―三二節による〕と突然歓呼の声を上げるとき、あたかも昔のすべての預言者たちや信仰者たちが共に歓声を上げているかのようです。なぜなら、今こそ預言者たちや呼ばわる者たちや見張りたちの望み、地上のすべての民を包み、イスラエルに約束されていた救いと光の中に招き入れる望みが実現したからです。「主よ、今こそあなたは、お言葉どおり、この僕を安らかに去らせてくださいます。わたしはこの目であなたの救い主を見たからです。これは万民のために備えてくださった救い主で、異邦人を照らす光、あなたの民イスラエルの誉れです。」今や彼はそれを生きて迎えました。今やシメオンは喜んで死にます。今シメオンが見たものは、彼が以前には見ずして信じていたものです。かつて誰の目も見たことがなかったものを、彼は今見たのです。イスラエルの民と諸国民の救い主を見た目は今やそれよりも偉大なもの、それよりも優れたものをもはや見ることはできません。ここでシメオンの目が見ている唯一なる主と比べたら、「まつげのとらえるもの」、瞳が飲むことのできるあのすべての「金色溢れるこの世」[23]などどれほどのものでしょうか！　今、私は喜んで死にます！「主よ、今こそあなたはこの僕を安らかに去らせてくださいます。」従ってここで起こることは、私たちにはどうしても、長い間待望された見張りの交替のように思われます。

イエスの両親はこの年老いた男の話に驚きます。先行する気高き約束とその実現の目立たない始まりとの間に、人々にとってほとんど耐えがたい緊張が生じたほどに、神の誕生とそれ以来過ぎ去った日々の経過はまったく卑しく、ひどく貧しいものです。いずれにせよ、イエスの父と母はシメオンとアンナの証を必要としています。今や当然この証はイエスの父と母に対して、この幼子の道は、そして、それと共に彼ら、その両親の道も彼らに日の光だけをもたらすのではないということも曖昧なままにしておきません。確かに、それは祝福と救いの道となりますが、まさにそれゆえに十字架の道となるのです。「するとシメオンは彼らを祝福し、母親のマリアに言った。『御覧なさい〔見よ〕（再びこの『見よ』という言葉に注意してください）。この子は、イスラエルの多くの人を倒したり立ち上がらせたりするためにと定められ、また、反対を受けるしるしとして定められています（そして、あなた自身も剣で心を刺し貫かれます）。多くの人の心にある思いがあらわにされるためです』」（ルカによる福音書二章二四―二五節による）。反対、逆風、嵐がただこの世から、すなわちバビロンやエジプトやローマやモスクワからのみならず、内側からも、すなわちイスラエル自身からも起こるでしょう。「多くの人を倒したり立ち上がらせたりする」ことがこの子のゆえに起こります。多くの人々はこの子につまずき、粉々に砕けます。しかし、多くの人々はこの子と共に死に、この子と共に復活し、そして、そのようにして救われます。なぜなら、この方の名前はイエス、「神は救い給う」だからです。

そして、アンナは「夜も昼も神殿から決して離れません。」断食すること、待ち望むこと、そして、祈ることが絶えず彼女において起こります。そして、今や彼女はイスラエルの人々の前で無防備に、聖なる愚かさを身にまとい、「この子において父祖たちの約束が実現された」と証します。アンナは非常に高齢の小さな女性です。主のご降誕にまつわる物語において、老人が強く支持されていることは注意を引きます。力が衰えた老人、視力が衰えた老人。神は御自分の見張りの選びにおいて不思議な態度を取られます。

その後、両親は再び帰郷します。すなわち、彼らがすでに以前から定住していた第二の故郷、すなわちナザレに——ガリラヤに——帰郷します！ そして、すべての人間の母親が誇らしげに、満足して明言するのが常であるように、救い主について、「そして、幼子は成長した」と言われているとき、それは再びこの方の卑賤を証しています。この子は成長します。しかし、肝心なことは、「神の恵みが幼子と共にあった」ということであり続けます。

10 十二歳 2章41—52節

41さて、両親は過越祭には毎年エルサレムへ旅をした。42イエスが十二歳になったときも、
両親は祭りの慣習に従って都に上った。43祭りの期間が終わって帰路についたとき、少年イ
エスはエルサレムに残っておられたが、両親はそれに気づかなかった。44イエスが道連れの
中にいるものと思い、一日分の道のりを行ってしまい、それから、親類や知人の間を捜し回
ったが、45見つからなかったので、捜しながらエルサレムに引き返した。46三日の後、イエ
スが神殿の境内で学者たちの真ん中に座り、話を聞いたり質問したりしておられるのを見つ

けた。47聞いている人は皆、イエスの賢い受け答えに驚いていた。48両親はイエスを見て驚
き、母が言った。「なぜこんなことをしてくれたのです。御覧なさい。お父さんもわたしも心
配して捜していたのです。」49すると、イエスは言われた。「どうしてわたしを捜したのですか。
わたしが自分の父の家にいるのは当たり前だということを、知らなかったのですか。」50しか
し、両親にはイエスの言葉の意味が分からなかった。51それから、イエスは一緒に下って行き、
ナザレに帰り、両親に仕えてお暮らしになった。母はこれらのことをすべて心に納めていた。
52イエスは知恵が増し、背丈も伸び、神と人とに愛された。

クリスマスにおいて重要なのは乳飲み子の物語ではないように、ルカは今、少年の物語を語り聞かせようとしているのではありません。ここではさしあたり、単純にもう一つ別の律法が成就されます。「男子はすべて、年に三度、すなわち除酵祭（復活祭）、七週祭（聖霊降臨祭）、仮庵祭に、あなたの神、主の御前、主の選ばれる場所に出ねばならない」（申命記一六章一六節〔による〕）。「男子はすべて」。満十一歳から十二歳に至る年齢を過ぎたユダヤ人の若者がその中に数えられます。この年齢から男子は律法に対して全面的に義務を負い、それに伴って「律法の子」となります。あまりにも貧しい者やあまりにも遠く離れたところに住んでいる者はいつでも可能な時に、年に一度――その場合には大抵、過越祭を目指して――エルサレムへ巡礼するように心がけます。このような祭りは通常丸七日間続きます。しばしば巡礼者の一行はさまざまな村落の人々から成っています。慎重な査定によれば、このような日には、エルサレムの通常の住民五万人に加え、さらに少なくとも一〇万人の旅人がやって来たと推測されます。そして今や、ナザレにおいて、主の家族において、人がこの規定に関す

ること、すなわちこの律法も遵守したということを私たちはここで耳にします。人々は毎年一度だけのナザレからエルサレムへの巡礼の旅に参加するのが常でした。ここで私たちに語り伝えられることは、少年イエスが宗教上成年のイスラエル人の年齢に達したときのエルサレムへの旅の際に起きました。ついでに言えば、それは、マタイが報告しているエジプトへの逃亡と、イエスが成年になって頭角を現されるまでの間の時期に関して知られたただ一つの短い記事です。

さてこの機会に、それ自体些細な思いがけない出来事が起きます。そのため、なぜルカがそもそもそれを報告するのかと人は疑問に思うかも知れません。しかし、ルカには、それなりの理由がありま す。祭りの後、この少年が帰郷しないということが起こります。彼の両親は三日間ひどく心配して彼を探さなければなりません。とうとう両親は講堂の一つで彼を見つけます。そこで彼は「学者たちの真ん中に」座っています。ここでは、若者特有の反抗的な行動が問題となっているのでないということを強調することをルカは重視しています。「それから、イエスは一緒に下って行き、ナザレに帰り、両親に仕えてお暮らしになった」(五一節)。

なぜルカがこの小さな挿話を記録に留めるのか、その理由は恐らく次の点に探し求められるべきでしょう。すなわち、イエスがそのご降誕から本来の活動の開始までの間、御自分の家庭におられる時の状況をこの出来事が見せてくれるという点です。そこでは、イエスの生活はガリラヤでの日常生活の素朴さの中で営まれます。イエスはナザレの他のすべての少年たちと同じように生活し成長します。そして、にもかかわらず、イエスはすでにその間もずっと、この方が実際にそうであられるように、唯一なる主であられます。イエスの主権は卑賤に覆い隠されつつ、その間もずっと変わることなく存在していいます。イエスは「へりくだって……従順でした」(フィリピの信徒への手紙二章八節)。そして、にもかかわらず、イエスがどこでも人間という衣に完全に収まり切らないのを、この方は妨げることはおできになりません。イエスは完全に子どもです、イエスは完全に少年です、イエスは完全に男です、イエスはまことの人間でありながら、イエスはまことの神であられることをやめたことは生涯で一度もありませんでした。

イエスが永遠の神の御子であられることが原因で生じる当惑はすでに少年時代の頃から、すでにイエスが人々に知られるようになる以前に存在します。ルカは明らかにここで私たちにそのことを語ろうとしています。それはとりわけ、母と息子が幸いにも互いに再会した後の、母と息子との間の短い会話において現れます。「母が言った。『なぜこんなことをしてくれたのです。御覧なさい。お父さんもわたしも心配して捜していたのです。』すると、イエスは言われた。『どうしてわたしを捜したのですか。わたしが自分の父の家にいるのは当たり前だということを、知らなかったのですか』」。そして、その後、極めて意味深長に次のように書いてあります。「しかし、両親にはイエスの言葉の意味が分からなかった」（四八―五〇節）と。

イエスの両親はイエスを理解しません。それは不思議なことでしょうか。聖なる無理解はすでに飼い葉桶の周りを取り巻いているのではないでしょうか。なにしろ、マリアはすでにどのようにしてこの子どもの受胎が起こったのかを理解していなかったですし、イエスの人としての生涯の初めの時から、イエスには理解しがたいところがおありになったのですから。羊飼いたちや占星術の学者たちの訪問や天使の御告げはエリサベトとの出会いと同様に理解しがたいものです。彼らは後々までもイエスを理解せず、イースター後まで、そもそもまったく正しくイエスを理解しません。イースターにおいて、彼らはイエスがどのような方であるのかを最終的に知ることになります。ここで一瞬明らかになるのは、まさにこのような未知のこと、このような秘義に満ちたことなのです。しかし、イエスの両親でさえもイエスを理解しないのであれば、イエスの親戚や知り合いはなおさらのことです。かつて父祖アブラハムが彼の親類のもとを離れて移住したとき受けなければならなかったよそ者扱いがイエスの身にもいくらか起こり、すでにこの時点で、すなわちこの十二歳の少年において明らかになります。洗礼者の割礼の際、親類がもはや理解していなかったように、ここでも同じことが起こります。彼らには「イエスの言葉の意味が分からなかった」のです。イエスは、両親が聞き慣れない言葉を語られます。そして、そのためにイエスは理解されない者であるのみならず、不愉快な存在、役に立たない者でもあるのです。人は家族の名誉を高めるためにイエスを利用することはできません。また一般的な宗教的慣習、例えば神殿での活動を活気づけるために、イエスが簡単に仕事に駆り出されることもありません。人がイエスを「用い」ようとしたところでは、イエスは依然として役に立たない者、興をそぐ者、大いなる当惑であることが明らかになりました。

「聞いている人は皆、イエスの賢い受け答えに驚いていた」とこの十二歳の少年について言われるとき、それは、人々が神童や天才少年に感心し、称賛するときのように驚いているのではありません。「少年イエスは神殿で教師たちに教えていた」とここで誇張し、意図的に過小評価する聖人伝はこの驚きをそのように理解しようとしました。しかし、ルカはただ単に、この少年が教師たちのもとにおり、彼らの話に耳を傾け、彼らに質問し、彼らに答えたということだけをいささか愛想のない簡潔な言葉で報告します。ここでの「驚くこと」には、私たちが今やこの章においてすでに三度目に気づくことがいくらか含まれています。羊飼いたちの知らせを聞いた人々は皆、驚きました。またシメオンの預言の言葉が両親たちに語られたとき、彼らは驚きました。それは後につまずきと非常な驚愕へと高まるあの驚きです。もしあの教師たちがイエスを役に立つ人物、いわば自分たちと同じような人間として認めていたならば、彼らはイエスの名を書き留め、イエスに奨学金を与え、研究をさせてくれたことでしょう。しかし、ここでは、聖人伝において必ずそうなるに違いない展開にはまったくなりません。むしろ、彼らはただ驚くだけで、両親と共にイエスを去らせます。

イエスは一つのことのためだけに、すなわち救い主であり、極めて疎外されてイエスが歩まれる救い主の道を行くためだけに御自分を用いさせます。御父の御心に適うところで、すなわち罪の贖いのために、十字架への道を行くために、イエスは御自分を用いさせなければならず、そこで「わたしはわたしの父の事柄に携わらなければならない」〔ルカによる福音書二章四九節による〕のです。しかし、まさにイエスがそうでなければならず、そうであることを望み、そうであることができるこのただ一つのものを、人々はイエスに望みません。イエスが唯一なる主であられ、比類なき方であられるというこの事実が、十二歳の少年の最初のエルサレム旅行に際して起こったこの思いがけない小さな出来事において明らかになります。それゆえに、この挿話はルカによって伝えられるのです。しかし、この方の生涯はさしあたり先へ進んでいきます。この対立はいつか避けることができずに表面化するでしょう。しかし、今はまだです。イエスの時はまだ来ていません。「イエスは知恵が増し、背丈も伸び、神と人から恵みを受けた」〔五二節〔による〕〕。

荒れ野での始まり

11　御言葉がヨハネに臨んだ時　3章1―2節

1皇帝ティベリウスの治世の第十五年、ポンティオ・ピラトがユダヤの総督、ヘロデがガリラヤの領主、その兄弟フィリポがイトラヤとトラコン地方の領主、リサニアがアビレネの領主、2アンナスとカイアファとが大祭司であったとき、神の言葉が荒れ野でザカリアの子ヨハネに降った。

「ここで今や、いわば新約聖書の舞台が開かれます」（ベンゲル）[24]。福音書記者たちの中で、主の公の活動の時代に世界がどのような様子であるのか、その世界についての観念を私たちに与えてくれるのはルカだけです。この冒頭で何人かの人々の名前が私たちに列挙されます。私たちはしばらくの間、部分的に含蓄の深いこれらの名前の意味をまざまざと思い浮かべたいと思います。「皇帝ティベリウスの治世の第十五年――」（一節）。キリストはアウグストゥスの治世にお生まれになりました。アウグストゥスは西暦一四年に人々に悼まれて亡くなりました。彼の後継者として彼の養子のティベリウスがローマの王座に就きました。ティベリウスの治世の第一五年、つまり西暦二九年にイエスがその隠遁生活を捨て去られるということが起こりました。従って、三〇年前にキリストがお生まれになった当時と同様に、聖地は依然として占領地なのです。かつてはエジプトによる捕囚が起こり、後にはバビロンによる捕囚が起こり、そして今やローマによる捕囚が起こったのです。確かに、ティベリウスはかつてのエジプトのファラオやバビロンのネブカデネツァルほどに冷酷な支配者ではありません。しかし、それでもイスラエルの民にとって彼もまた外国の支配者です。父祖たちの嗣業、約束の地の上空には、ローマのカタシロワシ[25]が舞っています。

紀元前四年にエルサレムでは第三神殿の建設者であるヘロデ大王が死にました。ローマ人たちは当時、ヘロデの王国を彼の息子たちに分割して与えました。それは被占領地域において、「分割して支配せよ」〔divide et impera〕[26]という原則に従い、彼らが好んで適用した措置でした。そこにはエルサレムがあったがゆえに、宗教的に最も重要な区域であるユダヤ、すなわちパレスチナ南部を、彼らはヘロデ・アルケラオスに与えました。しかし、彼が父から受け継いだのはほとんどその冷酷な性格だけでした。ヘロデ・アルケラオスはベツレヘムの幼児虐殺のヘロデとして私たちに知られています[27]。西暦六年、ローマ人たちは彼を退位させ、もはやヘロデ大王の子孫ではなく、ローマ総督をこの王座につけました。他方で、このローマ総督の側では、ローマの属州シリアの指揮官の管轄下に置かれていました。洗礼者とイエスが現れた当時、私たちによく知られているポンティオ・ピラトがローマ総督でした。二六年から三六年まで、すなわちイエスが活動しておられた間はずっと、このピラトがユダヤを支配していました。主を相手どった裁判において、ピラトがいかなる役割を果たしたかを私たちは知っています。三六年にピラトは意見の相違についてローマで申し開きをしなければならず、もはやその職務に復帰することはありませんでした。ですから、イエスがユダヤやエルサレムに滞在されるたびに、ローマ総督ポンティオ・ピラトはこの世にあって直接イエスに対して権力を有する人だったのです。イエスが成長され、その後、最も多く活動されたガリラヤを含む王国の北部を、ローマ人たちは紀元前四年のヘロデ大王の死を機に、ヘロデ・アンティパスと呼ばれていた二番目の息子に与えました。この人は弱いうえに、残酷かつ狡猾です。彼はイエスを見たいと望み、聖金曜日にイエスに白い外套を着せて嘲ります。あるところで、イエスは彼について「彼は狐だ」〔ルカによる福音書一三章三二節〕と言っておられます。彼はとりわけその兄弟の妻ヘロディアとの不倫によって、また洗礼者の殺害者としても私たちに知られています。年老いたヘロデ大王の他の二人の息子たちもそれぞれ、小さな名ばかりの王国として一つの行政管区をローマ人たちから受け取りました。しかし、これらの人々はあまり私たちの関心を引きません。

さて、ルカはここで、当時のイスラエルにおいて宗教的権力を有していた人々の名も挙げます。最高の宗教行政官庁は七一人から成る最高法院でした。この最高法院は終身制で大祭司を選びました。この大祭司が最高法院の議長を務めました。しかし、この職務が生涯続くことはローマの占領当局にとっては都合よくありませんでした。例えば、ポンティオ・ピラトの前任者は、有能で優れた大祭司アンナスを即座に退位させました。なぜなら、アンナスは彼にとって、あまりにも卓越した人物だったからです。その後、四人の大祭司が次々と任命されては解任されました。一八年にある人が現れるまでは。彼は従順で、同時に大変ずるがしこい人だったので、その地位を三六年まで守り抜くことができました。そして、それはカイアファでした。ルカがここでアンナスとカイアファの二人の大祭司について語るのは次の理由によります。すなわち、カイアファがアンナスの婿であったからであり、また年老いた元大祭司アンナスはその後も背後から口をはさみ、非常に重要な意見を述べたからです。ローマの手下であるカイアファはイエスの裁判の時の大祭司でした。しかし、この裁判においても、実際に決定的に重要な言葉を語ったのは背後の黒幕、年老いたアンナスでした。神の民(ゲマインデ)はそのような状態でした。

今やこのような時代に、神の御言葉が洗礼者ヨハネに降りました。ヨハネは荒れ野にいました。いつからかは私たちには分かりません。国や民や教会がそのような状態であるならば、荒れ野以外に預言者〔神の人〕にふさわしい場所がどこかにあるでしょうか。そのようなわけで、イゼベルの時代のエリヤのように、ヨハネは荒れ野に留まります。モーセが荒れ野でエトロの羊の番をしていたとき、神の御言葉がモーセに臨んだように、テコアの小農で、荒れ野のはずれの住人であるアモスに神の御言葉が臨んだように、そこで神の御言葉がヨハネに臨みます。そのような遠く離れた場所で、ヨハネは神の御言葉を待ち望みました。ただ御言葉だけを待ち望んだのでしょうか。そうです、ただ御言葉だけを待ち望んだのです。しかし、まさにあの神の御言葉を待ち望んだのです。すなわち、全能の神がそれによって初めに万物を創造なされた御言葉を待ち望んだのです。そして、今や神の御言葉が再び臨みます。長く続く雨期の後に太陽が輝くように、夜が最も静まるときに天から露が降りるように、長い長い沈黙の後、神の御言葉が「語られ」、再び天から降りて来るのです。神が語られます。するとそこで、母の胎にいる時からそのために選ばれていた一人の人間が耳を傾けるのです。当時、天使の命令に基づいて、人は彼にヨハネという名をつけました。そして、この人は今や神の口となり、預言者となります。

私たちは、ここでまさに起ころうとしていることの中に、人間が自らの力で企てることができる一切のことをはるかに凌駕する出来事を見るほうが良いです。そのように、ここで私たちに詳しく語られることは、決して洗礼者の努力によることでもなければ、まして洗礼者の業績でもありません。むしろ、それは今や神の時の開始であり、歴史を超える性質を持つ出来事であり、夜明けと比較しうることです。孤独な見張りは遠く離れた荒れ野で、さぞ打ちのめされたように思われたに違いありません！　しかし、今やそれは起こることが許されたのです。長い間熱烈に待望された御言葉が彼に臨んだのです。

そして、今や彼、ヨハネはこの御言葉を人々にもたらすという使命を与えられます。それはどのようにしてなされるべきなのでしょうか。彼は講演旅行や説教旅行に出かけるべきなのでしょうか。羊飼いのアモスが当時、王宮に姿を現したように、エルサレムでの三度の祝祭期間にヨハネは姿を現すべきなのでしょうか。そのいずれでもありません。人々が準備できるまで、ヨハネは待たなければなりません。さらに彼は荒れ野の果て、すなわちヨルダンの下流に行かなければなりません。しかし、誰がそこで彼の言葉に耳を傾けるのでしょうか。勇敢な猟師でしょうか。孤独な偵察隊でしょうか。魅力的な利益のゆえに、いかなる危険も恐れずに旅をする幾人かの隊商でしょうか。迷子になった動物を捜す羊飼いでしょうか。まだ他に誰かいるでしょうか。しかし、そのようなことに洗礼者はまったく心を煩わせる必要はありません。神がその沈黙を破られる瞬間から、そして、それが神の御言葉であるならば、御言葉が人々に臨み、人々が御言葉のもとに来ること、そのことをもはや心配しなくてよいのです！　そして、このことが今や起こったのです！　「そのとき、神の言葉が荒れ野でザカリアの子ヨハネに降った。そこで、ヨハネはヨルダン川沿いの地方一帯に行って、罪の赦しを得させるために悔い改めの洗礼を宣べ伝えた」（二―三節〔による〕）。

12　荒れ野で叫ぶ者　3章3―20節

3そこで、ヨハネはヨルダン川沿いの地方一帯に行って、罪の赦しを得させるために悔い改
めの洗礼を宣べ伝えた。4これは、預言者イザヤの書に書いてあるとおりである。
「荒れ野で叫ぶ者の声がする。
『主の道を整え、
その道筋をまっすぐにせよ。
5谷はすべて埋められ、
山と丘はみな低くされる。
曲がった道はまっすぐに、
でこぼこの道は平らになり、
6人は皆、神の救いを仰ぎ見る。』」
7そこでヨハネは、洗礼を授けてもらおうとして出て来た群衆に言った。「蝮の子らよ、差
し迫った神の怒りを免れると、だれが教えたのか。8悔い改めにふさわしい実を結べ。『我々
の父はアブラハムだ』などという考えを起こすな。言っておくが、神はこんな石ころからで
も、アブラハムの子たちを造り出すことがおできになる。9斧は既に木の根元に置かれてい

る。良い実を結ばない木はみな、切り倒されて火に投げ込まれる。」10そこで群衆は、「では、
わたしたちはどうすればよいのですか」と尋ねた。11ヨハネは、「下着を二枚持っている者は、
一枚も持たない者に分けてやれ。食べ物を持っている者も同じようにせよ」と答えた。12徴
税人も洗礼を受けるために来て、「先生、わたしたちはどうすればよいのですか」と言った。
13ヨハネは、「規定以上のものは取り立てるな」と言った。14兵士も、「このわたしたちはどう
すればよいのですか」と尋ねた。ヨハネは、「だれからも金をゆすり取ったり、だまし取った
りするな。自分の給料で満足せよ」と言った。
15民衆はメシアを待ち望んでいて、ヨハネについて、もしかしたら彼がメシアではないかと、
皆心の中で考えていた。16そこで、ヨハネは皆に向かって言った。「わたしはあなたたちに水
で洗礼を授けるが、わたしよりも優れた方が来られる。わたしは、その方の履物のひもを解
く値打ちもない。その方は、聖霊と火であなたたちに洗礼をお授けになる。17そして、手に
箕を持って、脱穀場を隅々まできれいにし、麦を集めて倉に入れ、殻を消えることのない火
で焼き払われる。」18ヨハネは、ほかにもさまざまな勧めをして、民衆に福音を告げ知らせた。
19ところで、領主ヘロデは、自分の兄弟の妻ヘロディアとのことについて、また、自分の行
ったあらゆる悪事について、ヨハネに責められたので、20ヨハネを牢に閉じ込めた。こうし
てヘロデは、それまでの悪事にもう一つの悪事を加えた。

彼はヨルダン川沿いで説教します。しかし、人はそれを巧みに組み立てられた話であるかのように想像してはなりません。ここでは、ただある知らせを手渡し、伝達することについて語られており、

ある告知について語られています。この告知は次のような内容です。「昔から約束され、待望されていたメシアが近づいておられます。メシアが来られるのであり、すでに道の途上におられ、すでにすぐ近くに来ておられます。メシアに会いたい人は備えなさい。しかし、急ぎなさい。メシアに会い損ねたくない人は急いだ方が良い。」選び出された預言者がこのような途方もない証言のために、自分自身の言葉ではなく、すでに存在していた聖書の御言葉を用いることは彼の服従の道にふさわしいことです。それは、すでに白髪のシメオンが三〇年前にその成就を待ち望んでいた御言葉です。シメオンについては、彼が「イスラエルの慰められるのを待ち望んでいた」(ルカによる福音書二章二五節)人々の一人であったと言われています。「慰めよ、わたしの民を慰めよとあなたたちの神は言われる。エルサレムの心に語りかけ、彼女に呼びかけよ、苦役の時は今や満ち、彼女の咎は償われた、と」(イザヤ書四〇章一節以下)。そしてその後、あの預言者の一節において、神の声である「荒れ野の説教者」について語られ、この声はすべての民に、来るべき方の道の妨げとなりうるものを取り去るように要求します。人は罪を取り除くべきです。そして、このような罪の除去は、道を備える先駆者に、人がその罪を告白し、それからヨルダン川で彼から洗礼を授けられるという形で起こるべきなのです。この出来事全体は、かつて三〇年前に天使たちが語った大いなる喜びとぴったり一致していました。ルカ自身がその話を要約して、「ヨハネは、ほかにもさまざまな勧めをして、民衆に福音を告げ知らせた」(一八節)と強調しているように、ここで洗礼者が大声で告げ知らせているのが喜びの知らせであるということが分からない人は、洗礼者の説教を理解しませんでした。マタイが語っているように、喜びの出来事がすぐ目前に迫っているがゆえに、天の国が近づいて来たがゆえに、今やすべての人が備え、悔い改めるべきなのです。悔い改めるということは喜びの出来事です。ヨルダン川での洗礼の授与は、王を迎える時を目指して、喜びにあふれ、期待に満ちて身を清めるということです。体を洗い、装いなさい。王が来られます。「主の道を整え、その道筋をまっすぐにせよ！　谷はすべて埋められ、山と丘はみな低くされる。曲がった道はまっすぐに、でこぼこの道は平らになる。そして、人は皆、神の救い主を仰ぎ見る」（四―六節〔による〕）。

そして、今やこの知らせがほとんど信じられないような早さで広まるということが起こります。風が吹き渡るならば、ごく小さな火からでもすぐに山火事が発生します。村人たちはその知らせのおかげで元気になります。そして、エルサレムにおいても「『天の国は近づいた。メシアは戸口に立っておられる。準備を整えなさい。さもなければ、メシアに会い損ねることになる』と語る者がヨルダン川の下流にいる」という警告が聞かれます。そして、今やすべての民は出発し、荒れ野も、どんな暑さも、どんな寒さも、どんな宿なしの状態も、どんな追いはぎに遭う危険も、もはや彼らを阻むことはできません。メシアが現れるならば、人は会い損ねることを望みません。人は、例えばパレスチナのある村でその知らせが実現するということを想像しなければなりません。そこで議論が始まり、賛否両論に分かれる様子。そこで即座に心を動かされた人々、より慎重な態度を取った人々、疑い深い人々や嘲る人々がいる様子。そして、その後、最終的にいつの日か大いなる日が到来し、人は遠く離れたところに置き去りにされるのではないかという不安が絶えず、最も臆病で、最も頑なな人々をもヨルダンへと向かう道を足早に行く気にさせます。そして、今やルカは、洗礼者と洗礼を受けることを望む人々との間になされた「罪の告白の対話」をかなり詳しく私たちに見せてくれます。

いくらか疑わしい群衆の殺到に対して、ヨハネは不正行為に対する一般的な警告を発します。彼らは、来るべき方を迎える備えをすることをあまりにも安易に考えてはならず、それどころか、すでに荒れ野への巡礼を終えたと思ってはなりません。例えば、土曜日の晩、子どもたちの体を洗う際に、母親が強くつかんで引き寄せることがあるように、洗礼者はイスラエルの子らをつかみます。ヨハネは彼らのことを「蝮の子ら」と呼びます。蛇のようにずるがしこく、腹黒いということです。ついでに言えば、私たちはここで初めて洗礼者の言葉遣いの地方色に気づきます。ヨルダン平野のエリコに関するある古い覚書が存在します。それは次のような趣旨です。「この楽園のような場所の周辺には多くの毒蛇が生存するがゆえに、それはこの場所にとって残念なことだ。」あなたがた蝮の子らよ、すべての腹黒い偽善者は今やその正体を暴かれます。今や心は光でくまなく照らされ、調べられます。今や悔い改めが単なるやじうま根性によるものであるのか、それとも真実の悔い改めであるのかが問われます。あなたがたはアブラハムの血筋を引いていることに信頼を置き、頼ることができるなどと思ってはならない。アブラハムの血筋を引いていることは当然のことながら力を有している。しかし、それが、悔い改めようとしない心の言い訳となり、隠れ蓑になるならば——そのときには、今や私たちは再び荒れ野の言葉を聞きます——「神はこんな（大量にあちこちに散らばっている）石ころからでも、アブラハムの子たちを造り出すことがおできになる。」今や真剣に受け止めない者は圧迫を受け、恐ろしい裁きの日として救いの到来を経験することになります。洗礼者は、実を結ばない木の根元に置かれている斧という強烈な裁きの比喩や、殻と麦を分ける箕の比喩や、道を妨げる無用なものを取り除くという比喩や、清めることや神の家で救いをもたらすために始まる裁きの比喩を用います（七—九節）。

しかし、誠実に悔い改める気持ちのある人々に対しては、洗礼者は導きを与える言葉を語ります。聖霊によって与えられるこの説教の権威のもとに、ここでも、後の聖霊降臨祭の日におけるように、心を揺り動かされた聴き手の口から、「では、わたしたちはどうすればよいのですか」（一〇節）という問いが生じます。「悔い改めにふさわしい実」とは、いったい何でしょうか。巡礼でしょうか。祈りでしょうか。慈善でしょうか。犠牲でしょうか。それに対する洗礼者の答えは次のような内容です。「特別な業ではなく、当たり前で、身近なことをあなたがたはすべきです。見よ、衣服を持っていない人々が外へ出て来た。有り余るほど衣服を持っている者は彼らに服を与え、助けてあげなさい、今すぐに。また、食べ物のない人々がそこにいる。袋の中に有り余るほど食べ物を持って来た者はその中に手を入れ、分け与え、慈善を施しなさい、ただちに！　メシアが来られるときには、飢えに苦しみ、お腹を空かせて唾を飲み込み、じっと見つめている人がすぐ隣にいながら、有り余るほど所有することに人は耐えられなくなる。」徴税人たちも来ました。国民から嫌われていた裏切り者です。そして、兵士たちやローマのために警察や密偵の仕事をするヘロデ党の者たち。洗礼者は彼らに対して何を語るのでしょうか。できる限り早く転職することでしょうか。そのためには、今は時間がありません。彼らは正しい徴税人、また正しい兵士となるべきであって、騙したり、不必要に権力を行使してはならないのです。つまり、おのおのが、まさにとっくに行われているべきことをなすべきなのです。そして、誰もあまりに遠くに探し求めてはならないのです。先駆者の指示は号令のように簡潔な内容です（一〇—一四節）。長く論ずるには、時間が足りません。

そして、今やヨハネはメシアの到来を告げます。彼、ヨハネ自身がすでにメシアであるかもしれないという民衆の幻想は、人間的にはあまりによく理解できます。しかし、ヨハネは自分自身から離れて、来るべき方を指し示します。もしこの方御自身、すなわち約束された方が来られるならば、ヨハネが今していることは、これから起こることと比較になりません。この方こそ、より力のある方なのです。この方は聖霊と火によって洗礼を授けられます。ある区別がこの方から始まります。私たちは再びシメオンの言葉を思い起こします。「この子は、イスラエルの多くの人を倒したり立ち上がらせたりするためにと定められている」〔ルカによる福音書二章三四節による〕。好評であることもあれば、反論もあります。然り、然り、そして、否、否です。そのような説教者が自分の命を犠牲にしてまで、何ものにも惑わされない言葉を語るほかなかったということを暗示することで（一九節、二〇節）、ルカは、荒れ野におけるこの説教者の知らせに関する報告を閉じます。

13 イエスが洗礼を受けられる　3章21―22節

21民衆が皆洗礼を受け、イエスも洗礼を受けて祈っておられると、天が開け、22聖霊が鳩のように目に見える姿でイエスの上に降って来た。すると、「あなたはわたしの愛する子、わたしの心に適う者」という声が、天から聞こえた。

イエスの洗礼に関するルカの報告は著しく簡潔です。しかし、その代わりにルカは福音書記者たちの中でただ一人、わずかですが、とりわけ示唆に富んだ詳細を伝えています。すなわち、主が祈りつつ、洗礼を受けるために御姿を現されたということです。このような状況は苦境を暗示していますす。つまり、イエスは、この方がすでに前もってすべてのものを所有し、すべてのことを知っておられるという意味で状況を掌握しておられるわけではないということです。主はここで、人が祈る状況に身を置いておられるのです。イエスはその後も〔神の御心が〕明らかにされることを求めて努力され、その都度、御自分の道のある種の転換点に立たれるときには、常に祈られます。イエスが弟子たちを召される前、あるいはイエスが本来の受難に足を踏み入れられる前にはその都度、「イエスは祈られた」という注釈が書いてあります。それゆえに、今、イエスは洗礼を受けられる前にも祈られたのです。

ここで、このように祈ることから推察できる苦悩とは、いったいどのようなものなのでしょうか。私たちが推測に頼るほかないからには、救世主としての苦悩、救い主としての苦悩を念頭に置くのが最も賢明でしょう。イエスは狼狽し、恐怖を募らせながら、次第に大人へと成長し、世間や民衆を知るようになり、イエスが目を向け、じっと耳をすますところではどこでも罪の破壊活動に遭遇しました。まさにイエス御自身がこの不気味で底知れないものを御自分の内に持っておられなかったからこそ、他の人々に、すべての人々に、恐ろしいほどに例外がないことにこの方は気づかれたのです。このような発見がイエスに溜息をつかせました。イエスはしばしば繰り返し詩編一四編のような聖書の御言葉を読まれたであろうとフリードリヒ・ツンデルが推測するのはもっともなことです。そこには次のように書いてあります。「人々は腐敗している。忌むべき行いをする。善を行う者はいない」〔詩編一四編一節〕。そしてその後、上記の詩編が次の御言葉で締め括られるとき、それは主のお気持ちをそっくりそのまま代弁しているでしょう。「どうか、イスラエルの救いがシオンから起こるように。主が御自分の民、捕われ人を連れ帰られるように！」〔詩編一四編七節による〕。イエスは繰り返し目を凝らし、「救いはないのでしょうか。このような救いはどこにあるのでしょうか。そして、救いはいつ来るのでしょうか」と御父に尋ねられました。

そして、このように救い主が苦境に陥っておられるときに、洗礼者の出現の知らせがイエスに届きます。そのとき、イエスはさぞ耳をそばだてられたに違いありません！　洗礼者はイエスにとって、その溜息と切なる祈りに対する御父の答えなのです。「どうか、イスラエルの救いがシオンから起こるように――！」。今や救いは差し迫っているように思われます。イエスの母がイエスと共に、イエスの人格の秘義についてどの程度話をされたのかは、私たちには分かりません。彼女はそれらの言葉を彼女の心の中で思い巡らしていたと、イエスのご降誕の後に書いてあります。十二歳の時の思いがけない出来事の際、彼女は相当な心の苦しみを抱えつつ、その秘義を清らかな心で担い、内に秘めるのを私たちは見ます。いずれにせよ、彼女は神の道について自分勝手にあれこれ考えないことを学んだのです。

そして今や、イエスもある日、遠く離れたヨルダン川に御姿を現されます。ルカは、イエスがすべての民衆と一緒に御姿を現されるということに特に言及する必要があると見なします。「民衆が皆洗礼を受け、イエスも洗礼を受けて祈っておられると、天が開けた」（二一節〔による〕）。すべての民衆と一緒に――イエスの前には一人の兵士が列に並び、イエスの後ろには一人の徴税人が並んでいたかもしれません――イエスも来られます。洗礼への道はすべての民衆にとって、ある種の懺悔の椅子への歩みであるということを人は考えなければなりません。というのは、罪人の洗礼が問題となっているからです。すべての民衆を洗礼へと駆り立てるのは、犯してしまった罪の苦しみです。ナザレの大工を駆り立てるのも罪の苦しみです。しかし、それらすべての人々の中で、イエスは最大の重荷を背負ってヨルダン川へ降って行かれます。というのは、イエスは確かに御自分の罪を背負われるのではありませんが、すべての人々の罪を背負われるからです（フリードリヒ・ツンデル）。イエスがここですべての犯罪人たちと同列に並び、その一員であられるのを私たちが見るのと同じように、その後、最終的にこの方が十字架に架かられるのを私たちは見ます。

そして今や、イエスが罪人の洗礼を受けられる間に三つのことが起こります。私たちはそれを内側からではなく、いわば外側からのみ、距離を置いて眺めることしかできません。というのは、この出来事自体は厳密に御父と御子の間で起こるからです。洗礼者がどこまで見抜いているかということすら疑問です。ともかく、そこには「天が開けた」と書いてあります。ですから、すでに受肉の際に起こったように、また後に十字架の苦しみへの道の直前にかの変貌の山で起こったように、そして、その後にもう一度、そして最終的に昇天の日に起こったように、洗礼の間にも似たようなことが起こりました。すなわち、天が開けるのです。すなわち、この方の受肉以来、御自分の出生地から離れた方が、永遠の昔から住んでおられる場所、御自分が由来する場所を、そこで垣間見ることが許されるのです。この方の自己謙卑以来、この方にとっては、このように天を垣間見ることは決して日常的なことではなく、このような特別なことがここで初めてこの方に許されると推測するのに十分な理由が私たちにはあります。これはこの方の切なる祈りに対する御父の答えでしょう。この答えに第二のことが含まれています。聖霊は目に見える御姿で、鳩にたとえることができる御姿でイエスの上に降られます。きっとイエスはすでにそれ以前に聖霊によって心を動かされ、感動させられ、導かれていたに違いありません。しかし、ここでは、今や洗礼に際して、それに加えて、ある特別なこと、すなわち、イエスがそれ以前もそれ以後も経験されたことがなかったほどの聖霊の充満を与えられるということが起こったに違いありません。しかし、聖霊の働きには、いつでも御言葉が付け加わります。そして、それが洗礼に際して起こる第三のことなのです。天から声が呼ばわります。「あなたはわたしの愛する子、わたしの心に適う者」（二二節）と。

そう叫ばれるのは御父です。それは今や最も直接的な出来事であり、もし人がそのように言うことが許されるならば、御父がイエスに個人的にお答えになり、いわばはっきりと、正式にイエスに挨拶され、この方に御子の権威をお与えになるという最も偉大な出来事です。それゆえに、人が主の洗礼を預言者の召命と比較したことには、ある正当性がないわけではありません。ただし、当然のことながら、まさにそちらには、召命を受ける預言者がいますが、こちらには、御自分に並ぶ第二の存在がいない御子がおられるという点が異なります。後に「あなたは何の権威でこのようなことをしているのか」〔ルカによる福音書二〇章二節〕、あるいは「あなたは何の権威でこのようなことを言っているのか」という問いが繰り返しイエスに向けられるのを私たちは耳にします。ここで私たちはそれを聞き取ります。イエスは洗礼の際に、この方に授けられる御子の権威によって行動され、語られるのです。ひそかにその心の中でマリアを動かし、初めから彼女が予感していたことを、ここでは御子が天の御父から直接聞き取られるのです。神はそれを必要なことと見なされました。たとえ、母の「事情説明」という形で、マリアの側から率直に伝え、秘義を打ち明けることによってもそれはなされたのだと、人間の知ったかぶりが異議を唱えるとしても。

そして、この方がどのような方であるかを今や私たちも知っています。私たちは今や、御自分の暴力行為によってではなく、あるいは人間の好意によってでもなく、ただ神の恵みによってのみ王となられる主を信じています。私たちは、神の永遠の御心と御意志に従って救い主であられる救い主を信じています。従って、私たちにとって主の洗礼はそれに伴う三つの付随現象と共に、主に対する信仰を強めるものであり、体も魂も、生きるにも死ぬにも、この王のものとなるようにとの要求なのです。

14　およそ三十歳　3章23—38節

23イエスが宣教を始められたときはおよそ三十歳であった。イエスはヨセフの子と思われて
いた。ヨセフはエリの子、それからさかのぼると、24マタト、レビ、メルキ、ヤナイ、ヨセ
フ、25マタティア、アモス、ナウム、エスリ、ナガイ、26マハト、マタティア、セメイン、ヨ
セク、ヨダ、27ヨハナン、レサ、ゼルバベル、シャルティエル、ネリ、28メルキ、アディ、コ
サム、エルマダム、エル、29ヨシュア、エリエゼル、ヨリム、マタト、レビ、30シメオン、ユ
ダ、ヨセフ、ヨナム、エリアキム、31メレア、メンナ、マタタ、ナタン、ダビデ、32エッサイ、
オベド、ボアズ、サラ、ナフション、33アミナダブ、アドミン、アルニ、ヘツロン、ペレツ、
ユダ、34ヤコブ、イサク、アブラハム、テラ、ナホル、35セルグ、レウ、ペレグ、エベル、シ
ェラ、36カイナム、アルパクシャド、セム、ノア、レメク、37メトシェラ、エノク、イエレド、
マハラルエル、ケナン、38エノシュ、セト、アダム。そして神に至る。

「イエスが宣教を始められたときはおよそ三十歳であった。イエスはヨセフの子と思われていた。ヨセフはエリの子であった」（二三節〈による〉）。注意深い読者はここで「およそ」という言葉に注目します。ルカはその報告の冒頭で「すべての事を初めから詳しく調べている」者として自己紹介をしました。そして今や、彼は明らかに、正確に何歳の年に主が公に御姿を現されたのかを聞き知ることはできなかったようです。従って、私たちは主の誕生の年と死亡の年の年代の確定のために、「およ

そ」に頼らざるを得ません。すなわち、人はおよそ向こう三年間のことを詳しく知っているということになります。それに加えて、十二歳から三〇歳の期間に関しては伝承の中にまったく何の記述もありません。それゆえに、伝説はこの「手づかずの研究分野」を占領し、そこで多かれ少なかれ粗野な想像力を働かせました。私たちは間接推理によって、情報のないこの期間について、少なくとも二つのことを確実と見なすことが許されます。一つは、イエスがユダヤ教の会堂の子であられたということ。イエスはすべての学校の中で最も独特なこの学校の授業を受けられました。この学校で、イエスは御自分の人生のみならず、世界で起こるあらゆる出来事、イスラエルと諸国民全体をも聖書の約束の光の中で見ることを学ばれました。聖書はこの学校の**唯一の**書物であり、あらゆることのための書物であり、同時に読本であり、歴史書であり、地理書であり、賛美歌集でした。ユダヤ教の会堂の子としてイエスは聖書を知りました。一例を挙げれば、私たちがよく知っているように、ユダヤ人の青少年たちは将来の臨終の時を見越して、詩編二二編を暗記しなければなりませんでした。その中には、「わたしの神よ、わたしの神よ、なぜわたしをお見捨てになるのか」〔詩編二二編二節〕という御言葉が書いてあります。イエスは御自分の臨終の時、この詩編を祈られたということを私たちは知っています。この時代に関して、私たちに確実に分かっている第二のことは、イエスが大工という庶民的な仕事をしておられたということです。例えば、イエスがひっそりとお育ちになったということを人が聞くとき、それは特に幸福なこととして表現されているわけではありません。いずれにせよ、イエスは大工として、仕事において人々と知り合いになり、日常的なことを知る機会が非常に多くありました。しかも、建築において明らかになるのは必ずしも人間の最善の面ではないように思われます。一軒の小さな家を建ててもらったある公務員が最近、少々辛辣なことを言いました。「もし、人間がどれほど悪者でありうるかということを人がまだ知らなかったとしたら、ぜひ家を建ててみてください。」人間の不足も建築において明るみに出ます。家が焼失するとき、あるいは嵐や洪水が頑丈な土台の上に建てられていない家を倒すとき、あるいはそれどころか、費用の見積もりが周到になされなかったために、お金がもはや足りなくなるとき――なにしろ、イエスは後にあるところで、恐らく御自分の経験に基づいて、「家や塔を建てる人は、それを造り上げるのに十分な費用があるかどうか、前もってよく吟味した方が良い」と語られるのですから〔ルカによる福音書一四章二八節以下〕。そのようにイエスはこの数十年の間、まさに人間や世間を見る能力を身につけられ、聖書の光の中で生活を見ることを学ばれました。それは間違いありません。

そして今やここで、イエスが御姿を現されたとき、「イエスはおよそ三〇歳であった」と言われるのです。それは恐らく御自分で選んだ時期ではないでしょう。二つのことが、約三〇歳で公に御姿を現そうと主に決心させたかもしれません。一つは、洗礼者が預言者として現れたこと、それからトーラー、すなわち律法の中に次のような内容の古い規定があることです。「主はモーセとアロンに仰せになった。レビの子らのうち、ケハトの子らの人口を、氏族ごとに、家系に従って調査しなさい。それは臨在の幕屋で作業に従事することのできる三十歳以上五十歳以下の者である」〔民数記四章一―三節〕。宗教的な事柄において勤務に耐えうる年齢は三〇歳になる年から五〇歳になる年の間を動くという趣旨の聖なる伝統のようなものが存在しているように思われます。いずれにせよ、人が「聖なる幕屋での作業」に任命されるのに若すぎるということはありません。この規定の例外として、もっと若い年齢で聖職者の務めに就く人はそれを重荷と感じます。エレミヤがそうです。彼は「わたしは若者にすぎません」〔エレミヤ書一章六節〕と叫びます。テモテがそうです。パウロは、テモテが若い年齢であるにもかかわらず、諸教会がテモテを受け入れるように、テモテのために諸教会に執り成さなければなりません。いずれにせよ、またしても神殿における叙述の際と同様に、また十二歳の少年の初めてのエルサレム旅行の際と同様に、およそ三〇歳の頃の主の出現と共に、律法の忠実な遵守の一例が並行しているのです。

そして今やルカは、主が御姿を現される際の主の年齢に関する言葉と共に、イエスの系図についての報告を開始します。このような系図は聖書に繰り返し現れます。それらの系図には、私たち人間が組み込まれる系図の意味とは根本的に異なる非常に特別な意味があります。人間は普通、自分の出身を誇るために、また自分の威厳を増し、自分の家族の名誉を高めるために系図を所有します。しかし、聖書の系図は明確かつ明瞭に神の栄光のために役立つものです。しかも、ここで系図を通して宣べ伝えられるべきものは、引き裂くことができず、欠陥がなく、決して無効にならない神の**信実**です。神の御国においてはそういうものだということ、神は前もって語られることとなしに決して行動されないということ、神の御業はいつでも、神が前もって約束されたことの成就であるということ、そのような神の特性をここで私たちは思い起こします。アモスが「主なる神はその定められたことを僕（しもべ）なる預言者に前もって示さずに何事かをなされるだろうか」〔アモス書三章七節による〕と問うとき、神の御業に特徴的な約束と成就というこの原則はすでにアモスによって認識されていました。そして今や、聖書の系譜はとりわけ、神がそのお与えになった約束を世代から世代へ、父から子や孫へ、それどころか千代に至るまで忠実に守られるということを私たちに伝えます。神の御業の糸が切れたと人が考える時代にも、そのようなことは起こっていません。従って、系譜の中の名前は発電所の大きな遠距離送電塔にたとえられることができるでしょう。このような名前はある時代、ひょっとすると一世紀の間、このような光と力の担い手として立っており、啓示の光の担い手なのです。

ところで、ルカにおいても、マタイにおいても、それぞれイエスの系図が存在します。その際、両方の系図が同じ内容でないという難しい問題があります。ルカははるかに多くの名前を伝えています。それらの名前は七十以上あります。教会はこのような相違を初めから無視することはできませんでした。しかし、たとえ、当時の人々の方が今日の私たちよりもさらにその関連を見抜いていたとしても、あるいは、最終的にすべての秘義が明らかにされる際、私たちの預言がもはや部分的なものでなくなるときに、この点も明らかになると彼らが考えていたとしても、教会は異なるものが並存するのをそのままにしておきました。そして、私たちもそれをそのままにしておきます。私たちはでこぼこな部分を平坦にしようとせず、両方の系図をそのままにしておきます。時々企てられた説明の試みは決して納得の行くものではありません。ついでに言うと、主な柱は両方のテキストにおいて一致しています。両方の系図において、ヨセフからダビデを経て、イスラエルの民と共に救済史を開始した人、アブラハムに至ります。ダビデを経て、すべての約束の目標、すなわちキリストに至るまで、父祖に対して約束を守られるほどに神は信実な方なのです。ところが、ルカにおいて特徴的なのは、今やルカがイスラエルの民の初めに至るまでの系図では満足しないということです。ルカはアブラハムを越えて、そもそも人類の初めに至るまで遡り、アダムにまで遡って啓示の痕跡を辿ることを望みます。そうすることでルカは、神がその救いの御計画をイスラエルの民に限定されることなく、すべての諸国民を包み込まれるということを語りたいのです。これと同じ、強力で全てを包み込む光がすでに老シメオンをも照らしていたのです。使徒パウロが「第二のアダム」としてのキリストについて語るとき、彼もそのことが分かっていました。最初のアダムによって罪がこの世に入って来たのであり、第二のアダムによって罪の赦しが入って来るのです（ローマの信徒への手紙五章一八―一九節、コリントの信徒への手紙一 一五章四五節）。

そして、最後にもう一つ、ルカがその系図を挿入する場所が注意を引きます。マタイはその系図を福音書の冒頭に置きました。ルカはよく考えた上で、イエスの公の活動の初めにようやくその系図を持ってきます。今や主はその本来の救いの御業を始められます。それと共に始まることは全地にとって、アダムからイエスに至るまで、過去、現在、将来のすべての人々にとって意味と意義があります。そして、それは事実上、最初の日から最後の審判の日までということを意味します。

15 哀れな悪魔　4章1―2節a

1さて、イエスは聖霊に満ちて、ヨルダン川からお帰りになった。そして、荒れ野の中を
〝霊〟によって引き回され、2四十日間、悪魔から誘惑を受けられた。

ここでは今やある戦いが始まり、ここでは勝利が勝ち取られます――それ以前もそれ以後も、どこにおいても、また誰によっても、このようにして戦いがなされ、このようにして勝利がもたらされたことはありませんでした。確かに、仏陀や孔子やマホメットのような精神世界における他の偉人たちも危険で厳しい試みを克服しなければならなかったということは私たちによく知られています。しかし、ここには、孔子やマホメットにまさる方、仏陀にまさる方がおられます。ここには、キリストが

おられるのです。このような比類のない戦いと勝利はどの点にあるのでしょうか。教会教父たちが誘惑の物語に関する説教を教会暦の中で受難節の最初に置き、配置したことによって、彼らはその解釈に関して決定的に重要なことをすでに言い表していました。すなわち、ここでは事実、キリストのご受難が問題になっているということです。すでにキリストの試みに関しては、実にさまざまな機知に富んだことや含蓄のあることが述べられ、書かれましたが――ここでは、明確に、ただ一つのこと、十字架におけるキリストの救いの御業だけが問題となっています。すなわち、ここでは、ナザレのイエスが特にこの目的のために、父によってこの世に遣わされた世の救い主であられ、そうあり続けられるかどうかということが問題になっており、あるいは、この方が誘惑者によって、この崇高な使命から遠ざけられてしまうのかどうかということが問題になっています。ここでは結局、ほかでもない、私たちが救われているのか、それとも失われるのか、この世のために救いを信じることに意味があるのか、あるいは結局すべてが破滅して終わるのかということが問題になっています。精神世界の偉人たちが誘惑を受ける場合には、さまざまなことが問題になっていますが――世の救い主が誘惑をお受けになる場合には、一切のことが問題になっています。それゆえに、人はいつでもただ息を凝らしてこの物語に取り組むことしかできません。

キリストの救いの御業はどのような外観を呈するのでしょうか。諸福音書においては、洗礼者ヨハネが悔い改めと回心を民全体に要求し、悔い改める気持ちのある人々を、ヨルダン川での罪人の洗礼へと導く様子がそこで報告されることによって、またある日のこと、悔い改め、罪を告白するすべての者たちと共に整然と並んで、ナザレのイエスも御姿を現され、悔い改めて膝を屈め、罪人の洗礼を受けられる様子がそこで報告されることによって、キリストの救いの御業がどのような外観を呈するのかが誘惑の物語の直前で暗示されています。このように主が洗礼者のもとに行かれることで、主の救いの御業の開始が告げられたのであり、いわばこの方の救い主としての人生行路において方向を定める第一歩が踏み出されたのです。背信者たちが立っている場所に、この方、聖なる方が立たれるのであり、詩編の冒頭の御言葉によれば、人が決してしてはならないことを、ここでナザレのイエスはなされるのです。すなわち、この方が「罪ある者の道にとどまり、傲慢な者と共に座られる」〔詩編一編一節による〕のです。この方、御子が御父の敵の仲間に加わられるのです。そして、御父は罪人の洗礼の間に、御子に聖霊を遣わされ、「これはわたしの愛する子、わたしの心に適う者」〔マタイによる福音書三章一七節〕と御子に呼びかけさせることによって、御父はこの行為に対する同意を示されたのです。従って、この地上における御子の救いの御業は罪人の十字架であるということに関して、御父と御子の間では、初めから完全に明白であり、完全に一致しています。諸福音書はそのことを伝えようとしているのです。罪人の洗礼に向かわれる御子こそ御父の御心に適います。イエスがヨルダン川での洗礼と共に歩み出される道の目標と終わりはゴルゴタの十字架なのです。この救いの実現のために御父は御子をこの世に遣わされたのであって、それ以外のものは救いではないでしょう。

ここから今や同様に、何が悪魔にとって重要であり、何を悪魔が阻止しようとし、何のために主を試みるつもりであるのかが明らかになります。その際、表面的にしか読まない読者であっても、あらゆる人の注意を引いたのは、それがまったく荒々しい罪ではなく、ただ外面的に見れば、悪魔が主を誘おうとしているのは、倫理的な意味でまったく粗野な違反行為ではないということです。詐欺や不倫などは何一つなく、殺人や殺害については何も語られていません。解釈者たちの中で学識に富んだ人〔ベンゲル〕はまさに「この悪魔は崇高な精神の持ち主です」と言っています。もし人が悪魔を非神話化し、人間の姿で、目に見える姿で悪魔を想像したければ、恐らく最もありそうなのは、たとえば気高く、高い教養を身につけた聖書学者であるに違いないでしょう。ここではいずれにせよ、「極めて高次元の」誘惑が問題となっています。キリストを試みることは些細なことではありません。このような企ては悪魔にとって、かなりの精神的苦痛の原因となったに違いありません。というのは、悪魔も信じ、ひどく心配するからです。悪魔はここでただ一つのことだけを気にかけています。すなわち、イエスを十字架の犠牲の道から逸らすことです。このただ一つのことを達成するために、悪魔は自分の意のままになるすべての策略を動員せざるを得ないでしょう。人はほとんど、この悪魔の信仰の勇敢さをまさに妬み、称賛したい気持ちに駆られるほどです。悪魔は世の救い主を不従順へと誘おうとするのです！　人間には不可能なこと、否、それどころか、悪魔にも不可能なことを、悪魔は可能なことと見なすのです！　そして、にもかかわらず――その大いなる力と多くの策略にもかかわらず――愚かな悪魔――哀れな悪魔なのです！

洗礼の際にイエスは聖霊によって武装され、メシアとしての職務に任じられました。イエスは今や霊の働きのもとに、「聖霊に満たされて」立ち、御業をなされます。イエスは洗礼を受けた場所から離れ、荒れ野をあちこち引き回されたとルカは語っています。マタイにも同様のことが書いてあります。しかし、マルコには、まさに「イエスは洗礼を受けた場所から離れ、聖霊によって荒れ野へと駆り立てられ、追い立てられた」という御言葉が書いてあります。このことは、主がなんとなくためらっておられることを推測させます。明らかに、イエスがナザレを去られたとき、本来の計画はすぐに家に帰ることであったように思われます。しかし、今や故郷での庶民の職業に戻る代わりに、霊の促しがイエスを無理やり荒れ野へ行かせるのです。十戒を受け取る際のモーセに関しても、そのように言われています。「モーセは主と共に四十日四十夜、そこにとどまった。彼はパンも食べず、水も飲まなかった」（出エジプト記三四章〔二八節〕）。エリヤについても、彼がアハブやイゼベルとの戦いをやり抜かなければならなかったとき、私たちは次のことを聞きます。「エリヤは起きて食べ、飲んだ。その食べ物に力づけられた彼は、四十日四十夜歩き続け、ついに神の山ホレブに着いた」（列王記上一九章〔八節〕）。そして今や、主についてもそのように言われているのです。「そして、四十日間、悪魔から誘惑を受けられた。その間、イエスは何も食べなかった」（二節〔による〕）。

主が誘惑を受けられるという事実は、時には奇異に感じられたことがありました。なにしろ、主が誘惑を受けられることは、主の受肉の卑賤の一部なのですから。このことに関して、ヘブライ人への手紙の著者は二つの意味深長な言葉で次のように述べています。「この大祭司は、わたしたちの弱さに同情できない方ではなく、罪を犯されなかったが、あらゆる点において、わたしたちと同様に試練に遭われたのです」（ヘブライ人への手紙四章一五節）。私たち人間の誘惑に陥りやすい性質とのこのような神の連帯をもう一つ別の言葉が強調しています。「事実、御自身、試練を受けて苦しまれたからこそ、試練を受けている人たちを助けることがおできになるのです」（ヘブライ人への手紙二章一八節）。

しかし、悪魔が主を誘惑するということは、悪魔が主を支配しているということを言おうとしているのでは決してありません。このような深遠な出来事全体の過程において、初めから終わりまで主導権を握っているのが悪魔ではなく、聖霊であられるということを、なぜすべての福音書記者たちがまさにこの箇所で強調するのかを彼らは知っていることでしょう。それは、聖書で誘惑が意味することの本質の一部を成すものです。すなわち、神が誘惑の背後に立っておられるのであり、神がそれを許されるのみならず、神がまさにそれを命じられるのです。行動と出来事の支配者は神なのです。その際、悪魔には期限が定められています。聖書においては、悪魔は決して独立した意義を持っておらず、決して、少しも神のパートナーではありません。サタンは神に支配されており、手綱を握られているのです。

ついでに言うと、誘惑を受けること、「悪魔を相手にすることになること」はそれ自体、まったく名誉を傷つける出来事ではありません。厳密に言えば、信仰者だけが、恵みを受けた者だけが誘惑を受けうるのです。なにしろ、誘惑には、信仰が「検査され」、神による張力試験を受けるという意味があるのですから。恵みが一人の人間に与えられれば与えられるほど、その人はますます誘惑にさらされているのです。それですから、主の祈りにも特徴的なことですが、罪の赦しを求める崇高な祈りのすぐ後に、誘惑者の襲撃からお守りくださいという祈りが続くのです。珍しいことですが、詩編のある箇所でそのような試みがまさに祈り求められているのです。「わたしを究め、わたしの心を知ってください」（詩編一三九編〔二三節〕）と。そして、ヤコブはあるとき信仰者に対して、信仰者が試みられるとき、それをこの上ない喜びと思いなさいと勧めています〔ヤコブの手紙一章二節〕。詩編一三九編の詩人とヤコブはまさに、人は確かに悪魔を不注意にも過小評価してはなりませんが、しかし、また悪魔があたかもすべてのものを支配する主であるかのように恐れてはならないことを知っています。信仰者はアブラハムやヨブのように、誘惑に打ち勝つことができます。それは、彼、すなわち人間が悪魔より強いからではなく、神が悪魔より強いからです。人間が「悪魔の化身」を相手にすることになるならば――神よ、すべての人をそのことからお守りください――それがどんなに恐ろしいことだとしても、にもかかわらず、それは決して望みのないことではなく、最後には、それを深刻に受け止めてはなりません。神に敵対する勢力に関して、「天を王座とする方は笑い、主は彼らを嘲られる」〔詩編二編四節による〕と言われているとき、それは悪魔やその共犯者についても当てはまります。私たちが後に見るように、神の最後の高貴な笑いが、キリストがお受けになる誘惑をも覆っているのです。

16　慈善家になる誘惑　4章2節b―4節

2b その間、何も食べず、その期間が終わると空腹を覚えられた。3 そこで、悪魔はイエスに言った。「神の子なら、この石にパンになるように命じたらどうだ。」4 イエスは、「『人はパンだけで生きるものではない』と書いてある」とお答えになった。

すでに語られたように、主が洗礼の恵みを受けられたすぐ後に、また主が公の活動を始められる直前に誘惑を受けられることは、主の人間性の一部を成しています。神がそれをお許しになるのであり、神がそれをお命じになるのです。これらの誘惑のうちの三つが福音書記者たちによって特に言及されています。誘惑はその三つだけとは考えられませんが、それらは最も基本的な誘惑であることでしょう。私たちは今や三つの誘惑の第一の誘惑に私たちの注意を向け、それを「慈善家になる誘惑」と呼びます。その誘惑が生じた地域に目を向け、人はそれを例えば、「荒れ野における誘惑」とも言います。

ローマの信徒への手紙八章において、苦難の時は信仰者にとって誘惑の時であるとパウロは指摘しています。パウロが「神の愛からわたしたちを引き離そうとする」（ローマの信徒への手紙八章三九節）さまざまな苦難を数え上げるところで、パウロは艱難、迫害、剣、裸、危険の他に飢えにも言及しています。悔い改めへの主の道と罪人の洗礼への主の歩みが継続する中、イエスはその後ヨルダン川から離れ、さらに荒れ野へと出て行く悔悛者の道を歩まれます。そして、四〇日間の断食の後、イエスがひどく空腹を覚えられると、「神の子なら、この石にパンになるように命じたらどうだ」（三節）という提案と共に、見たところ偶然に悪魔が姿を現します。私たち人間が最も顕著に、また最も屈辱的に全被造物の弱さや苦境を共にするところで、悪魔はつかみかかってくるのです。狐や臆病なキジ類の鳥が明るく晴れた日に、死ぬほどの不安を感じながら人間の居住地に近づくとき、それどころかコヨーテが人間に危害を加えるとき、彼らはほんの悪ふざけで、楽しんで、そのようなことをするのではなく、被造物に特有の必要性に迫られてそうするのです。なぜなら、彼らの暴君がそうするように彼らを激しく駆り立てるからです。そして、彼らの暴君とは、胃なのです。この胃について、胃に栄養が不足すると、胃が「ごろごろと鳴る」と言われるのは理由があってのことです。このような胃への屈辱的な依存関係を人間も共にしているのです。それどころか、胃という暴君は、空腹になるとき初めて人間のもとを訪れるのではなく、空腹が将来の可能性として差し迫るとき、すでに人間のもとを訪れているのです。「不安」の恐ろしい支配力を知らない人がいるでしょうか。そして今や、主がすべての欲求の中で最も自然な欲求に対する屈辱的な依存関係に気づかれる瞬間、悪魔がイエスに近づき、次のように問うのです。「あなたのような人が、神の御子がこれほど卑劣な扱いを甘んじて受けなければならないのですか。あなたが神の御子なら、あなたが本当に神の御子なら、このような人間に相応しくない欲求の束縛からあなたと全人類を解放する機会を利用しなさい。」

イエスはそうする力を十分に持っておられることでしょう。石からでもアブラハムの子たちを呼び出すことがおできになる神は、石からパンを造り出すこともおできになるでしょう。五つのパンと二匹の魚を用いて、イエスは後に五千人の男たちに食事を与えられました。しかし、イエスは自ら、このようなやり方で自然への隷属状態から逃れ、また人間をそこから解放しようとしてはならないのです。イエスが空腹と渇きを覚えられること、またイエスがメシアとしての御自分の職務に基づいて、御自分に与えられうる特権を放棄されることは、この方の十字架の従順の一部を成しています。十字架において、イエスは体の卑しさと辱めを負わなければならないのです。ここで悪魔がイエスに押しつけるものは、十字架を避ける可能性のようなものなのです。

しかし、ここでは今や主のみならず、ここでは私たちも共に問われています。「人類の救いが問題となっているにもかかわらず、パンの問題の解決、世界の飢えの撤廃——これこそが問題の核心ではないでしょうか。国際問題を真剣に考える人には、飢えの問題の解決に関する問いが悪夢のように心に重くのしかかります。飢えの撤廃が救い主の第一の最も緊急の課題ではないでしょうか。救い主はこの頭の痛い点において、人間の困窮に取り組まなければならないのではないでしょうか。胃部に人間の本当の救いの必要性があるのではないでしょうか。悪魔が人間の体のこの部分に指を触れるとき、悪魔はまったく正しいのではないでしょうか。そこで助ける人は、本当に助けたことになり、その人は真の博愛主義者であり、人類の正真正銘の慈善家であるということになるのではないでしょうか。

なにしろ、世界の飢えがなんと恐ろしい苦しみの種であるか、そのことを今日、人は知っているのですから。今ちょうど、ブラジルのある黒人の本、カロリーナ・マリーア・デ・ジェズース(28)の『カロリーナの日記(29)』が世界中を駆け巡っています。「この本の主人公は空腹です。」サンパウロの百ほどの貧困地区の一つで毎日紙集めをして三人の婚外子を養うこの独身の女流作家は、空腹に関する記述の中で心を揺り動かす語り方をしています。「空腹からくるめまいは、酔って頭がふらふらするより性(たち)が悪い。アルコールの酔いは歌をさそうが、空腹の場合はからだを震えさせる。胃が空っぽなのは恐ろしいことだと知った。……ミルク入りコーヒーを大茶碗に一ぱいと、パンを一つ買うことにした。食べものがわれわれの体内で、なんと驚くべき効果をあげることか！　それまでは空も、木も、鳥も、目に入るものはなんでも黄色に見えていたが、食後にはすべてが、常態に復して見えたからである。……早く仕事ができるようになった。からだも重く感じられなくなった。早く歩けるようになった。なんだか空中をすべっている感じであった。まるで美しい光景をまのあたりにしているように、にこにこし出した。食べものが食べられるほど楽しいことがあるだろうか？　生まれて初めて食べものを口にしたようにうれしかった」(30)。空腹を知っている一人の女性が空腹についてそのように語っています。もしイエスがそこで御自分の救い主の御手をお貸しになるならば、イエスは永遠に人類による賞讃を確信することが許されるでしょう。疑いもなく、誘惑者が「神の子なら、この石にパンになるように命じたらどうだ」と言うのは正しいのです。

他のすべての人はこの悪魔の提案にだまされることでしょう。しかし、イエスはだまされません。なぜ、そうされないのでしょうか。イエスがパンや胃に関する問題の重要性をご存じないからではありません。諸福音書を読んだことがある人は、社会における貧困の問題が絶えず激しくイエスを悩ませていることに心を揺り動かされます。イエスが諸国民に贈られた主の祈りの中心にこの問題を固定するほどに、社会問題はイエスにとって重要です。しかし、世界の飢えの細部に関する問題がイエスにとってどれほど重要であっても――人間の本来の困窮、人間の本来の救いの必要性は何と言っても胃部にあるのではなく、人間の体のもう少し上の部分、すなわち心と頭にあるのです。サンパウロや世界のあらゆる都市におけるように、有り余るほど物があるために息の詰まる人々が存在するということ、そしてもう一方の路地の片隅には、慢性疾患のように飢えを耐え忍ぶ人々がいるということ、それは運命ではありません。それは罪責です。それは罪の現れであり、罪の影響です。私たちの心の頑なさゆえに、飢える市民や飢える諸国民や飢える大陸が存在するのです。それゆえに、世界の飢えとの本当の戦いは心の中で始まるのであり、頭の中で始まるのです。邪悪な自己中心的な考え方から心が自由になり、神の愛で心が満たされる人々が今日必要とされる人々であり、今日だけではありませんが、今日、以前よりも差し迫って必要とされる人々なのです。パンの問題の解決だけではなく、まず初めにすべての革命の中でも最も根本的な革命、すなわち頭の中で考え方を改めること、悔い改め、そして罪の赦しの結果としての心の中での救いの確信が人間を助けることができるのです。今日、十五億の飢えている人々がこの地上に存在するならば、それは、私たちがまだキリスト者でなく、あるいはもはやキリスト者ではないということを表すまぎれもないしるしであり、私たちが、十字架において実現された私たちの罪の赦しをもうずっと以前から現実のこととして理解していないということ、あるいはまだまったく現実のこととして理解していないということを表すまぎれもないしるしです。そこに問題点があるのです。そして、悪魔はこの問題点から主を連れ去りたいのです。そして、そこでキリストは拒否されるのです。なぜなら、キリストが社会問題をあまり重んじられないからではなく、キリストがそれを根本的に解決することを望んでおられるからであり、胃を経由するだけではなく、頭と心を経由してこの問題を根本的に解決することを望んでおられるからです。それゆえに、イエスは誘惑者の提案を次の御言葉によってかわされるのです。「人はパンだけで生きるものではなく、神の一つ一つの言葉で生きる。」

そのようにして、イエスはただ慈善家であることを拒絶されます。なぜなら、イエスはそれよりも偉大なものに、限りなくはるかに偉大なものになるために、御父によってこの世に遣わされたからです。そして、私たちはここでただ次のように言うことしかできません。「神に感謝すべきかな。」イエスは悪魔のペテンを見抜かれました。助け主や慈善家が人間である場合には、飢えの苦しみからの解放を目標とすべきであり、目標とすることができます。しかし、そのようなことしかしない神の救い主は私たち人間を欺くことになるでしょう。慈善家はすでに大勢存在しました。しかし、救い主はただお一人しか存在しません。

17　権力者になる誘惑　4章5―8節

5更に、悪魔はイエスを高く引き上げ、一瞬のうちに世界のすべての国々を見せた。6そし
て悪魔は言った。「この国々の一切の権力と繁栄とを与えよう。それはわたしに任されていて、
これと思う人に与えることができるからだ。7だから、もしわたしを拝むなら、みんなあな
たのものになる。」8イエスはお答えになった。
「『あなたの神である主を拝み、
ただ主に仕えよ』と書いてある。」

「イエスには天と地の一切の権能が委ねられている」〔マタイによる福音書二八章一八節による〕がゆえに、イエスがある山から天に昇られることで諸福音書は終わります。イエスはまず最初に御自分を放棄され、低くされたがゆえに、またイエスはまず最初に十字架の死に至るまで従順であられたがゆえに（フィリピの信徒への手紙二章）、このような権能がイエスに委ねられているのです。従って、救い主のすべての御業は、イエスが十字架を引き受けられることにかかっているのです。そして今や、私たちはここで次の御言葉を読みます。「更に、悪魔はイエスを高い山に引き上げ、一瞬のうちに世界のすべての国々を見せた。そして悪魔は言った。『この国々の一切の力と繁栄とを与えよう。それはわたしに任されていて、これと思う人に与えることができるからだ。だから、もしわたしを拝むなら、みんなあなたのものになる』」（五―七節）。途方もない申し出、十字架ぬきの国。つまり、悪魔には力が委ねられており、悪魔はこの力を又貸しすることもできるのです。しかし、それは、主がそれを行使される時のように、救いに至らせる力ではなく、破滅に至らせる力であり、悲惨な結果に終わる力です。なぜなら、それはこの世の力に過ぎないからです。天は、悪魔が来るべきところではありません。私たちがヨブ記を通して知っているように、悪魔は天では気勢をそがれ、無力です。それゆえ、悪魔にはまた天から贈られるものは何もありません。ただこの地上でのみ、悪魔には、誘惑の目的で、多くの力と多くの策略が委ねられており、「地上には、悪魔に並ぶものはない」（ルター）のです。悪魔は支配者ですが、明らかに「この世の支配者」です。悪魔はこの地上では、「ほえたける獅子のように、だれかを食い尽くそうと探し回っています」（ペトロの手紙（一　五章八節））。それがこの世の力、この世での力に過ぎないがゆえに、それははかないものなのです。そして、それゆえに、たとえ悪魔がどれほど多くの力を差し出すことができるとしても、結局悪魔は繰り返し最初から見かけ倒しであり、虚勢を張る者、嘘つき、人殺しなのです。

十字架ぬきの力、キリストに由来せず、悪魔に由来する力が至るところで信仰者に差し出されます。そして、そのような力は悪いものです。イェレミアス・ゴットヘルフ[31]のベルンの物語の中に「ロシア人の少年について」という小さな物語があります。この少年は短期間に父母を立て続けに亡くし、生後六か月の小さな妹と、ちょうど子犬を産んだばかりの雌犬と共に一人後に遺されました。それでも、六歳の少年はその不幸のゆえにすっかり気が動転してしまうようなことはなく、冬の半ばまで一切外からの助けを借りずに、犬の乳で小さな妹の命を養いました。その後、この出来事が知れ渡るようになり、偶然にもこの出来事が巨大な権力を持つ皇帝の耳に入りました。すると、この皇帝はこの不思議な出来事に関心を持ち、その少年に好意を示し、皇帝の宮廷学校でその少年を貴族に育て上げさせました。それについてゴットヘルフは次のように言っています。そして、この言葉のゆえに、私たちはここでこの小さな物語を引き合いに出したのです。「かわいそうな少年よ、お前はもしかすると辛い目に遭っているかもしれない。人がお前をその貧しい自由の中に放っておいてくれた方がお前にとってどれだけ幸せであったことだろうか。皇帝は善意でそうした。皇帝はお前にこの世の報いを与えた。しかし、まさにその皇帝が非常に多くの人々を深く悲しませているのだ。この世の報いは、ときには魂の堕落をもたらし、ときには体と魂の破滅をもたらすのだ。」

この筆記録によってゴットヘルフは、いつでも悪魔が手にしている道具である成功や富や力の本質に関する彼の深い知識を披露します。「運」が良かった人や、名声や影響力を手に入れた人のことを俗に「悪魔のしもべ」〔すごいやつ〕と呼ぶとき、それはまんざらでたらめではありません。また昔は、成功した人たちについて、「彼らは『悪魔と結託している』」と語られることも、まんざらでたらめではありません。悪魔は成功と出世を贈ることができます。悪魔は実際に好意を示すことができます。授与、贈り物は悪魔の手段の一つです。ゲーテの『ファウスト』においては、贈り物と共にグレートヒェンの誘惑が始まるのです。

贈るそぶりを見せて、今や悪魔が主に近づきます。しかも、ここで悪魔が差し出すのは最大の賄賂なのです。なぜなら、悪魔は、ここで自分が近づくのがどのような方であるのかを知っており、またここでは悪魔にとって、すべてのことが危険にさらされているからです。「この世のすべての国々とその栄華とをわたしはあなたに与えよう。」しかも、悪魔が求める返礼は話にならないくらいわずかなものです。「だから、もしわたしを拝むなら、みんなあなたのものになる。」

十字架ぬきの世界帝国の建設、それが悪魔の贈与です。ヘロデ・アンティパス、ローマ皇帝ティベリウス、彼らは悪魔に屈服するに違いありません。それどころか、悪魔は、小さな天のごときものをさえも買い入れさせることでしょう。天の代表者、律法学者たちは悪魔に信頼を寄せられる人々であり、ファリサイ派の人々は悪魔の信奉者であり、祭司たちは悪魔の宮廷説教者であり、神殿は悪魔の世界国立聖所であるでしょう。神の御名は世界教皇領の憲法の冒頭に金色の装飾文字で書き記されていることでしょう。その会議は当然のことながら、詩編歌と共に始まるでしょう。世界公会議と世界教会会議は至高の御名を呼び求めつつ始められるでしょう。それはキリスト教世界帝国ですが、十字架ぬきのキリスト教世界帝国です。世界がただ一つの教会国家なのです！　彼は恐らく徹頭徹尾、敬虔な王であることでしょう。ただ一つ、彼がなることが許されないものがあるでしょう。それは十字架に架けられた者であることです。十字架での罪の贖いのための犠牲行為だけは許されないでしょう。ひょっとすると、悪魔は最大限の譲歩として象徴としての十字架、すなわち人が首にかけ、十字軍の旗に刺繍する象徴としての十字架ならこの方に許すかもしれません。しかし、ただ一つ――真実の十字架だけは許さないでしょう。

私たちの見方が正しければ、このような試みはキリスト教の権力者たちにとって、今日特に現実性を帯びています。すべての宗派の合同とすべてのキリスト教会の一致を求める要求はいっこうに沈黙しそうにありません。「あなたがたはすべての国のキリスト者を一つにせよ。」しかし、問題は、このような教会の統一がどのような目的に役立つことになるのかということです。教会の一致を求めて叫ぶ人々の中の少なからぬ人々が繰り返し、「共通の敵に対して強くあることが肝要であり、一致は強くする」とほのめかします。「キリスト教世界帝国を統一し、あるいは少なくとも世界の半分をキリスト教によって統一せよ。」そのように、強い力を持つ世界教会帝国は、多くのキリスト者たちのひそかな、あるいは公に表明されている夢なのです。

確かに、一致はキリスト教の正当な関心事ですし、実際、主御自身が十字架に架かられる前に大祭司の祈り（ヨハネによる福音書一七章）の中で、御父の御前に「すべての人を一つにしてください」〔ヨハネによる福音書一七章二一節〕という願いを言い表わされました。しかし、真実のキリスト教の一致の目的は力や偉大さにあるのではありません。ここではただ分裂の恥を取り除くことだけが問題であることでしょう。私たちがキリスト者として分かれ、分裂しているという不名誉は神に向けられるのです。「ばらばらになる恥」が取り除かれるということは、きちんとした動機を持つエキュメニカルな考え方であることでしょう。

他のすべての人々――それどころか、私たちすべての者たちがそうであると私は思います――は、キリスト教の世界帝国の建設をもくろむという誘惑者のすばらしい提案にだまされることでしょう。

しかし、イエスは次の御言葉によって拒絶されます。「『あなたの神である主を拝み、ただ主に仕えよ』と書いてある。」イエスはこの上なく力が発揮される場所、この上なく広がる場所、この上なく栄光に満ちた壮麗な場所へ赴かれるのではありません。イエスはこの上なく狭い場所、この上なく無力となる場所、この上なく恥辱に満ちた場所を選ばれるのです――イエスは罪人の十字架へと赴かれるのです。まさにその結果、イエスはこの地上では、権力者や支配者たちにとって取るに足らず、何の価値もありませんが、御父は最終的にかの昇天の山において、天においても地においても一切の権能をイエスに委ねられたのです。そして、私たちはまたしても、悪魔とのキリストの戦いはキリストの勝利に終わったということにいくら感謝してもしきれません。キリスト教の権力者たちは大勢存在しました。しかし、一切の権能を委ねられ、十字架に架けられた方はただお一人しか存在しません。

18　聖人になる誘惑　4章9―13節

9そこで、悪魔はイエスをエルサレムに連れて行き、神殿の屋根の端に立たせて言った。「神
の子なら、ここから飛び降りたらどうだ。10というのは、こう書いてあるからだ。
『神はあなたのために天使たちに命じて、
あなたをしっかり守らせる。』
11また、
『あなたの足が石に打ち当たることのないように、

天使たちは手であなたを支える。』」
12イエスは、「『あなたの神である主を試してはならない』と言われている」とお答えになっ
た。13悪魔はあらゆる誘惑を終えて、時が来るまでイエスを離れた。

「そこで、悪魔はイエスをエルサレムに連れて行き、神殿の屋根の端に立たせた」（九節〔による〕）。ルカは誘惑の順序を変えます。明らかにルカはエルサレムへ行くことをある種の頂点と考えているようです。神は最終的にイエスをエルサレムへ導かれます。しかし、ここで、すなわちイエスの活動の初めに、イエスをエルサレムへと導くのは悪魔です。イエスはここで誘惑者と共に珍しい場所に立たされていることに気づきます。イエスと悪魔は神殿の屋根の端に立っています。そこには、巨大な壁が垂直に下に向かって落ち、ずっと下の方になって初めて谷底があります。このような逃げ道のない場所に悪魔はイエスを導きます。明らかに、どのようにして人はここから再び降りるのか、あるいはそれはそもそも何を意味するのかという問いに対して、イエスは、「神の子なら、ここから飛び降りたらどうだ」（九節）という答えを受け取ります。「あなたが本当に神の子なら、あなたには次の約束が当てはまる。『神はあなたのために天使たちに命じて、あなたをしっかり守らせる。』また、『あなたの足が石に打ち当たることのないように、天使たちは手であなたを支える』」（一〇節、一一節）。

　これは、とりわけ私たちがもはやいかなる逃げ道も見出さない状況に陥るとき、私たち人間に近づいて来る、わがままな行動への誘惑であり、不従順な自力救済への誘惑です。私たち人間が袋小路に陥るときには、事実、短絡的な行動へと誘惑する考えが私たちの頭に浮かんでくることでしょう。仕事においてもはや先が見えない人はさっさと逃げ出したくなります。経済的に最低の状況にまで落ち

込んだ人は宝くじ券に最後の五フラン硬貨を支払います。結婚生活にもはや耐えることができないと思う人は、それが逃げ道だと思って裁判官のもとに走ります。自殺の考えはこの第三の誘惑の近くに置かれるべきです。あるいは諸国民の生活においては、戦争という解決策です。無思慮な行動を言い表すベルンドイツ語の「向こう見ずに飛び込む」〔dreinspringen〕という表現も同様にこの関連に置かれるべきです。これは不従順な自力救済への誘惑です。イエスは御自分のために、またこの点で抵抗力のないすべての人々のために、この誘惑に打ち勝たれました。「御自身、試練を受けて苦しまれたからこそ、試練を受けている人たちを助けることがおできになるのです」〔ヘブライ人への手紙二章一八節〕。

しかし、この誘惑において本当に重要な点は、この誘惑において悪魔がいわば信仰の猿まねをするということです。信仰と見間違えてしまうほどに似ているように見えるものがそこにはあります。なにしろ、信仰も冒険であり、信仰にも冒険としての側面があり、信仰もまた不安定な生活への一歩であり、道のない道を行くことであり、屋根から飛ぶことなのですから。アブラハムは一切の保証を捨て去り、「わたしがあなたに示す」〔創世記一二章一節による〕地に行かなければなりません。紅海や荒れ野を通るモーセの道は、人間的に言えば、約束の地への道であると同様に、共同墓穴への道であることでしょう。それゆえ、従うようにとの弟子たちへの招きも、市民の立場から言えば、安全が保障されていない生活への一歩なのです。また、例えば、船縁を越えて水の上を歩くようにとのペトロに対する要求も冒険ではないでしょうか。この誘惑と信仰との類似性は、悪魔がエルサレム、すなわち神殿という場所を選び、また詩編の約束の御言葉を選ぶことによってさらに強調されます。

そして、にもかかわらず、信仰と、ここで悪魔が主に押し付けるものとの間には、決定的な相違がありまず。信仰も冒険ですが、信仰は常に服従です。しかし、悪魔がここでイエスに要求することはまったく服従ではありません。なにしろ、神はイエスにこの神殿の屋根の端から飛び降りるように命じてはおられないのですから。それをイエスに命じるのは見知らぬ者であり、権限のない者です。しかし、見知らぬ者の命令に基づいて、あるいは、それどころか、人が信仰と取り違えるわがままに基づいて、「そうなったら、神は必ず救ってくださるはずだ。そうなったら、神は救わずにはいられない」と思い込んで冒険に応じることは、信仰の服従ではありません。聖書はそれを「神を試みること」と見なします。しかし、信心深い人間には、まさに神の約束のこのようなわがままな乱用こそが何よりも自然なことに思われます。私たちが計画を立て、行動し、後から神が祝福を与えなければならないのです。神が私たちに一度も行くように促されたことのない道を私たちは行くのです。それなのに、神がその後、私たちを苦境から救い出してくださらないと、私たちは「神は私たちの祈りを聞き届けてくださらず、御自分の約束を実現してくださらない」と苦情を言うのです。私たちの本性はその奥底において、それほどにわがままなのです。その際、私たちはしばしば気づかずに役割を取り違えています。すなわち、神がお命じになり、私たちが従うのではなくて、私たちが命令し、神に服従を強いるのです。

青春時代の頃の小さな思い出があります。私たち、すなわちある農夫と私はサクランボ摘みをしていました。その農夫の六歳の息子――わがままな子ども――が私たちと一緒にいました。その子ははしごに登ることを父親から厳しく禁じられていました。ところが、私たちが木の下で軽食を取るために座っている間に、その子は誰も見ていない隙にはしごに登り、上の高い所から父に大はしゃぎで「お父さん、僕をつかまえてごらん！」と叫んだのです。そして、父の返事を待たずに下へ飛び降りてしまったのです。驚きのあまり青ざめた父はその子を自分の腕に受けとめることのできる場所に何とか間に合いました。もしイエスがここで悪魔に従うならば、イエスはまさにそれと同じことをされることになり、イエスは粉々に砕け散ることから御自分を守るように御父に強いることになるでしょう。しかし、主はこの誘惑を見抜かれます。「イエスは、『あなたの神である主を試してはならない』と言われているとお答えになった。」それによって、主はこの第三回戦も勝者となられます。

三つの誘惑のすべてにおいて、信仰の服従が問題となっています。イエスは洗礼において、「あなたはわたしの愛する子、わたしの心に適う者」〔ルカによる福音書三章二二節〕と神御自身の口から明確な約束を受け取りました。この御言葉をイエスは信じるのです。しかし、悪魔はこの御父の呼びかけを疑問視します。悪魔は三度、「あなたが神の子なら……」という言葉で始めます。悪魔は三度イエスを惑わして、本当にイエスが神の子であられることの証明を御父から力ずくで手に入れさせようとします。あたかも御言葉だけでは、御父の率直な呼びかけだけではまったく不十分であるかのようです！　すると、イエスは三度、御言葉を引用してお答えになります。「こう書いてある――こう書いてある――こう言われている」と。イエスには、御言葉だけで十分なのです。

自力救済への誘惑。それによってはまだ、誘惑との戦いのこの頂点における真に悪魔的なものは十分に見えて来ませんでした。人間のすべての業績の背後には独善が隠れているのと同様に、自力救済の背後には、なおさら独善が隠れています。そのように語ることによって初めて、私たちはここで事の核心に迫ります。すなわち、悪魔はイエスを惑わして、神への信頼という輝かしい業績を成し遂げさせようとするのです。すなわち、この方のすばらしい神への信頼のゆえに、人々が聖人として崇拝しうる者になるようにこの方を誘惑するです。そのうえ、それは最初のうちはまだ、通常の「行いによる義」ではありません。ここでは、罠は非常に抜け目なく仕かけられているので、信仰でさえも「功績」を装って近づいて来ます。業績としての信仰です。「あなたが神の子なら、ここから飛び降りたらどうだ。神はあなたのために天使たちに命じて、あなたをしっかり守らせる。また、あなたの足が石に打ち当たることのないように、天使たちは手であなたを支える。」非の打ちどころのない信仰、英雄的行為としての信仰は多くの人々にとって輝かしい模範となることでしょう。イエスは、同様にこのような完全性を目指して努力している高貴な人々の群れを御自分の周りに集められるでしょう。神殿の屋根の端から信じて飛ぶことは、聖人神話の形成のためのすばらしい始まりとなることでしょう。信じて飛び降りることが実行に移された場所には、記念銘版がイエスのために確保されることでしょう。そして、信仰のこのような高い業績の周りに教会のような信奉者たちの群れが現れることでしょう――そうならなければ、すべては失敗に終わるに違いありません――。理想的な信念を持つ教会、善意の人々の教会、善人の教会、より善い人々の教会、最も善い人々の教会、模範的な人々の教会、エリートの教会です。彼らの極めて高貴な創始者、ナザレの聖者の考えと精神をそのまま受け継ぎ、その信仰は勇敢で、その愛は純粋で、その希望は揺らぐことがないでしょう。そこでは、どれほど幸福で、どれほど晴れ晴れと、自由になるように思われることでしょうか！　いったい誰が、このようなキリスト者でありたいと思わないでしょうか。なにしろ、このようなもの、まさにこのようなものが私たちの念頭に浮かんでいるのですから。私たちの夢と一致する教会はそのようなものであるに違いありません。従って、ある意味で、神殿の屋根の端での誘惑は「私たちの」誘惑であり、教会関係者の誘惑なのです。

ただ一つのことだけは高潔な教会の創始者、ナザレの聖者に許されないでしょう。すなわち、この方がゴルゴタの十字架に向かうことは許されないでしょう。いつの時代にも悪趣味であり、愚かなことであり、躓きとなること、貧しい罪人のための贖いの供え物として十字架に架かること、それは華麗な聖人神話の形成にまぎれもなく害をもたらすことでしょう。そして、まさにここに、またしてもそれ、すなわち馬脚〔悪魔の足〕が隠れており、不快なものがいるのです――罪人――罪人はどうなるのでしょうか。陽気で自信に満ちた信仰者、信仰のエリート、「偉大な聖人たち」の教会のどこに彼らの居場所があるのでしょうか。しかし、貧しい罪人たちが救われるということが御父の第一の差し迫った関心事なのです。従って、貧しい罪人たちのために御子が十字架に赴き、そこでただ足を石にぶつけるだけではなく――両手と共に両足も釘で刺し貫かれるということが御父の明確な御心なのです。そして、たとえそれが最も純粋な目的や最も聖なる動機によることであっても、御父のこの御心から逸れることは不従順であるでしょう。それゆえに、主は、「聖書に書かれている」という悪魔の言葉を、「『あなたの神である主を試してはならない』と言われている」という神の御言葉によってかわされるのです。そのようにして、主は聖人たちの理想的教会という金の牢獄から脱出され、二人の犯罪人たちと共に並んで十字架に架かられるのです。罪人の救世主として、失われた者の救い主として、イエスは、医者を必要とする病人たちがいるところにいなければなりません。言葉を換えて言えば、キリスト教の立派な慈善家、キリスト教の権力者、私たちは彼らに反対する言葉を一言も語ろうとは思いません。キリスト教のエリート教会、万歳――しかし、キリストは十字架に赴かれ、恵みを受けた罪人たちの教会を建てられます。罪人の救い主がこの方の召命です。その他の一切のことは不従順であり、神が試されることになるでしょう。この唯一の主は御自分の召命に忠実であることを望まれます。神に感謝すべきかな。

私はある小さな出来事に言及することで、主が十字架に赴かれるということが何を意味するかをもう一度明らかにしたいと思います。何週間か前、私は私たちの町の公立病院の、ある二人部屋を尋ねました。そこには、スキーで足の骨を折った二人の若い男たちが寝ていました。彼らの二つのベッドの間にあるナイトテーブルの上に置いてあり、聖書のように見えた一冊の本が私の注意を引きました。よく見ると、それはコーランでした。洗礼を受けたクリスチャンがベルンの病院で入院中の読書のために、コーランをナイトテーブルの上に置いていたのです！　私は彼らに「あなたがたはこんな本を読んではいけません」とは言いませんでした。その本が異なる信仰を持つ人々に対する人間的な理解を彼らに伝える助けとなるのであれば、それは役に立ちます。今やそのような類の多くの読み物がとりわけ東洋の世界宗教から私たちのもとに流れ込んできています。しかし、一つだけ、私は彼らに言わなければなりませんでした。「あなたがたはコーランやそれと似たような書物を通して、多くの崇高なこと、深いこと、高貴なこと、真実なことを学ぶことができるでしょう――しかし、ただ一つだけ、あなたがたがその中に見出さないことがあるでしょう。すなわち、私たちのために十字架に架けられ、復活なされたキリストの証です。「この方はわたしのすべての罪を完全に償い、悪魔のあらゆる力からわたしを解放してくださいました」[32]。人はこのことを聖書の中でしか読みません。

「すると悪魔はあらゆる誘惑を終えたので、しばらくの間イエスを離れた」（一三節）（ルター訳）、「再び時が来るまで」（シュラッター訳）、人はその意味に則して、「都合の良い時まで」と訳すのが最も良いでしょう。悪魔は依然として敗北を認めたわけではありません。悪魔は今後も繰り返し姿を現します。しかも、悪魔はいつもイエスの十字架への道との関連で姿を現します。その際、悪魔は変わった姿を装い、偽装するでしょう。ある時には、悪魔は隣人や兄弟、それどころか御自分の母の姿で近づいて来ます。イエスは気が狂っているということを理由に、彼らはイエスを家に連れ帰り、受難の道から呼び戻そうとします（マルコによる福音書三章二〇―二一節）。それから、悪魔はイエスの一番弟子であるペトロに変装します。その結果、イエスはペトロに対して次のように言わなければならなくなります。「サタン、引き下がれ。あなたは神のことを思わず、人間のことを思っているからだ」（マタイによる福音書一六章二一節―二三節〔による〕）。ゲッセマネにおいても、もう一度不従順への誘惑がイエスに近づいてきます。私たちがヨハネによる福音書において（一二章二七―三二節）次の御言葉を読むとき、私たちはこの戦いの激しさとこの勝利の栄光をそれとなく感じ取ります。「『今、わたしは心騒ぐ。何と言おうか。『父よ、わたしをこの時から救ってください！』と言おうか。しかし、わたしはまさにこの時のために来たのだ。父よ、御名の栄光を現してください！』すると、天から声が聞こえた。『わたしは既に栄光を現した。再び栄光を現そう。』そばにいた群衆は、これを聞いて、『天使がこの人に話しかけたのだ』と言った。イエスは答えて言われた。『この声が聞こえたのは、わたしのためではなく、あなたがたのためだ。今こそ、この世が裁かれる時。今、この世の支配者が追放される。わたしは地上から上げられるとき、すべての人を自分のもとへ引き寄せよう』」〔ヨハネによる福音書一二章二七―三二節による〕。

カファルナウムでの最初の活動

19　ナザレで拒絶される　4章14—30節

14イエスは〝霊〟の力に満ちてガリラヤに帰られた。その評判が周りの地方一帯に広まった。
15イエスは諸会堂で教え、皆から尊敬を受けられた。
16イエスはお育ちになったナザレに来て、いつものとおり安息日に会堂に入り、聖書を朗読
しようとしてお立ちになった。17預言者イザヤの巻物が渡され、お開きになると、次のよう
に書いてある個所が目に留まった。
18「主の霊がわたしの上におられる。
貧しい人に福音を告げ知らせるために、
主がわたしに油を注がれたからである。
主がわたしを遣わされたのは、
捕らわれている人に解放を、

目の見えない人に視力の回復を告げ、
圧迫されている人を自由にし、
19 主の恵みの年を告げるためである。」
20 イエスは巻物を巻き、係の者に返して席に座られた。会堂にいるすべての人の目がイエ
スに注がれていた。21 そこでイエスは、「この聖書の言葉は、今日、あなたがたが耳にしたと
き、実現した」と話し始められた。22 皆はイエスをほめ、その口から出る恵み深い言葉に驚
いて言った。「この人はヨセフの子ではないか。」23 イエスは言われた。「きっと、あなたがた
は、『医者よ、自分自身を治せ』ということわざを引いて、『カファルナウムでいろいろなこ
とをしたと聞いたが、郷里のここでもしてくれ』と言うにちがいない。」24 そして、言われ
た。「はっきり言っておく。預言者は、自分の故郷では歓迎されないものだ。25 確かに言って
おく。エリヤの時代に三年六か月の間、雨が降らず、その地方一帯に大飢饉が起こったとき、
イスラエルには多くのやもめがいたが、26 エリヤはその中のだれのもとにも遣わされないで、
シドン地方のサレプタのやもめのもとにだけ遣わされた。27 また、預言者エリシャの時代に、
イスラエルには重い皮膚病を患っている人が多くいたが、シリア人ナアマンのほかはだれも
清くされなかった。」28 これを聞いた会堂内の人々は皆憤慨し、29 総立ちになって、イエスを
町の外へ追い出し、町が建っている山の崖まで連れて行き、突き落とそうとした。30 しかし、
イエスは人々の間を通り抜けて立ち去られた。

誘惑の後、イエスは荒れ野とヨルダン周辺の地域からガリラヤに戻られますが、すぐにナザレに帰

郷し、家族のもとに戻られるのではなく、他の場所、例えばカファルナウムにも行かれます。カファルナウムはガリラヤにありますが、低地のゲネサレト湖畔に位置しています。一方ナザレはさらに内陸部にあり、カファルナウムから歩いて二時間弱の距離にあります。イエスは誘惑を受けられた結果、「霊の力に」満たされたとルカは言います（一四節）。この霊の力がどのような影響をもたらすのかについて、ルカはさしあたり語りません。しかし、私たちはそのことを「その評判が周りの地方一帯に広まった」（一四節）という言葉から間接的に聞き取ります。霊の力はイエスの説教とイエスの御業において働き、その結果、人々は公然とイエスについて語り始めます。ヨハネは福音書記者たちの中でただ一人、あの最初の時、ガリラヤのカナでの結婚式の際の御業について報告しています（ヨハネによる福音書二章）。

ですから、ナザレの町の人々は、まだイエスが彼らのもとに帰って来られる前に、イエスに関して、さまざまな驚くべきことを聞かされます。半ば疑いを抱きつつ、半ば好奇心を持って、彼らはそのことに注意を向けます。いずれにせよ、彼らが聞かされたことと、彼らが今やおよそ三〇年間知っていたように、建築職人であり、ヨセフの息子である方とを結び合わせるのに彼らはただただ苦労します。しかし、奇跡に関する報告がひたすら増え続けたので、彼らは最終的に「まんざらでたらめではない。なにしろ、このヨセフの家の跡継ぎである彼はもともと以前から不思議な人だったのだから」と思わざるを得なくなります。何人もの人々が当時そのように考えたことでしょう。しかし、イエスがどこか他の場所では御自分の素姓を明らかにされながら、御自分の生まれ故郷の町を避けておられるように思われることを、彼らはほとんど侮辱と感じざるを得ません。

そして、ある日のこと、イエスが、イエス御自身が来られます。この方がナザレに御姿を現されることは、この方の同胞にとって第一級の大事件となります。この事実はその後の安息日に明らかになります。イエスが人々の前で聖書を朗読し、それについてメッセージを語ることによって、成人したすべてのイスラエル人の権利をイエスが用いられることを人々は皆、期待して待ちます。人々でいっぱいの会堂の張り詰めた空気――人はそれをルカの報告から感じ取ります――はほとんど手に取るように分かります。「イエスはお育ちになったナザレに来て、いつものとおり会堂に入られた」（一六節〔による〕）。イエスは両親と同様に、子どもの頃から律法に従っています。安息日には、イエスは会堂の中におられます。「すると、聖書を朗読しようとしてお立ちになった」（一六節〔による〕）のです。語り始めようとする者は手を上げるのではなく、立ち上がります。すると、会堂の係の者はイエスに巻物を手渡します。イエスに手渡されたのはイザヤ書です。普通であれば、安息日には律法、すなわちモーセ五書の中の一節が読まれます――しかし、イエスは預言書を要求されます。ここでイエスは、今日の私たちの聖書では、〔イザヤ書〕六一章の冒頭に見出される箇所を開かれます。そして、イエスは朗読されます。イエスがそうすることがおできになるということはすごいことです。聖書のヘブライ語は当時の平均的なユダヤ人たちにとって外国語です。「預言者イザヤの巻物が渡され、お開きになると、次のように書いてある個所が目に留まった」（一七節）。イエスが開かれる箇所はメシアに極めて深い関わりがあります。すなわち、この個所は、いつかこの世の終りの時の王が来られるとき、それがどのような影響を及ぼすかについて述べています。「主の霊がわたしと共におられる。主がわたしに油を注がれたからである。貧しい人々に福音を告げ知らせるために、砕かれた心を癒すために、捕らわれている人々に、彼らが解放されることになると説教し、目の見えない人々に視力の回復を説教し、圧迫されている人々に、彼らが自由になり、拘束が解かれることになると説教し、主の恵みの年を告げるために主はわたしを遣わされたのである」（一八節、一九節〔による〕）。朗読を終えると、イエスはその書物を閉じられ、それを係の者に手渡され、座られます。すると「会堂にいるすべての人の目がイエスに注がれていた」（二〇節）のです。もし一本の留め針が床に落ちるなら、人は今、その音が聞こえることでしょう。イエスが彼らに語られることを、ルカはたった一行でまとめています。当時の洗礼者の登場の際と同様に、それは説教というよりも、むしろ知らせです。そこでは「天の国は近づいた。あなたがたは備えをせよ」と言われていたように、ここでは今や「この聖書の言葉は、今日、あなたがたが耳にしたとき、実現した」（二一節）と言われています。安息日ごとに、聖書において、遠い将来のメシアの時に関して約束されることは、この日、この安息日に実現したのです。何が実現したのでしょうか。

彼らの前には、預言者の書の中で、「主の霊がわたしと共におられる。主がわたしに油を注がれたからである」と言われている方が座っておられるのです。主の霊によってイエスは油注がれた方、メシアであられるのです。この油注ぎはヨルダンの低地でなされました。それが今や実現したのです。そして、さらにメシアについて、「貧しい人に福音を告げ知らせるために、主はわたしを遣わされた」と言われています。これこそが第一のことなのです。それは、後にイエスが、疑いを抱く洗礼者に対して、今始まったメシアの時の特別なしるしとして言及されることでもあります。すなわち、「貧しい人は福音を告げ知らされている」〔ルカによる福音書七章二二節〕と。貧しい人々に向けて語られている幸い章句の第一句もそれと同じ内容です。貧しさは聖書では美化されず、とりわけ辛い苦しみと見なされます。そのような苦しみをメシアは何よりも先に引き受けてくださるのです。貧しさは恐ろしいものです。貧しさは苦しませ、屈辱を与えます。貧しさは辱しめ、辛い思いをさせます。厳しい人生を送る人は冷淡になりやすいものです。貧しさは性格を形成し、本性に烙印を押します。貧しさはその爪痕を体のみならず、とりわけ魂に刻みます。貧しさには、非常に多くの辱めや軽視や無防備が伴うので、ここには、アーデルベルト・フォン・シャミッソー[33]の言葉が当てはまります。「一度、あなたの感情を深く、本当に傷つけたものは、あなたの骨の髄まで沈んで永遠に残ります」[34]。メシアに関する約束と救いがこの場所で始まるのは、何ら不思議なことではありません。「貧しい人に福音を告げ知らせるために、主はわたしを遣わされた。」すなわち、貧しい人々は神の御心に留められるのです。神は分け隔てなく人間を真剣に受け取ってくださいます。最も貧しい人も、神の御前には一人一人が完全に同等の価値を持つ人間なのです。ここでは、「劣った人々」も「優れた人々」もおらず、粗野な人も超人もいません。それが福音の驚くべき使信です。それが、当時の世界において、貧しい人々、とりわけ女性や子どもや奴隷たちの耳をそばだてさせました（そのような観点でコリントの信徒への手紙一 一章二六節以下を読んでみてください）。今から後、継ぎ当てをしたズボンをはく高貴な人々がおり、世の中で下働きをしている人々の中に最も優れた精神と威厳を有する君主がおり、農作業着の中に判断の自主性があり、働き疲れた母の姿の中に優雅さと思いやりの心を兼ね備えた女王がいます。それが、貧しい人に――よりにもよって貧しい人に！ ――福音を告げ知らせるために、一人の方がそこに来られたという事実の見通すことのできない影響範囲です。

確かに、イエスは貧しさを完全に除去されません。しかし、イエスは事実、貧しさの支配力を打ち破られました。マリアがかつて見たもの、「主は飢えた人を良い物で満たし、富める者を空腹のまま追い返されます」（ルカによる福音書一章五三節による）ということ、静かであると同時に、世界に転換をもたらすこの革命は今や、貧しい人々に福音が説教されることと共に始まったのです。あらゆる形での貧しい人々に。貧しい人々に福音をもたらすのに十分な御力を持っておられる霊は、獄に捕らわれている人を解放し、目の見えない人を、その目の見えない状態の中で明るく照らし、疲れ切った人々に、彼らが自由になり、拘束から解き放たれることになると伝えることがおできになります。それと共に新しい年が始まりました。旧約聖書が語るあのヨベルの年の一年が始まったのみならず、本当の意味で新しい「主の恵みの年」が始まったのです。そして、これらすべてのことは、まだ目では捉えられず、まずその前に信じられなければならないにもかかわらず、すでに今、効力を発揮させられています。あなたがたはまだその目で見ていませんが、少なくともすでに「あなたがたが耳にしたときに」――「この聖書の言葉は、今日、実現した」のです。

ナザレの町の人々は、最初は感激しました。「皆はイエスをほめ、その口から出る恵み深い言葉に驚いて言った。『この人はヨセフの子ではないか』」（二二節）。しかし、今や彼らはこれらの崇高な御言葉に対する具体的な証拠を求めます。さしあたり彼らはまだ、イエスがそうなさる、すなわち証拠をもたらされると信じているように思われます。イエスは故郷以外の場所だけでなく、ここでも、すなわち故郷でも御自分の身分を証明しなければなりません。イエスがカファルナウムでそうすることがおできになったのであれば、「『医者よ、自分自身を治せ』[35]、すなわち、まずあなたの故郷で直せという諺に従って（二三節）、イエスはここでも今やそうすべきなのです！　そのようにして、彼らは「あなたはいかなる権威によって、そのようなことを語るのかを弁明せよ」とイエスから身分証明書を要求します。しかし、イエスはしるしを求める要求を拒絶されます。それのみならず、「もしイスラエルが信じないならば、イスラエルを通り越してメシアの時は始まりうる」とイエスは彼らに明確に語られます。エリヤの時代には、どうだったでしょうか。当時イスラエルには、多くのやもめがいました。しかし、外国人の女性であるサレプタのやもめだけが救いを経験しました。重い皮膚病を患う多くのイスラエル人たちが当時救いを待ち望んでいましたが、外国人であり、異邦人であるシリア人ナアマンだけが神の救いを見ました（二六節、二七節）。

最終的にこの説教は、老シメオンの約束の言葉がすでにここで目に見える形で実現し始めるという結果をもたらします。「この子は、イスラエルの多くの人を倒したり立ち上がらせたりするためにと定められています」（ルカによる福音書二章三四節による）。彼らは怒り、イエスに対して憤り、イエスを殺そうとします。「しかし、イエスは人々の間を通り抜けて立ち去られた。」そのようにして、イエスの最初の訪問は終わります。そして、私たちが知る限り、これがイエスの最後の訪問であり、イエスの生まれ故郷の町ナザレにおける最初にして最後の説教なのです。

20　カファルナウムの悪霊に取りつかれた男　4章31―37節

31イエスはガリラヤの町カファルナウムに下って、安息日には人々を教えておられた。32人々
はその教えに非常に驚いた。その言葉には権威があったからである。33ところが会堂に、汚
れた悪霊に取りつかれた男がいて、大声で叫んだ。34「ああ、ナザレのイエス、かまわない
でくれ。我々を滅ぼしに来たのか。正体は分かっている。神の聖者だ。」35イエスが、「黙れ。
この人から出て行け」とお叱りになると、悪霊はその男を人々の中に投げ倒し、何の傷も負
わせずに出て行った。36人々は皆驚いて、互いに言った。「この言葉はいったい何だろう。権

威と力とをもって汚れた霊に命じると、出て行くとは。」37こうして、イエスのうわさは、辺
り一帯に広まった。

「イエスはガリラヤの町カファルナウムに下って行かれた」（三一節〔による〕）。主のご生涯において、また主の御業にとって特別な意義を獲得する四つの町があります。まず第一にベツレヘムがあります。古くからのダビデの町、古くからの約束が実現することによって、イエスの出生地にならなければならない町です。ナザレがあります。イエスがそこで幼年時代をお過ごしになり、成長される場所、現代の言葉で言えば、「イエスの生まれ故郷の町」です。イエスが同地に最初に御姿を現されたことが引き金となり、イエスの同郷の人々からずっと敵意を買うことになります。明らかに神の御力に守られて、イエスはかろうじて早すぎる殺害から逃れられます。エルサレムがあります。「大いなる王の都」、神殿の都、シオンとモリヤの二つの丘を含み、多くの約束によって周りを照らされている場所です。この場所で大いなる対立が生じます。この場所でイエスは死に、この場所で復活し、そして、この場所でペンテコステが起こることになります。それから、今やまさに「ガリラヤの町カファルナウム」です。ナザレでの拒絶の後、イエスはカファルナウムに向かわれます。ゲネサレト湖畔のこの町がイエスの大部分の御業を見たので、マタイはあるとき、まさにこう言うことができます。「イエスは舟に乗って湖を渡り、自分の町に帰って来られた」（マタイによる福音書九章一節）。カファルナウムが「自分の町」と呼ばれるのは、大いに理由のあることです。しかし、まさにカファルナウムが他のどの場所よりも、多くのしるしと奇跡を見たからこそ、イエスがこの「自分の町」に対して最終的に特別な悲しみの声を発しなければならなかったことも私たちは知っています。

「そして、安息日には人々を教えておられた」（三一節〔による〕）。ナザレにおけるのと同様に、主がここでも安息日に会堂におられるのを私たちは見ます。そこでイエスは大変素朴に、多くの巡回教師たちとは違う誰かある人のように発言し、「人々を教えておられた」のです。イエスの教えの内容に関しては、今回は何も言及されません。ひょっとすると、イエスはここで、以前にナザレにおいて読まれたのと同じ御言葉を読まれるのかもしれません。いずれにせよ、イエスがメシアに関する預言者の約束の御言葉を朗読され、その後、「この聖書の言葉は、今、あなたがたが耳にしたとき、実現した」と教えられることによって、対話は同じ方向に進んで行くことになります。ここでは、ただその御言葉の影響だけが記されます。「人々はその教えに非常に驚いた。その言葉には権威があったからである」（三二節）。驚き。イエスが主としてこの時代とこの世に突然入って来られるところではどこでも驚きがもたらされます。すでにこの方の誕生の時からそうでした。驚愕、つまずき、当惑、驚嘆、喜び、それぞれの場合によって、これらの感情のいずれかが支配的です。

そして、この方の説教には権威があります。人が普通、「権威ある言葉」ということで理解するすべてのことを、ここでは度外視する方が良いでしょう。大声を張り上げること、強力な精神作用と強い心理的影響力、圧倒的な容姿の美しさ、教養、専門的知識、豊かな思想という意味で権威があること――これらすべての一般的な基準はイエスの説教に対しては不十分であることが明らかになります。たとえどれほど、これらすべての人間的な、あまりに人間的な言葉の賜物がイエスにもあったとしても、イエスの説教の権威は他のところにあります。私たちはその際、この説教に先立って起こったこと、またこの説教に続いて起こったことを思い起こさなければなりません。聖霊の御力と御子の全権が与えられるということが先立って起こりました。イエスの説教の後には、常にしるしと奇跡が起こりました。イエスが教えられるということ——きっとそれはとても素朴なものであったに違いありません——は、来るべき世の現実、将来の現実が突如として始まるということでした。「神は言われた。……あれ。こうして……があった」〔創世記一章三節による〕と言われた当時のように、この説教には、何かしら重要なものがありました。他の福音書記者たちは、「律法学者のようにではなく」〔例えばマルコによる福音書一章二二節〕という後置文を付け加えています。ルカはこのような当てこすりの注釈を省きます。そこから、ルカはこの民の宗教的指導者たちと対決するよりも、むしろこの世の諸力や権力、とりわけマモン〔富と強欲の神〕と対決すると人は推測しました。しかし、ルカがあの注釈を省いたことから、人はまったく単純に次のような結論をも導き出すことができるでしょう。すなわち、ルカはキリストの説教の一回性と比類なさを非常に強く感じていたので、賛成の意味でも、反対の意味でも、ルカの頭には、誰かある同時代の人々の説教と比較することはまったく思い浮かばなかったのだと。ルカはこのような比較自体を不当なものと感じていたのかもしれません。もちろん、誰もイエスのように語らないのは当然のことです。というのは、イエスただお一人だけがメシアであられ、御子であられ、唯一なる主であられるのであって、他の者は誰もそのようなものではないからです。

今やカファルナウムの会堂における御業のあの最初の記念すべき日に起こり、イエスの使信の権威を現実化するしるしは、悪霊に取りつかれた人の癒しです。「ところが会堂に、汚れた悪霊に取りつかれた男がいた」（三三節〔による〕）。私たちは、「この世の支配者」〔悪魔〕が荒野において三度敗北した後、そこに書いてある通り、「都合の良い時まで」主のもとを離れたということを聞きました。ここでイエスに親しげに近づいて来るのは、あの暗闇の国の支配者ではありませんが、すべての悪霊の頭のあの敗北と、あの打ち砕かれた力を代表する者と主とのこの再度の衝突との間には、明らかに関連があります。

私たちがここで目撃するのは、悪霊に取りつかれた人との最初のこのような出会いであるので、それについて少し熟考する必要があります。私たちが、旧約聖書の中でほとんど一人も悪霊に取りつかれている人と出会わないということは驚くべき事実です。悪霊にとりつかれた数少ないケースの一人はサウロです。彼について（サムエル記上一六章一四節）次のように言われています。「主の霊はサウルから離れ、主から来る悪霊が彼をさいなむようになった。」「主から来る悪霊」！これは注目すべきことです。というのは、ここでは、悪魔とその国が、独立した人物また独立した力ではなく、また決して神と並び、神と敵対する人物、あるいは力ではないということが問題になっているからです。「わたしが主、ほかにはいない！光を造り、闇を創造し、平和をもたらし、災いを創造する者。わたしが主、これらのことをするものである」（イザヤ書四五章六、七節による）。今や主の突然の出現と襲来によって、悪霊に取りつかれるケースが突然まさに頻繁になり、増えることは、一見すると極めて意外な考察結果です。そこでは、時代に制約され、時代遅れになった物の見方が問題となっているという思い上がった説明では、何も説明されたことにはなりません。確かに、悪霊に取りつかれることはいつの時代でも存在しますが、それは主の受肉によって、主がそこにおられるだけで、とりわけ主が語られ、活動されることによってひどく不安にさせられ、驚かされ、活性化されるのだという推測が私たちにはより自然に思われます。神の御国を阻む抵抗が増加したことには、いつでも神の御国の力が力強く働いているという意味があるのです。それとは反対に、神から遠く離れた時代には、悪霊は眠っており、何事もなく済むのです。

このような事実が今やカファルナウムの会堂でのあの安息日の朝においても明らかになります。この悪霊に取りつかれた人はそもそもどのようにして気づかれずに入って来ることができたのだろうかと人は疑問に思うかもしれません。しかし、この男が悪霊に取りつかれた者として、その時まで特に目立つ振る舞いをするようなことはまったくなかったということは十分ありうることです。ひょっとすると、彼自身、彼が悪霊にとりつかれていたこと、またどの程度、彼が悪霊に取りつかれていたのかということにそれまでまったく気づかず、その結果、イエスの説教の全権のもとで初めて、いわば正体を暴かれ、活発化させられたのかもしれません。突然この男は叫び出します。言い換えると、彼から叫び声が上げられます。それは、打ち負かされた者、責め立てられた者、苦境に立たされた者、脅かされた者の悲しみの叫びであり、嘆きの叫びです。そして、この男が発する言葉はきわめて示唆に富んでいます。「彼は大声で叫んだ。『お待ちください、ナザレのイエス、我々はあなたと何のかかわりがあるのですか』」。従って、それは一人だけではありません。彼らは複数います。彼らはイエスを知っており、イエスをフルネームで呼びます。「あなたは我々を滅ぼしに来た。」イエスの接近は彼らには耐えがたいことです。この方の光は、光を恐れる彼らの本性に苦しみをもたらします。そして、それに次いで個々の悪霊の叫びがさしはさまれます。「正体は分かっている。神の聖者だ」（三四節）。事実、悪霊に取りつかれた人々は、他のところでも主の現臨に最初に気づき、それを見抜きます。彼らの言葉から察して、なお後衛戦闘を展開しうる打ち負かされた軍勢はどうしようもなく震えおののいていています。ヤコブが言っていることは明らかに真実です。「悪霊どももそう信じて、おののいています」〔ヤコブの手紙二章一九節〕。

しかし、イエスは態度を和らげられません。「イエスが、『黙れ。この人から出て行け』とお叱りになった」（三五節〔による〕）。イエスは悪霊に取りつかれた人を叱られるのではなく、悪魔を、占有者を、見知らぬ侵入者を叱られるのです。人間という気品ある住まいは、悪魔が来るべきところではありません。そして、イエスは悪魔に二つのことを命じられます。一つは口を閉じて黙ること、その次に悪霊に取りつかれた人からすぐに離れることです。その結果、しばらくの間、激しい闘いが生じます。悪霊に取りつかれた人はあちらこちらを引きずりまわされ、それからそこに居合わせた人々の真ん中に投げ倒されますが、ルカは「そして、何の傷も負わせなかった」と付け加えています。そのようにして、その人は傷つけられなかったのみならず、解放されたのです。そこに居合わせておられる救い主の全権は彼において明らかになりました。そして、この最初のしるしはカファルナウムにおいて影響を及ぼします。人々は気づきます。「人々は皆驚いて、互いに言った。『この言葉はいったい何だろう。権威と力とをもって汚れた霊に命じると、出て行くとは』」（三六節）。間もなく、人々はその地域全体でそのことについて語るようになります。

21　シモンの家で　4章38―39節

38イエスは会堂を立ち去り、シモンの家にお入りになった。シモンのしゅうとめが高い熱に
苦しんでいたので、人々は彼女のことをイエスに頼んだ。39イエスが枕もとに立って熱を叱
りつけられると、熱は去り、彼女はすぐに起き上がって一同をもてなした。

「イエスは会堂を立ち去り、シモンの家にお入りになった」（三八節）。シモンという名前によって、

後の弟子のペトロのことが言われています。従って、「シモンの家」はカファルナウムにあるのです。私たちはその言葉で古代ローマの邸宅を想像しない方が良いでしょう。漁師のシモンはぼろ家に住んでいることでしょう。そして、シモンにはしゅうとめがいます。私たちはここで同様にそのことをついでに聞き知ります。それと共に私たちは、シモンが結婚していたという意義深い事情に逢着します。ペトロがイエスの正式な弟子となる以前の、あの最初の期間だけ結婚していたのであって、後に夫婦関係を解消したと人は推測するかもしれません。事実、ペトロはしばらくの間、カファルナウムの家からも家族からも離れていました。しかし、ペトロは弟子となった後も結婚生活を続けており、それどころか、後に彼の妻を同伴者として旅に連れて行ったということも同様に確実なことです。そうです、ペトロが既婚者であったことは決して例外でないことを私たちは知っています。使徒たちにおいても、キリスト教原始教会の指導者たちにおいても、結婚生活は通例です。コリントの信徒への手紙一における使徒パウロの説明から、私たちはそのことについて貴重かつ明確な消息を知っています。「わたしたちには、他の使徒たちや主の兄弟たちやケファ（すなわち、ペトロ）のように、信者である妻を連れて歩く権利がないのですか」（コリントの信徒への手紙一 九章五節）。

それどころか、パウロは例外的な存在であるがゆえに、彼が使徒時代に独身であることで、ある種のつまずきの原因になるというような事情なのです。パウロは独身であり続けたために、まさに自己の正当性に関して弁明しなければなりません。確かに、彼はいかなる信仰者に対しても、独身であることをくびきとして、縄として首に巻き付けるつもりはないと説明しています。彼は、独身であることをより高い律法と思わないように十分注意します。しかし、彼は反対に結婚生活を断念する自由をも保持したいのです。あたかも使徒や神の国の働き人は結婚するよりほかかないかのように、結婚を条件とし、律法とするのは、同様に間違っているでしょう。確かに、パウロはコリントの父たちに（コリントの信徒への手紙一 七章三二節以下）、もし自然とそうなるのであれば、娘たちが全面的に主に仕えることができるように、この時代の邪悪さを考慮して、娘たちを結婚させないように、牧会者として助言を与えています。「結婚させる人（娘たちの父）[36]はそれで差し支えありませんが、結婚させない人の方がもっとよいのです」（コリントの信徒への手紙一 七章三八節による）。しかし、パウロが使徒たちの中でただ一人、彼個人に与えられた恵みとして送っている独身生活を律法にするつもりがまったくないことは、彼の若い同労者であるテモテへの手紙一から明らかになります。そこでは、「信仰から脱落する者」（テモテへの手紙一 四章一節）について語られています。彼らは「惑わす霊と、悪霊どもの教えとに心を奪われ」ています。悪霊どもの教えに心を奪われているこれらの教師たちや群れの誘惑者たちについて、パウロはそこで、彼らは「結婚を禁じ」（テモテへの手紙一 四章三節）ていると語っています。パウロは独身の身分に留まりましたが、ペトロは初めから結婚しており、その後も結婚生活を続けました。おのおのが完全な自由において、それぞれに与えられた個人的な導きに従ったのです。

そのようにして、カファルナウムのシモンの家はイエスの宿泊所となります。イエスがナザレから追い出されて以来、「人の子には枕する所もない」（ルカによる福音書九章五八節）のであり、文字通り、客としてもてなしを受けることで暮らしておられます。人がとりわけ律法のすべての教師たちに対して、自由に寝泊まりできる場所を提供することはユダヤ人の良い風習です。私たちはこのガリラヤのシモンの家の他に（マタイによる福音書一七章二四節以下参照）、ユダヤの家、すなわちベタニアの三人の兄弟姉妹たちの家のことも知っています。イエスがエルサレムに滞在するたびに、その家はイエスのために開放されました。

今やあの安息日の夕方、彼らがシモンの家に入ると、しゅうとめが病気であることを彼らはここで聞き知ります。それは間の悪い時です。というのは、男たちは明らかにお腹を空かせており、夕食を期待していたと思われるからです。ところが、病気という事態で混乱していたために、夕食の用意が滞っていたのです。ルカは高熱について語っています。それは無邪気なことを言っていられるような状況ではなく、そのことで明らかにその家の家族は不安でいっぱいだったことでしょう。彼らは苦しい状況の中、この客に頼ります。「人々は彼女のことをイエスに頼んだ。」イエスに頼んだのはペトロとその妻であったことでしょう。この願いには、ある種の謙虚さがあります。彼らは、イエスがしゅうとめを癒してくださるのは当然だと思いません。客を受け入れる側の彼らは、初めにこのような好意を受けて当然だと考えていません。彼らはイエスにはっきりと頼む必要があると見なします。「人々は彼女のことをイエスに頼んだ。」

私たちにとって、この何気ない注釈はある決定的な意味を持っています。私たちのしゅうとめや他の家族の一員が病気になるならば、私たちは医者に電話し、健康保険組合に通知します。そうすることは間違ったことではありません。しかし、私たちは当然のように、病気の場合、祈りを怠ります。病気が、表向きは祈りや神と何の関係もない、もっぱら医学技術に関する問題であると私たちが当然のように見なすことは、明らかに正常なことではありません。キリスト教会の病人たちは、自分たちのために祈られていることを知らなければならないでしょう。病んでいる会員のための執り成しの祈りは、再び教会の特別に重要な関心事とならなければなりません。

そして今や、イエスが熱に向かって、あたかもそれが生き物か人格的な力であるかのように語りかけることをルカは伝えています。「そして、イエスが彼女に歩み寄り、熱に命じられると、熱は去った」（三九節〔による〕）。同様にイエスは後に湖での嵐に立ち向かわれます。たとえ、イエスが御自分の救い主としての全権を濫用することを、荒れ野の悪魔に対して拒絶なされたとしても、それは明らかに、イエスがその正しい行使を放棄なされたということを意味しません。イエスは全被造物の支配者であられます。イエスは人間とさまざまな勢力、火と水に命じられ、ここでは熱に命じられます。というのは、熱もまた神の支配領域の外に置かれた状態ではないからです。

「彼女はすぐに起き上がって一同をもてなした」（三九節）。彼女は起き上がり、彼らに夕食を提供する手伝いをします。ルカはあたかも「彼女はそのために健康になった」と言いたいかのようです。人は地上でもっと長く生きるためではなく、起き上がり、もてなすために健康になるのです。

22　カファルナウムでの夜　4章40―44節

40日が暮れると、いろいろな病気で苦しむ者を抱えている人が皆、病人たちをイエスのもと
に連れて来た。イエスはその一人一人に手を置いていやされた。41悪霊もわめき立て、「お前
は神の子だ」と言いながら、多くの人々から出て行った。イエスは悪霊を戒めて、ものを言
うことをお許しにならなかった。悪霊は、イエスをメシアだと知っていたからである。42朝
になると、イエスは人里離れた所へ出て行かれた。群衆はイエスを捜し回ってそのそばまで
来ると、自分たちから離れて行かないようにと、しきりに引き止めた。43しかし、イエスは

言われた。「ほかの町にも神の国の福音を告げ知らせなければならない。わたしはそのために
遣わされたのだ。」44そして、ユダヤの諸会堂に行って宣教された。

「日が暮れると——」（四〇節）。カファルナウムの会堂、またそれに続いてシモンの家でのあの最初の安息日は活動と戦いの激しい一日でした。今や日が暮れ、人々がまさに夜の眠りにつこうとするとき、新たな活動がイエスを待ち受けます。戦いはさらに続きます。すなわち、「いろいろな病気で苦しむ者を抱えている人が皆、病人たちをイエスのもとに連れて来た」（四〇節）のです。私たちが現代的な感覚で推測しがちなように、日の暮れるまで、人々に彼らの病人たちと共に待つ気にさせたのは中近東の夏の暑さではありませんでした。ニコデモのように人から見られることを望まず、それゆえに嵐の夜の闇に隠れてイエスのもとに来たのとは異なり、人々は決して夜の闇にまぎれるのを待っていたのでもありませんでした。そうではなく、ルカが日没に言及する理由は、ここでは安息日が問題となっているという事実にあります。安息日に課せられていた禁止、すなわち人が荷を運んではならないという禁止は日没と共に終結させられました。私たちは、シロアムの池で癒されたあの人が安息日に、三八年間彼を担い続けたベッドの台枠を担いで町中を歩くことで（ヨハネによる福音書五章）身に招く脅迫的な非難に注意を喚起します。それどころか、主が安息日に病人を癒されるがゆえに安息日の神聖さを汚しているという理由での告訴があまり間を置かずに主御自身に対して表明されることになります。カファルナウムの人々は日が暮れるまで待つことで、まさにこの安息日規定に配慮します。

しかし、今や彼らがやって来ます。今はもう遠慮する必要はありません。この記念すべき日の朝、

その町とその周辺の住人たちで会堂はいっぱいでした。彼らは皆、あの悪霊に取りつかれた男の癒しの目撃者でした。そのことで、とっくの昔に消え失せ、葬られた希望が突然、新しい命に呼び起こされました。人は、あの最初の病人の癒しの直接的な影響をどんなに臨場感を持って想像しても十分ではありません。避けられない運命にあまりに安易に身を委ねてしまいがちな私たち人間、ほとんど変わらないある程度のこの世での不幸や苦しみに慣れてしまう私たち人間、何百年も経過するうちに、この世での不幸な生活に順応してしまう私たち人間、罪と死と悪魔、また根源的な神の秩序を乱し、破壊するこれらのすべてのものたちが何と呼ばれようとも、それらと折り合いをつけた私たち人間、それどころか愛するべき無害な「死神」である死とさえも親しく交際してのける私たち人間――この世の、この果てしなく続く時代の私たち人間は刻々と次の事実の前に立たされていることに気づきます。すなわち、皆の目の前で、明るく晴れた日に、神の最初の秩序、良い秩序、根源的な秩序を再建する方、悪魔に勝利され、死に太刀打ちできる方がそこに生きておられるという事実の前に立たされていることに気づきます。

それゆえに、この主の最初の登場はまさに警報として影響を及ぼすほかありません。それは、窓を打ち破り、戸を、長く閉ざされていた戸を開く暴風のように、会堂からその地方一体にごうごうと音を立てて吹き渡ります。「日が暮れると、いろいろな病気で苦しむ者を抱えている人が皆、病人たちをイエスのもとに連れて来た。」主が宿泊された場所へと向かう、苦しみと不幸の不思議な恐ろしい行進です。あの夜シモンの家は、墓から死者たちが起き上がる、来るべき終わりの日の裁きの雰囲気を味わわせる不思議な光景を見ました。そして、主はすべての人々を受け入れられます。その数は相当なものに違いありません。そして、ルカは驚き、感動をあらわにして、「イエスはその一人一人に手を置いていやされた」（四〇節）と述べます。

病人たちの中でも特に言及され、それによって彼らから区別されるのは、またしても悪霊に取りつかれた人々です。彼らの恐ろしい叫び声が夜の間ずっと近所中に響き渡ります。そして、出て行く悪霊は、イエスはキリスト、神の子であると告白します。「悪霊もわめき立て、『お前はキリスト、神の子だ』と言いながら、多くの人々から出て行った。悪霊は、イエスをキリストだと知っていたからである」（四一節〔による〕）。このような証は、例えば後の棕櫚の主日に、イエスが御自分の敵に対して語られた答えの意味では、イエスに喜んで受け入れていただけるかもしれません。その時、ファリサイ派の人々がイエスに、「民や弟子たちが黙るように命じてください」と要求すると、イエスは彼らに「もしこの人たちが黙れば、石が叫びだす」〔ルカによる福音書一九章四〇節〕とお答えになったのです。時が来たことにイスラエルの民が気づかないのであれば、悪霊がそれをはっきりと語らざるを得ません。しかし、イエスは驚くべきことにこの悪霊の証を受け入れられず、彼らに黙るようにお命じになります。「イエスは悪霊を戒めて、ものを言うことをお許しにならなかった」（四一節）。明らかに悪霊は主に取り入ろうとし、そうすることで混乱を生じさせようとします。今や私たちは、どれほどしばしばイエスが救い主としての憐れみのゆえに、この後、外から見れば誤解を招くような姿を引き受け、徴税人や罪人たちと折り合われるかを知っています。では、悪霊と交わりを持たれるのでしょうか。いいえ！「イエスは悪霊を戒めて、ものを言うことをお許しにならなかった。」

「朝になると、イエスは人里離れた所へ出て行かれた」（四二節）。夜が更け、真夜中過ぎまで、イエスはどのくらい長い間働かれ、戦っておられたかについてはここには書いてありません。しかし、イエスは、押し寄せる惨めな群衆に必要とされ、それは夜明けまで続いたと私たちは推測することが許されます。この安息日の次の日の朝早く、イエスは「人里離れた所」へ行かれます。それはいつでも祈りの場所です。イエスが彼らの中の一人一人に手を置かれ、すべての者たちの病を癒されたということを私たちが聞くとき、それは非常に単純に、あたかもイエスがあっさりとそうすることがおできになったかのように響きます。しかし、イエスは魔法使いではありません。イエスは唯一なる主、御子であられます。そして、御子は御父に従順に従われます。また、御子が人間としての制約や低さの中に入って行かれることもこの方の服従の一部なのです。そして、イエスが御自分の持っておられるすべてのものを、前もって御父に請い求めることもこの方の服従の一部です。そして、イエスの一切の行動について前もって御父と話し合われます。この目的のためにイエスは人里離れた所に退かれるのです。

そして、さらにもう一つ別の注目すべき言葉が書き留めてあります。すなわち、人々はイエスを探し求め、イエスの足跡を突きとめ、イエスの後を追い、祈りの場所でイエスを見出したと書いてあります。カファルナウムの住民たちは、イエスが彼らのもとに留まり、今、彼らから離れないでほしいとイエスに願います。人々は見たところ、二つのことをイエスに求めているようです。第一に、彼らはイエスにもっと多くの癒しを求めます。そして、さらに彼らは間違いなくイエスの御言葉をもっと聞きたいのです。「群衆はイエスを捜し回ってそのそばまで来ると、自分たちから離れて行かないようにと、しきりに引き止めた」（四二節）。ここでは、ヤコブの井戸辺での女性との出会いの後、彼の地のサマリア人たちのもとで起こったのと似たようなことが起こります。彼らもイエスを自分たちのもとに留めようとします。

「しかし、イエスは言われた。『ほかの町にも神の国の福音を告げ知らせなければならない。わたしはそのために遣わされたのだ』」（四三節）。「そのために」！　この言葉には、二重の意味があります。どちらかと言うと積極的な意味と消極的な意味です。まず第一にイエスは、かつてベツレヘムの野原で天使たちが大声で告げ知らせた福音、勝利の使信、喜びの知らせをイスラエル全体にもたらすために遣わされたのです。そうなさることで、イエスは特定の命令と指示に従って行動されるのだと人は言いたいのです。イエスは来られ、そのために遣わされたのであって、イスラエルの国境を越えませんでした。果てしなく広がるローマ帝国へ逸れることを、イエスはいつでもきっぱりと拒否されました。しかし、今や約束の地の一つ一つの町や地域がイエスをいわば独り占めしてしまい、その結果、他の町や村が貧乏くじを引くわけにもいきません。たとえイエスがイスラエルの国境を越えないとしても、イエスは御自分に割り当てられたこの活動領域内で、できる限りすべての村や町に到達されたいのです。それゆえに、イエスはここでさしあたり、これ以上カファルナウムに留まり続けることを拒まれます。イエスはイスラエルの家のすべての失われた羊のもとに遣わされたのです。

それから、「そのために」という言葉にはもう一つ別の意味があります。すなわち、イエスがまず第一に病人の癒しのために遣わされたのではないということです。イエスはここで、人々が彼を奇跡行為者に仕立て上げる可能性を防がれるのです。奇跡ではなく、御国の福音の宣教、それこそが、イエスが第一になすべき最も重要な課題であり、そうあり続けます。癒しは二次的なことであり続けます。癒しは、イエスの御言葉を確証し、強調する付随的なしるしに過ぎず、それ以上のものではありません。イエスがカファルナウムの住人たちとのあの最初の出会いの後、さしあたりしばらくの間、彼らから遠ざかるそのなさりようから、奇跡を求める欲求に対してこのように拒絶しておられるのだと私たちは感じ取るように思います。確かに、この民はイエスに奇跡を求めますが、心の最も奥底では、この方御自身とその使信を拒絶したのでしょう。その後また実際にその通りになりました。しかし、キリストは、福音を宣べ伝え、戦いと勝利の知らせ、死と悪魔に対する勝利の知らせ、御国の勝利の知らせ、神のご支配の出現の知らせを告知するために来られたのです。もし彼らがそのことを信じるならば、彼らは安心してイエスを去らせることができます。

23 ペトロの漁獲　5章1―11節

1イエスがゲネサレト湖畔に立っておられると、神の言葉を聞こうとして、群衆がその周り
に押し寄せて来た。2イエスは、二そうの舟が岸にあるのを御覧になった。漁師たちは、舟
から上がって網を洗っていた。3そこでイエスは、そのうちの一そうであるシモンの持ち舟
に乗り、岸から少し漕ぎ出すようにお頼みになった。そして、腰を下ろして舟から群衆に教
え始められた。4話し終わったとき、シモンに、「沖に漕ぎ出して網を降ろし、漁をしなさい」
と言われた。5シモンは、「先生、わたしたちは、夜通し苦労しましたが、何もとれませんで
した。しかし、お言葉ですから、網を降ろしてみましょう」と答えた。6そして、漁師たち
がそのとおりにすると、おびただしい魚がかかり、網が破れそうになった。7そこで、もう
一そうの舟にいる仲間に合図して、来て手を貸してくれるように頼んだ。彼らは来て、二そ
うの舟を魚でいっぱいにしたので、舟は沈みそうになった。8これを見たシモン・ペトロは、
イエスの足もとにひれ伏して、「主よ、わたしから離れてください。わたしは罪深い者なの

です」と言った。9とれた魚にシモンも一緒にいた者も皆驚いたからである。10シモンの仲間、
ゼベダイの子のヤコブもヨハネも同様だった。すると、イエスはシモンに言われた。「恐れる
ことはない。今から後、あなたは人間をとる漁師になる。」11そこで、彼らは舟を陸に引き上
げ、すべてを捨ててイエスに従った。

カファルナウムでの日中と夜はイエスをある苦境に立たせました。今やあることが起こらざるを得なくなります。あの「人里離れた所」での御父と御子との対話はいかなる話題を巡るものであったのかを私たちは知りません。しかし、私たちは今続いて起こることから逆推論するならば、そこで何が問題になっていたかを推測することができます。イエスはもはやお一人で仕事を成し遂げることはできません。イエスは、その教えを聞き、守り、その御業の証人となり、後にその働きを継続する助け手を探し求めることを考えなければなりません。それまでイエスがまったくお一人でいらしたというわけでは決してありません。すでにそれまでも、時おりイエスに同行した人々がいました。第四福音書記者はしばしばそうするように、ここでもこの隠された文脈を私たちにのぞかせてくれます。ヨハネは、イエスが初めて洗礼者のもとで御自分の最初の助け手たちに出会ったことを伝えています。アンデレとペトロがそこで名前を挙げられますが、幾人かの者たちは洗礼者のもとから離れ、イエスに従おうと決心します（ヨハネによる福音書一章三五―四二節）。そこでイエスに深い感銘を受け、彼らはイエスをカファルナウムの自分たちの家に招き、真先に彼らの住まいをイエスに提供します。しかし、彼らはまだイエスの真の弟子、イエスに絶えず従う者ではありません。彼らは依然として、漁師として彼らの職業に専念しています。それが今や変わらなければならないのです。彼らは今やイエス

の弟子とならなければなりません。そのためには、当然のことながら、彼らにとってもう一つ特別な召命が必要なのです。

カファルナウムでのあの最初の記念すべき安息日からどのくらいの時が経過したのかはここには書いてありません。イエスが再びカファルナウムに滞在されたのは何週間か後のことであったに違いありません。そして、再び群衆がイエスに迫ります。「イエスがゲネサレト湖畔に立っておられると、神の言葉を聞こうとして、群衆がその周りに押し寄せて来た。イエスは、二そうの舟が岸にあるのを御覧になった。漁師たちは、舟から上がって網を洗っていた」(一―二節)。私たちは、今回は会堂の中でイエスを見るのではないということは注目すべきことです。それが仕事日であるのか、それとも何か他の理由からか――イエスは湖のほとりに留まられ、イエスの御言葉を聞きたいと願う非常に多くの群衆がイエスを取り囲むので、イエスは群衆から身を守らなければなりません。その場所から遠くない所で、幾人かの漁師たちがその網を洗い、次回、夜に出港する前に、それに備えて湖畔に彼らの網をつるして乾かしています。イエスは彼らをご存じです。シモンとその兄弟アンデレが彼らの中にいます。そして今や、イエスはペトロ――ここでイエスはまだシモンという彼の元の名前で呼んでおられます――に彼の舟を貸してくれるように頼みます。下働きです。

キリストは私たちの下働きを受け取ってくださるのです。私たちがイエスにお貸しすることができるものは、いつも漁船であるとは限りません。それはピアノかもしれませんし、ほんの短い自由時間かもしれませんし、幼児用のベッドかもしれませんし、昼の食卓の空席かもしれませんし、車かもしれません。その生涯の間に、キリストのために一度、何か完全なことを成し遂げたいと夢見るキリスト者が存在します。遠い国々への伝道旅行や殉教者の冠を欲しがるキリスト者が存在します。ところが、ここでのペトロのように、彼らが主にただ――「舟を貸す」だけだと、彼らはそれをしないのです。

もちろん、漁師のシモンにとって、それは今や偶然の下働きに留まりません。さもなければ、シモンは漁をして年をとったことでしょうし、例えば自動車の運転手が「かつて日本の天皇を自分の車にお乗せしたことがある」とずっと後になっても語るように、シモンはかつて若い頃、ナザレのラビを自分の舟にお乗せしたことを子どもたちや孫たちに語り聞かせることができたことでしょう。ところが今や、ここではシモンの人生への介入が生じます。あの朝、低地の湖のほとりで、まさにシモンが説教を聞くことでそれは始まります。その前の晩、夜通しずっと働いていたのであれば、このように説教を聞くのは当たり前のことではありません。土曜日に夜勤をし、日曜日に説教を聞く人を見たいものです。しかし、シモンはきちんと耳を傾けるので、説教はその影響力を損なうことはありません。あの説教から主のご命令がペトロに対して発せられ、ペトロの側でも服従する用意が生まれます。すなわち、ペトロに下働きの礼を言う代わりに、イエスはペトロにさらなる要求を突き付けられます。ペトロは舟を湖の沖に漕ぎ出して、すでに洗い終わった網を、今やもう一度降ろさなければならないのです。「そこでイエスは、そのうちの一そうであるシモンの持ち舟に乗り、岸から少し漕ぎ出すようにお頼みになった。そして、腰を下ろして舟から群衆に教え始められた。話し終わったとき、シモンに、『沖に漕ぎ出して網を降ろし、漁をしなさい』と言われた』」(三節、四節)。

難しい命令です。それはあらゆる経験やすべての専門知識と著しく矛盾します。経験に基づいて、漁に適した時間に、漁に適した場所に一匹もいなかったのに、今や昼間の時間に、しかも外は一番暑い時に魚がいるというのでしょうか。仕事に熟練した専門家が素人から口出しをされなければならないのはいつでも辛いことです。実際にシモンはこのことに関する彼の疑念を決して隠しません。人間的に言えば、漁師のシモンはその仕事仲間の前で今や恥をかき、それゆえに、その残りの生涯の間ずっとカファルナウムの湖畔の人々の嘲りを受けることになるのです。「先生、わたしたちは、夜通し苦労しましたが、何もとれませんでした。しかし、お言葉ですから、網を降ろしてみましょう」（五節）。

イエスがここでシモンにまだ命令しておられないことに注意してください。イエスはまだペトロにその職業を棄てるように強要しておられません。ここでペトロから代償として要求されるのは、さしあたり彼の職業経験や職業知識や職人としての誇りだけです。私たちキリスト者が私たちの職業を主のために犠牲に捧げるということはありうることですが、通例ではありません。私たちが自分たちの職業の中でキリストに仕えるのが通例です。ここでシモンがさしあたりキリストの漁師となるように、神は私たちをキリストの教師、キリストの政治家、キリストの大工、キリストの商人にすることを望んでおられます。キリストはさしあたりその職業においてシモンを祝福されます。そして、シモンは祝福を受けます。「しかし、お言葉ですから、網を降ろしてみましょう。」従って、シモンはこれまでの仕事にあきあきしたので、すぐにその職業を変えるのではありません。否それどころか、シモンは今まさに彼のこれまでの立場で最高の経験をします。もし、かつて彼の生涯において漁師であることが心からの喜びであったことがあったとしたならば、この日こそがそうでした。

彼らは今や漁をします。そのことに関して、人は湖の岸辺で、なお子どもたちや孫たちに語り聞かせることでしょう。彼らは非常に多くの魚をとるので、彼らは仲間に合図しなければなりません。

「そして、漁師たちがそのとおりにすると、おびただしい魚がかかり、網が破れそうになった。そこで、もう一そうの舟にいる仲間に合図して、来て手を貸してくれるように頼んだ。彼らは来て、二そうの舟を魚でいっぱいにしたので、舟は沈みそうになった」（六節、七節）。創造詩編であり、同時にキリスト詩編でもある詩編八編においては人の子について語られています。「あなたは御手によって造られたものをすべて治めるように、その足もとに置かれました。羊も牛も、野の獣も空の鳥――海の魚、海路を渡るものも」（詩編八編七―九節による）。この約束の御言葉がここで、シモンの目の前でキリストを通して実現します。「海の魚、海路を渡るものも、すべてをその足もとに置かれました。」

しかし、この出来事全体の頂点と中心はすばらしい漁ではなく、今やそれに続いて起こることです。耳にした喜びの知らせのすばらしさと、それに加えて経験した慈しみのあふれるばかりの好意が結果としてシモンの崩壊を引き起こします。シモンはここで生ける神に出会ったのです。その際、ペトロは、神殿での年若いイザヤと同じような境遇に置かれます。神の神聖さの前で、ペトロの罪深い性質が彼に明らかになります。そこで預言者が「災いだ。わたしは滅ぼされる。わたしは汚れた唇の者。汚れた唇の民の中に住む者」（イザヤ書六章五節）と突然叫び声を上げるように、ここでシモンはキリストの御前にガクッと膝を折って倒れ、「主よ、わたしから離れてください。わたしは罪深い者なのです」（八節）とキリストに頼みます。ペトロとその兄弟アンデレ、同様にゼベダイの二人の息子であるヤコブとヨハネには、この漁獲のゆえに畏れが、神への聖なる畏れが生じました（九節）。しかし、イエスはシモンの方を向かれ、こう言われます。「恐れることはない！　なぜなら、今から後、あなたは人間をとる漁師になるからだ」（一〇節〔による〕）と。確かに、ペトロはこの先も漁師であり続けます。ただその対象が変わるのです。彼が捕まえるのはもはや魚ではなく、人間になります。主が、罪に汚れたペトロの心を御自分の憐れみ深い御手の中に受け取られた後、今やペトロはきっと次のような漁師になることが許されるでしょう。それはあるところで、キリストの弟子であることについて次のように述べているゴットフリート・ケラー[37]の頭に浮かんでいるような漁師です。「人間の漁師でありたいと願う者は、人間の心に釣り針をかけなければならない。」そうです、ペトロは今から後、まさに「わが主、わがキュリオス[38]」と彼が語りかけた方と共に、イスラエルの民とすべての諸国民の上に大きな地引網を降ろすことになります。しかも本当に、その際ペトロは収穫のことで思い煩う必要はないのです。

最後に——ほとんどそれはついでのことのように書き留められます——シモンとその仲間の者たちがすべてを捨て、イエスに従う（一一節）ということが起こります。それによって、彼らはその家族を見捨てるのでも、貧困と飢えにさらすのでもありません。家族の面倒を見てもらえるのです。さしあたり、彼らは予期しない収獲による収益で生計を立てるでしょう。弟子となって従うことは手痛い損失ではありません。故郷もなく資産もないナザレ出身のラビは豊かな主であられます。四人の若い男たちはすべてを捨てることによって、この時以来この方について行くのです。

24　重い皮膚病にかかった人　5章12—16節

12 イエスがある町におられたとき、そこに、全身重い皮膚病にかかった人がいた。この人は

イエスを見てひれ伏し、「主よ、御心ならば、わたしを清くすることがおできになります」と
願った。13イエスが手を差し伸べてその人に触れ、「よろしい。清くなれ」と言われると、た
ちまち重い皮膚病は去った。14イエスは厳しくお命じになった。「だれにも話してはいけない。
ただ、行って祭司に体を見せ、モーセが定めたとおりに清めの献げ物をし、人々に証明しな
さい。」15しかし、イエスのうわさはますます広まったので、大勢の群衆が、教えを聞いたり
病気をいやしていただいたりするために、集まって来た。16だが、イエスは人里離れた所に
退いて祈っておられた。

癒しについての数多くの記事において注意を引くのは、特定の病気がいつも繰り返されることです。それはとりわけ悪霊に取りつかれた人や重い皮膚病にかかった人、それから中風の人、目の見えない人、足の不自由な人、耳の聞こえない人です。現代病は見当たりません。しかし、もしイエスが今日、私たちの村や町を巡り歩かれるならば、癌や結核やアルコール中毒や神経症が話題になるのは疑問の余地がありません。

ところで、聖書の中で重い皮膚病は特別な場所を占めています。それは、言及されているあらゆる病の中でも最古のものです。エジプト人に下された災いや病気として、重い皮膚病がエジプトでの捕らわれの状態との関連でイスラエルの民の味方となります（出エジプト記一五章二六節、申命記七章一五節）。この病気の光景は、人が想像することのできるあらゆるものよりも残酷です。耐え忍ばなければならない痛みは筆舌に尽くしがたいものです。皮膚や髪の毛、筋肉や関節、歯や骨、とりわけあらゆる種類の粘膜がこの病気によって蝕まれました。しかし、それに劣らず精神的な苦しみがさら

に追い打ちをかけます。この病気はほとんど治らないものと見なされています。さらにこの病気に対しては共同体からの追放、排斥が課せられているほどに、この病気は人々に不快な気持ちを起こさせ、また人々に伝染します。レビ記一三章と一四章の大きな章全体がこの重い皮膚病のために割かれています。「重い皮膚病にかかっている患者は、衣服を裂き、髪をほどき、口ひげを覆い、『わたしは汚れた者です。汚れた者です！』と呼ばわらねばならない。その人は独りで宿営の外に住まねばならない」（レビ記一三章四五―四六節〔による〕）。この隔離の義務には二つの側面があります。人はこの患者と交わることは許されませんし、この患者が人と交わることも許されません。排除されるべきであるのか、それとも交わりに復帰すべきであるのかという判断は祭司によって下されます。祭司はこの件に関して衛生警察[39]の機能を果たします（レビ記一三章一五―一七節）。

しかし、重い皮膚病は単に伝染し、苦痛を伴うだけではありません。この病気に、特別な苦しみとこのようなものすごい重みを与えるのは次の事実です。すなわち、この病気がそれにかかった者を不運な者、神によって罰せられた特別な罪人として、同胞の目に軽蔑すべきものとするという事実です。ミリアムは重い皮膚病によって罰を下されます（民数記一二章）。エリシャの従者ゲハジも同様です（列王記下五章）。実際また、それに応じて清めの規定の中に、とりわけ賠償の献げ物と贖罪の献げ物を献げることに関して詳細に述べられています（レビ記一四章一二―二〇節）。この病気につきまとう罪の恥辱と呪われているという恥辱は、「長患いで回復の見込みのない」[40]という言葉に、今なおその余韻を残しています。この言葉によって、アレマン語圏[41]においてはひどい侮辱が言い表わされます。ところで反対に、万が一この病の癒しが起こる場合には、当然のことながら、それは特別な奇跡と見なされます。イエスはそれをまさにメシアのしるしの一つと見なされます。洗礼者に対するイエスの答えにおいて、重い皮膚病にかかった人々の癒しについて個別に言及されています（マタイによる福音書一一章五節）。派遣の言葉の中で、イエスは弟子たちに最初に総括して「病人をいやし」と語られ、それから続けて次のように語られます。「重い皮膚病を患っている人を清くし、死者を生き返らせ、悪霊を追い払いなさい」（マタイによる福音書一〇章八節〔による〕）。そして、弟子たちがそうしなければならないのは、「天の国が近づいた」からなのです。

そして、この病気に見舞われた一人の人が今やイエスに近づいて来ます。「イエスがある町におられたとき、そこに、全身重い皮膚病にかかった人がいた」（一二節）。どのようにして彼がイエスのもとに来ることができたのかについては、それ以上何も説明されません。ここでこの男がイエスと同様に、二人とも許されていない道を行くということは確実です。イエスへと至る道はしばしば奇妙なものです。私たちは中風の男の道、非常に罪深い女の道、長血を患う女の道、道端にいた目の見えない男のことを念頭に置いています。このように死に物狂いでイエスのもとに辿り着くということがここでも起こったのです。重い皮膚病にかかった人はイエスの御前で地にひれ伏します。彼が語っていることは注目に値します。「主よ、御心ならば、わたしを清くすることがおできになります」（一二節）。重い皮膚病が引き起こすすさまじい破滅を人が考えるならば、この男は勇敢です、信仰において勇敢です。あの癲癇を患った少年の父が「おできになるなら、わたしどもを憐れんでお助けください」〔マルコによる福音書九章二二節〕とイエスに語りかける際の言葉遣いと比べてみてください。重い皮膚病にかかった人はここで「おできになるなら」とは言いません。むしろ、彼は、イエスが「そうすることがおできになる」ということを当然のこととして前提としています。「あなたにはそうすることがおできになる。」これが信仰です。しかし、ひょっとすると、何らかの理由でイエスの御心に適わないかもしれません。ひょっとすると、彼、すなわち重い皮膚病にかかった人が厳しく禁じられていながら、許されない出会いを無理強いし、それによって病に感染し、あるいは訴えられ、罰せられる二重の危険にイエスを陥れるという理由で、イエスの御心に適わないかもしれません。あるいは、ひょっとすると、イエスには他の理由がおありかもしれません。この重い皮膚病にかかった人には、イエスの御心に適うか、それとも御心に適わないか、イエスのご決断に従順に従う覚悟があります。彼がイエスに「主よ」と語りかけるとき、それはいずれにしても単なる形式ではありません。

そして、明らかに遮蔽物に身を隠し、うやうやしく距離を置いて傍観する見物人たちは今や目にします。今や彼らは、イエスが重い皮膚病にかかった人に触れるのを目にします。「イエスが手を差し伸べてその人に触れた」（一三節〔による〕）とそこに書いてあるとき、人はこのルカの記事から、さらに彼らが非常に驚愕していることにも気づきます。今や何が起こるのでしょうか。重い皮膚病にかかった人の病気がイエスの健康を打ち負かしてしまうのでしょうか。それとも、その反対でしょうか。キリストの健康は最も哀れな人の伝染病よりも強いのでしょうか。そして今や、それが起こるのです。彼らはここで息をのんで、それを初めて経験します。今やイエスが「よろしい。清くなれ！」と言われるのを彼らが聞くということが起こります。普通であれば、徹底的に調べた後、また完全に快復したことを確認した後、祭司だけが語ることが許されることを、ここで主が重い皮膚病にかかった人に語りかけられるのです、「清くなれ」と。それによって、ここでは古い世が揺れ動きます。最後の時が始まります。ルカが「たちまち重い皮膚病は去った」（一三節）という確認と共にこの記事を締め括るとき、メシアはすでにそこに来ておられるのです。

といっても、まだ結末部分が続きます。イエスはこの癒された人に、律法をきちんと守るようにお命じになります。彼は律法で定められた犠牲の供え物を献げた後、祭司によって、重い皮膚病から解放されたことを確証してもらうために行かなければなりません。彼は「人々に証明するために」そうしなければなりません。すなわち、人々は、誰がこの男を癒したのかということを知らされなければならないのです。重い皮膚病にかかった人を癒す方が現れたということを彼らは聞かなければなりません。そして、それはメシア以外の誰か他の人であることができるでしょうか。彼らが耳を傾けようとせず、心を頑なにしたことに対して、いかなる言い訳もすべきではありません。この重い皮膚病にかかった人は法廷において、人々がメシアのしるし、重い皮膚病の癒しを見たことの証人となるのです。しかし、律法の規定を厳密に果たすまでは、彼は黙っていなければなりません。それが「人々に証明するために」ということの意味です。

マルコによる福音書のこの箇所には、さらに次のような短い記事があります。「イエスはすぐにその人を立ち去らせようとし、厳しく注意して、言われた。『だれにも、何も話さないように気をつけなさい』」（マルコによる福音書一章四三―四四節）。イエスは彼に厳しく注意しなければなりません。そして、イエスが以前にこの病人に対してなされなかったことを、イエスは今や後から、癒された者に対してなされるのです。イエスは彼を追い払われます。何も話さないようにとの主のご命令をこの男は破ります。「しかし、彼はそこを立ち去ると、大いにこの出来事を人々に告げ、言い広め始めた。」そして、人間的には理解できますが、間の悪いこのようなおしゃべりの結果、次のことが起こらざるを得なくなります。マルコは「それで、イエスはもはや公然と町に入ることができなくなった」（マルコによる福音書一章四五節〔による〕）と言っています。それと共に私たちは奇妙な事実に直面します。すなわち、以前は町に近づくことを禁じられていたこの癒された男は今や町の中に入ることを許されますが、彼を癒した医者に対しては、その償いとして町からの退去命令が下されたのです。それと共に、預言者が語っていることがすでにここで文字通り実現し始めます。「彼が担ったのはわたしたちの病、彼が負ったのはわたしたちの痛みであった。彼の受けた懲らしめによって、わたしたちに平和が与えられ、彼の受けた傷によって、わたしたちはいやされた」（イザヤ書五三章〔四―五節による〕）。ここには十字架が、私たちの手が届くほどはっきりと立っています。

重い皮膚病にかかった人の癒しの後、再びイエスを人里離れた所へと駆り立てるのは、単に孤独や静けさを求める自然の欲求だけではないということをも今や私たちは理解します。民が歓声を上げる一方で、この民の王は御父との対話を続けられます。そして、ここでの話題の中心は、ここですべてのことが間違いでなければ、苦しみを受けなければならないメシアです。それが、「だが、イエスは人里離れた所に退いて祈っておられた」（一六節）という結びの御言葉の厳粛で深刻な背景なのです。

25 中風の人　5章17―26節

17ある日のこと、イエスが教えておられると、ファリサイ派の人々と律法の教師たちがそ
こに座っていた。この人々は、ガリラヤとユダヤのすべての村、そしてエルサレムから来た
のである。主の力が働いて、イエスは病気をいやしておられた。18すると、男たちが中風を
患っている人を床に乗せて運んで来て、家の中に入れてイエスの前に置こうとした。19しか
し、群衆に阻まれて、運び込む方法が見つからなかったので、屋根に上って瓦をはがし、人々

の真ん中のイエスの前に、病人を床ごとつり降ろした。20イエスはその人たちの信仰を見て、
「人よ、あなたの罪は赦された」と言われた。21ところが、律法学者たちやファリサイ派の
人々はあれこれと考え始めた。「神を冒瀆するこの男は何者だ。ただ神のほかに、いったいだ
れが、罪を赦すことができるだろうか。」22イエスは、彼らの考えを知って、お答えになった。
「何を心の中で考えているのか。23『あなたの罪は赦された』と言うのと、『起きて歩け』と
言うのと、どちらが易しいか。24人の子が地上で罪を赦す権威を持っていることを知らせよ
う。」そして、中風の人に、「わたしはあなたに言う。起き上がり、床を担いで家に帰りなさ
い」と言われた。25その人はすぐさま皆の前で立ち上がり、寝ていた台を取り上げ、神を賛
美しながら家に帰って行った。26人々は皆大変驚き、神を賛美し始めた。そして、恐れに打
たれて、「今日、驚くべきことを見た」と言った。

「ある日のこと、イエスが教えておられると、ファリサイ派の人々と律法の教師たちがそこに座っていた。この人々は、ガリラヤとユダヤのすべての村、そしてエルサレムから来たのである」（一七節）。私たちが、ファリサイ派の人々や律法の教師たちに関するこの特別な、詳しい言及を、前回伝えられた出来事と関連づけるとき、私たちが思い違いをしているということはまずないでしょう。すなわち、重い皮膚病にかかった人の癒しは、遠くからでも見えるのろしとして効果を発揮したのです。ファリサイ派の人々は正統信仰を持つ信徒たちです。彼らは明らかに、とりわけガリラヤの村々から急いでやってきたように思われます。律法の教師たちはエルサレムの高等教育機関の、聖書を文字通り信じている神学者たちです。従って、イエスは要人の訪問を受けておられるのです。敬虔な人々

と教養ある人々は、特にイエスの教えと御業を詳しく調べるために動員され、送ってよこされました。教会の指導部はイエスに注意を向けるようになりました。民衆が動き、情報機関が「そろそろ見張りの務めを遂行すべき時です」とエルサレムに報告しました。これらの宗教の専門家たちは今やその部屋いっぱいに座っています。彼らが最終的な判決を下すところまではまだ至っていません。イエスに関する話し合いとイエスとの対話の可能性はまだ開かれています。彼らはまだ、イエスの印象を把握しようと努力しています。イエスがこの高等宗務局の監視を甘受されるということはへりくだりを意味します。その上、イエスには彼らの訪問を恐れる必要はありません。彼らには、各人の意見を吟味する権利のみならず、何と言ってもその義務があります。しかし、主であり、救い主であられる方をここで生徒のように試験をして調査するとは、それ自体奇妙な気がします。

「ある日のこと、イエスが教えておられた。すると、主の力が働いて、イエスはすべての人を助けておられた」（一七節〔による〕）。あるときには、イエスは声をあげ、そこに居合わせるすべての人々を相手にし、またあるときには、もっと小さな声で一人一人と語り合われるというように、私たちはそれを想像することができます。その際、力がそこで働いていることに人々は気づきます。対話が進むうちに癒しが起こります。イエスの教えに由来するこの権能に対して、恐らくそこに居合わせるすべての試験官たちが心を閉ざしていたわけではないでしょう。確かに、監視役の務めは宗教的な事柄においては危険を伴います。主人としてその場に居合わせ、へりくだらない者の傍らを、聖霊は不快な思いをされ、悲しげに通り過ぎられ、その結果、その人は空しいままであり続けるということがありえます。従って、ここでもまた再び、「飢えた人を良い物で満たし、富める者を空腹のまま追い返されます」ということが実現しうるのです。

今やイエスが民衆と語られ、多くの人々を癒しておられると、突然邪魔が入ります。その家の屋根の上で人が歩くような音がします。瓦がはがされ、その下に立ち、あるいは座っている人はわきに押しやられます。穴が開いている個所はますます大きくなります。イエスはその時すでにその教えと癒しを中断しなければならなかったことでしょう。突然、穴が開いている部分に一台の担架が姿を現し、ロープで吊り降ろされます。その上には見たところ中風の人が寝ています。四人の男たちが彼を運び込みましたが、群衆によって通常の入口が彼らにはふさがれていたので、彼らは自分たちの親類、隣人、友人、あるいはそれが誰であれ、いわば空輪で彼をイエスのもとに運ぶことによって、彼らはこのような常識の枠をはみ出たやり方で強引に入口を確保します。「しかし、群衆に阻まれて、運び込む方法が見つからなかったので、屋根に上って瓦をはがし、人々の真ん中のイエスの前に、病人を床ごとつり降ろした」（一八、一九節）。

このような企ては危険を承知の上でなされました。一つには、イエスはそれに対して何と言われるでしょうか。イエスはこのような妨害を甘んじて受けられるのでしょうか。「聖なる利己主義」〔sacro egoismo〕、すなわち居合わせている他の人々に対するある種のわがままな行動を甘受されるのでしょうか。そして、家の所有者は？　そして、とりわけ賓客たちは？　訪問客がいる時に限って、子どもたちはおよそありえないようなことをするものです。さらにそれに加えて、これほどに批判的な訪問客たちがいるのです！　人はイエスからお叱りを受けるだろうと思います。しかし、それとは異なる事態に至ります。「イエスはその人たちの信仰を見た」（二〇節〔による〕）、主は彼らの厚かましさではなくて、彼らの信仰を御覧になります。例えば、予想されるように、「主はその人たちの愛を見た」とも言われていません。むしろ、主は彼らの態度から彼らの信仰を結論として導き出されます。イエスを通して神が助けてくださると彼らは信じているのです。イエスはあるところで、山を動かす信仰について語っておられます。確かに、ここで動かされるのは瓦に過ぎませんが、そこには、いかなる障害も恐れないあの信仰の勇気のようなものが存在します。大胆さとなって現れる信仰はいつでも非常に特別な喜びをイエスに呼び起こしました。そのような信仰は黙想においても、あるいは宗教的情熱においても、あるいは謙虚さにおいても、あるいは義務に打ち込むことにおいても現れることがあります。しかし、イエスはすべてのことがおできになると信仰が大胆に信頼し、信仰がイエスの語られることを言葉通りに受け取るところでは、信仰はいつでも特別に主の御心に適うのです。「すると、イエスはその人たちの信仰を見て――。」イエスは四人の男たちの信仰を御覧になります。従って、イエスは代理の信仰を認めてくださるのです。人は誰かに代わって信じることができるのです。それによって、真実の信仰はいつでも誰かのための希望にもなります。それゆえに、ルカは、信仰とは「望んでいる事柄を確信することです」〔ヘブライ人への手紙一一章一節による〕と語るヘブライ人への手紙の著者に不思議なほど近い関係にあります。

そして今や、これまでの癒しの経過に従って、もしイエスがそもそもこの四人の男たちの大胆な「戯れ」に理解を示されるのであれば、イエスはその担架に乗せられた人を癒されるであろうと誰もが予想します。しかし、その代わりにイエスは彼に「人よ、あなたの罪は赦された」〔二〇節〕と語りかけられます。好奇心に駆られた群衆の面前で、その病人がまったく思いがけず、罪人であることが公然と暴露されたことに気づいたとき、中風の人や四人の友人たちはさぞや驚いたことでしょう！彼らは実際そんなことのためにその友人を運び込んだのではなく、イエスに彼を癒していただくために運び込んだのです。彼らは彼を患者として運び込んだのです。ところが、この男にはまったく他の点で欠けているものがあるとイエスは断言されます。「人よ、あなたの罪は赦された。」実際は、厳密に言えば、まさに彼らが懇願した以上のものを彼らは受け取ります。イエスがその男の病気の代わりに、罪を彼から取り除かれるとき、それは病気を取り除くことに劣ることではなく、それを限りなく上回ることなのです。サウルの身に起こったようなことが、ここで彼らすべての者たちの身に起こったに違いありません。サウルは父の雌ロバを探しに出かけたのに、王国を見出しました。彼らはこの世での癒しを求めて出て行きました。すると見よ、彼らは今や永遠の救いを見出すのです。

しかし、民衆も四人の隣人もこの病人もこのような事情を理解しませんが、そこに居合わせた試験官たちはそれを理解します。「ところが、律法学者たちやファリサイ派の人々はあれこれと考え始めた」（二一節）。ここでたった今起こったことの本質を理解するのは彼らであることを、人はそこに居合わせる神学者たちに認めなければなりません。なぜなら、ここでは今やまさに罪が許されたからです。神は罪を赦すことがおできになります。「主はお前の罪をことごとく赦し、病をすべて癒してくださる」（詩編一〇三編〔三節による〕）。しかし、ここには今や罪を赦す人が立っておられます。いったいこの人は誰なのでしょうか。それはメシアであられるに違いありません。もしイエスがメシアであられないならば、彼らが次のように問うのはあまりにも正しいのです。「神を冒瀆するこの男は何者だ。ただ神のほかに、いったいだれが、罪を赦すことができるだろうか」（二一節）。

ところで、今やこの中風の人がその上さらに健康になるということ、主は罪の赦しという大いなる贈り物をお与えになるのみならず、さらにこの世での健康の回復という小さな賜物をもお与えになるということは、間接的に、そこに居合わせる律法学者たちのこのような批判のお陰です。律法学者たちの問いはこの権能に向けられます。イエスは、このような権能が事実、御自分に与えられているということを、目に見える具体的なしるしを通して彼らにはっきり理解させるほかありません。それゆえに、次のように問い返されます。「『あなたの罪は赦された』と言うのと、『起きて歩け』と言うのと、どちらが易しいか。人の子が地上で罪を赦す権威を持っていることを知らせよう〔イエスは中風の人に言われた〕。わたしはあなたに言う。起き上がり、床を担いで家に帰りなさい！」（二三、二四節〔による〕）。「人の子」――それこそがここで問題となっていることです。すなわち、イエスは人の子であられるのか、つまりイエスは、「わたしは『人の子』のような者を見た」〔ダニエル書七章一三節による〕とダニエルが預言した方であられるのか、イエスはメシアであられるのかということです。それとも、イエスは一人の人間にすぎないのでしょうか。イエスは罪をお赦しになることによって、この世の終わりの時の王であると主張されます。敵の見解によれば、最後の審判の日に初めて行われるであろうことをイエスはなされるのであり、イエスはいわば最後の審判を先取りされるのです。そして今や、彼らはイエスを「神を冒瀆する者」と呼びます。そのようなことがなされるのは、これが最初です。

しかし、彼らはさしあたり狼狽して物が言えませんでした。中風の患者が彼らの目の前でその寝床を取り上げ、立ち去ることを彼らは否定することができません。「その人はすぐさま皆の前で立ち上がり、寝ていた台を取り上げ、神を賛美しながら家に帰って行った」（二五節）。そして、それを目撃した人々について次のように言われています。「人々は皆大変驚き、神を賛美し始めた。そして、恐れに打たれて、『今日、驚くべきことを見た』と言った」（二六節）。

驚くべきことを！

26　徴税人レビ　5章27―32節

27その後、イエスは出て行って、レビという徴税人が収税所に座っているのを見て、「わた
しに従いなさい」と言われた。28彼は何もかも捨てて立ち上がり、イエスに従った。29そし
て、自分の家でイエスのために盛大な宴会を催した。そこには徴税人やほかの人々が大勢いて、
一緒に席に着いていた。30ファリサイ派の人々やその派の律法学者たちはつぶやいて、イエ
スの弟子たちに言った。「なぜ、あなたたちは、徴税人や罪人などと一緒に飲んだり食べたり
するのか。」31イエスはお答えになった。「医者を必要とするのは、健康な人ではなく病人で
ある。32わたしが来たのは、正しい人を招くためではなく、罪人を招いて悔い改めさせるた
めである。」

悪霊にとりつかれた人は癒され、重い皮膚病を患った人は「清くなれ」と語りかけられ、中風を患っている人はその罪を赦され、そして今や主は一人の徴税人を御自分に従うように招かれます。そこに居合わせるファリサイ派の人々や聖書に精通した人々はますます考え込みます。すでに神を冒瀆することが問題となりました。そして、ここでは今や次のように言われています。「すると、彼らはつぶやいて、イエスの弟子たちに言った。『なぜ、あなたたちは、徴税人や罪人などと一緒に飲んだり食べたりするのか』」（三〇節〔による〕）。イエスがある徴税人を御自分の弟子の仲間に迎え入れられ、この徴税人の家でこれらの人々と一緒に接待を受けられることが引き起こすつまずきを、私たちは想

像することさえできないでしょう。イスラエルの民は人間を二つのグループに分類します。それらはとりわけ詩編において繰り返し見られます。それは正しい人々と神を畏れない人々です。「信心深い人々と不信心な人々」と言うこともできるでしょう。正しい人々は神を畏れない人々と交わりを持ってはなりません。「ファリサイ派」という彼らの名前がまさに「分離」を意味するように、イエスの時代にこのような分離を重んじるのはとりわけファリサイ派の人々なのです。従って、彼らは詩編一編を引き合いに出すことができます。この詩編は古典的な手法で次のように述べています。「いかに幸いなことか、神に逆らう者の計らいに従って歩まず、罪ある者の道にとどまらず、傲慢な者と共に座らず、主の掟を愛し、その掟を昼も夜も口ずさむ人」〔詩編一編一―二節による〕。

徴税人は異教の占領国のもとで人民警察官あるいは税務官として生計を立てていた人々であり、従って、たとえ彼らがそれを願ったとしても、彼らはイスラエルの律法を守ることができない人々です。それゆえに、彼らはその家族もろとも神の民から締め出され、彼らはユダヤ人であるにもかかわらず、異邦人として扱われ、即座に「徴税人や罪人(ゲマインデ)」[42]、あるいは時おり「徴税人や異邦人」と言われることもあります。しかし、彼らは律法だけではなく、自分たちの民と国を外国人に売り渡します。もしイスラエルに、私たちの現代の意味での祖国があるならば、徴税人たちは売国奴でしょう。彼らは敵と協力して、外国からの侵入者にこびへつらいます。それで「徴税人や異邦人」という名称は政治的な響きを持つようになります。彼らに人との結びつきがはなはだしく欠けているのは、彼らの立場上しかたのないことです。ローマ人は彼らを利用しますが、同時に彼らを軽蔑しています。なぜなら、彼らはユダヤ人であり、黙って利用されているからです。ユダヤ人たちはローマ人を嫌っています。「名声を失って初めて人はまったく臆することなく生きるようになるのです」という原則に従って、彼らの多くの人々が生きるようになるのは少しも不思議なことではありません。彼らは評判が悪いだけではなく、彼らは事実かなりいかがわしい人々です。その結果、イエスは時おり、「徴税人や娼婦たち」として彼らについて語られるのです。

ところが今や、イエスはこのような罪人や異邦人や娼婦の仲間の一人を弟子として招かれます。この人は、ここではまだレビという名前を持っています。それなのに、後には弟子たちの名前のどの一覧表にも、ルカにおいてさえも、この名前は再び現れません。シモンの名前も最終的に変更されたように、ここで名前の変更を推測する解釈者たちは恐らく正しいでしょう。第一福音書記者〔マタイ〕においても徴税人であり、そこでマタイと呼ばれているのと同じ男がここで問題となっているということはほぼ確実です。このような名前の変更が、この弟子の重荷となる過去やいかがわしい素性を覆い隠そうとしたということと何らかの関係があったのかどうか、それはむしろありそうもないことです。

いかなる理由でイエスはこの徴税人を弟子として招かれるのかと人は疑問に思いました。例えば、人は「漁師は文字が読めないのにひきかえ、レビは字を書くことができる」と主張しました。人はさらに「イエスはそうなさることで、徴税人に対する民衆の偏見を砕こうとなされた」と推測しました。しかし、ここには、砕かれるべきいかなる偏見もありません。徴税人は徴税人です。彼らは苦境に置かれていません。そして、イエスは彼らの態度を一言も弁護されません。それどころか、イエスは彼らのことを遠慮なく指摘し、医者を必要とする病人として、また救い主を必要とする失われた者として、彼らについて語られます。正しい人々と神を畏れない人々との間の旧約聖書における区別を消し去り、それどころかそれを撤廃することなど、イエスの念頭にはまったく浮かびません。確かに、イエスはこのような分離を拒まれますが、このような区別は拒まれません。イエスは正しい人たちのためだけでなく、すべての民のために遣わされました。そして、もしイエスが徴税人や罪人たちとの区別を克服され、これらの排除された人々にも御自分との交わりをお与えになるのであれば、イエス御自身が語っておられるように、失われたイスラエルの羊を失われたものとして諦めない方としてイエスはそのようになされるのです。「医者を必要とするのは、健康な人ではなく病人である。わたしが来たのは、正しい人を招くためではなく、罪人を招いて悔い改めさせるためである」（三一節、三二節）。イエスはここでたとえを用いて、「病人」として罪人について語られ、それに対応する比喩を用いて、「医者」として救い主について語られます。イエスは自分勝手にそうなさるのではありません。「あなたが砕かれた骨」としてダビデが自分の罪について語る詩編五一編において、しかし、とりわけ別の悔い改めの祈り、すなわち絶え間なく病気について語られますが、にもかかわらず、罪のことが語られている詩編三八編において、病気のたとえと比喩のもとに私たちは罪と出会います。さらに「わたしは主、あなたの医者である」〔出エジプト記一五章二六節による〕という旧約聖書の叫びを参照するとよいでしょう。そこでは、神は罪を赦し、「ヨセフの破滅を救う」〔アモス書六章六節による〕方として語っておられます。

全イスラエルに対する神の助けのこのようなしるしをできる限り明確に打ち立てるために、イエスは徴税人や罪人たちを代表する者たちを一人一人御自分のもとに招かれるだけではなく、イエスが彼らのもとを立ち去られるときに、今やレビが整然と行う送別会に、他の弟子たちと共に参加されることによって、イエスは彼らに食事の交わりを提供してもらいます。それは、この排除されていた人々のもとで生じる親交の一部です。しかし、ここでレビが企てることよりも重要なのは、イエスがなされるもう一つ別のことです。すなわち、イエスは公衆の面前で徴税人や罪人たちと共に食卓に着かれるのです。いわば外から見ていた疑い深い観察者たちの目から見れば、それは、「傲慢な者と共に座る」というまさに詩編一編が禁じていることをイエスがしているということを意味します。主のこのような振る舞いを理解するためだけにも、完全な信仰を必要とします。そして、律法を実現される方としてイエスを信じたくない人は、ここでイエスを律法の危険な違反者と見なす以外の選択肢を持っていません。イエスが民全体の救い主であり、世界の主であられるのでなければ、そこに居合わせる長老たちや神学者たちが驚愕するのはまったく当然のことです。そして、彼らが「なぜ、あなたたちは、徴税人や罪人などと一緒に飲んだり食べたりするのか」と弟子たちに問いを投げかけ、しかも、彼らにお答えになるのがイエスであられるならば、弟子たちもここで正しく答えることができなかったということにその理由があるかもしれません。弟子たち自身も明らかに彼らの師の大胆さに大いに心を揺り動かされました。事実また、このキリストの態度から、ここで、誰にでも当てはまる法則を性急に導き出すのは正しくないでしょう。キリストはこの徴税人たちと共に座られます。なぜなら、キリストは彼らのために死なれる方だからです。キリストは彼らのために十字架を負われるほど真剣に、彼らの罪と違反を受け取られます。それのみならず、徴税人や罪人たちとのこの食事は、すでにもう一つ別の食事を指し示しています。聖餐において主は詩編一編を実現されるのです。なぜなら、聖餐は罪人たちの食事となるからです。彼らが義と認められるためにキリストは死なれたのです。

もちろん、この主のお答えは、救い主なしに救われ、医者なしに健康であることを望むすべての人々に対するものです。それは、はっきりと突き立てられた指です。彼らが徴税人や娼婦たちよりも良い人間であることを主イエスは彼らに対して否定されません。しかし、彼らの誰よりも徴税人や娼婦たちの方が突然、ただ一点において優れているということがありうるでしょう。それは、彼らが医者を必要としているということ、彼らが貧しい罪人であり、それゆえに救いを必要とし、キリストを必要としているというただこの一点においてです。そして、ファリサイ派の人々や律法学者たちが貧しい義人ではなく、医者を必要としない豊かな義人であり、彼らの義と共にキリストのそばを通り過ぎ、失われてしまうということがありうるでしょう。しかし、もし一人の信仰者が、罪人を悔い改めへと招くために来られたこの唯一なる主なしに生き、死ぬことに成功するならば、それは、その信仰者が経験しうる中でも最大の不幸なのです。

27　断食に関する問い　5章33―35節

33人々はイエスに言った。「ヨハネの弟子たちは度々断食し、祈りをし、ファリサイ派の弟
子たちも同じようにしています。しかし、あなたの弟子たちは飲んだり食べたりしています。」
34そこで、イエスは言われた。「花婿が一緒にいるのに、婚礼の客に断食させることがあなた
がたにできようか。35しかし、花婿が奪い取られる時が来る。その時には、彼らは断食する
ことになる。」

断食はもともと神の民の本質とはまったく無縁のものです。不足、欠乏、それどころか飢えでさえも、イスラエルの「限りなく豊かな神」とは調和しにくいものでしかありません。豊かさ、それどこ

ろか有り余るほどの豊かさこそ、旧約聖書の神の啓示にふさわしいものです。それゆえに、旧約聖書の律法の中には、もともと断食に関する御言葉が書いてないということは特徴的なことです。バビロンによる大惨事における古代イスラエルの崩壊以後初めて、断食に関する規定が姿を現します。バビロン捕囚以後、悔い改めのしるしとして、祈りの修練と結びついた食を節制する期間を自らに課す人々が神の民の中に存在します。ファリサイ派の人々は週二日の断食を特に真剣に守ります。彼らは彼らのこのような敬虔な行いを通して、聖書の律法をいわば凌駕するという点で傑出しています。断食行為と懺悔の苦行の結合がこの事柄全体に陰気ないし陰鬱な色調を与えました。洗礼者やその弟子たちのグループもこの敬虔な修練に、ある程度の価値を置いていました。断食に対するイエスの態度は人々の注意を引きました。イエスは断食をお命じにならず、それを単に可能なことと見なされるだけです。ただイエスは、その際にあらゆる「生真面目さ」が取り除かれるという条件をつけられます。イエスは明らかに、懺悔の特別な業の嘆かわしさや重荷から断食を切り離すように努めておられます。断食は――いかなる理由でそうなのかについては、私たちはすぐに知ることになるでしょう――喜ばしい出来事であるべきなのです。なにしろ、主が周知のごとく悔い改めや回心も喜びに満ちた出来事として述べておられるのですから。「断食するときには、あなたがたは偽善者のように沈んだ顔つきをしてはならない……。あなたは、断食するとき、頭に油をつけ、顔を洗いなさい……」（マタイによる福音書六章一六―一八節）。イエスは洗礼者の弟子たちやファリサイ派の人々の断食を――私たちがつい先ほど見たように――少なくともいくつかの留保のもとに認められ、悔い改めへと招く洗礼者の叫びをイエスは受け入れておられますが、イエス御自身は弟子たちと共に断食されないことは注意を引きます。それゆえに、イエスは一度ならず、ある時は洗礼者のグループから、またある時にはファリサイ派の人々の陣営から釈明を求められました。レビがカファルナウムの収税所に別れを告げる際に催し、主も参加される盛大な歓迎パーティーの際にも、この問いが改めてイエスに迫ります。「人々はイエスに言った。『ヨハネの弟子たちは度々断食し、祈りをし、ファリサイ派の弟子たちも同じようにしています。しかし、あなたの弟子たちは飲んだり食べたりしています』」（三三節）。

イエスはこれほど挑発されても、答えに詰まることは一度もありません。イエスとその弟子たちが断食しないことは、メシアとしてのイエスの使命との関連で意味があります。すでに始まったメシアの時は恐れと不安の時ではなく、むしろ大きな喜びに包まれた出来事です。ついでに言えば、洗礼者もそれを知っています。なにしろ、彼はあるとき、「遠くから花婿の声が聞こえると喜ぶ花婿の介添え人」[43]〔ヨハネによる福音書三章二九節による〕を自称しているのですから。主は御自分の弟子たちと共に意図的に断食しないことによって、花婿の到来のこの喜ばしい性格を強調されます。もっとも、主はその際、花婿が居合わせる期間はまだ長くは続かず、まだ最終的な段階ではないことを自覚しておられます。花嫁と花婿には、まだ長く辛い離別が間近に迫っています。その時には、キリストの弟子たちにとって、断食するための時間や理由があるでしょう。「花婿が奪い取られる時が来る。その時には、彼らは断食することになる」（三五節）。しかし、今はまだこの時ではありません。今はまだ花婿がおられます。それゆえに、今は、新郎新婦は喜ぶべきなのです。もし新郎新婦が断食するならば、それ以上に馬鹿げたことは考えられないでしょう。「花婿が一緒にいるのに、婚礼の客に断食させることがあなたがたにできようか」（三四節）。従って、イエスとその弟子たちが断食しない背景には、イエスが「〔わたしが〕メシアである」と主張なさるための、いわば力強い象徴的行為が見られます。主がメシアとして現におられることのしるしは喜びであり、豊かさなのです。あるときイエスが弟子たちに「何か不足したものがあったか」と尋ねられると、彼らが「いいえ、何もありませんでした」〔ルカによる福音書二二章三五節〕と答えることができるとき、それも同様の観点で理解できます。メシアがおられる限り、人に不足はなく、「豊かに受ける」〔ヨハネによる福音書一〇章一一節〕のであり、「満ち足り、喜び祝う」〔詩編一六編一一節による〕のです。

ところが今や、イエスは事実、後に御自分がもはや目に見える姿で弟子たちの間に留まらなくなる時には、弟子たちに対して十分に断食を与えると約束されました。従って、私たちがイエスの最初の到来とイエスの再臨の間の時に、キリスト者として断食することになるとイエスは想定しておられるのです。この予告は私たちに、キリスト者が断食することに関する問いをもう少し綿密に追求せざるを得なくさせます。三種類の断食があります。

一つはこの世の断食です。すなわち、世の人々も彼らなりのやり方で断食します。この世の子らの生活を長期的な享楽として、「毎日ぜいたくに遊び暮らす」〔ルカによる福音書一六章一九節による〕生活と想像するのは必ずしも適切ではありません。低い目標であれ、高い目標であれ、目的の達成のために、人間はしばしば信じられないほど厳しい節制を自らに課します。商売を立て直すことはかなり頻繁に昼や夜の仕事、日曜や週日の仕事と結びついています。人は、レントゲン、ディーゼル、パスツール、キュリーといった人々が人類の技術進歩のために力を注いだことを考えてみてください。空中ブランコを操る曲芸師や舞姫の劇場での微笑みの背後には、いつでもどれほどの禁欲生活が隠されているかを、観客席の陽気な市民たちの多くはまったく察しません。王者アルコールに対する激しい戦いにおける禁欲に始まり、下は美容のための断食や禁欲生活を送ることに至るまで、体の手入れや国民の健康のためにどれほど犠牲を払い、断食がなされるかは、とりわけ今日の大都市のご婦人方の間では――彼女たちの間だけではありません――秘密ではありません。しかし、今日初めてそのような事情になったわけではありません。すでにパウロにおいても、オリンピック競技を目指してトレーニングを積み、はかない月桂冠を手に入れるため、「すべてに節制する」〔コリントの信徒への手紙一九章二五節による〕競技者を暗示する言葉が見られます。従って、個人的な節制としての断食はこの世の子らには十分によく知られています。

しかし、人は地上の儚い目標に到達するためだけではなく、天の永遠の目標に到達するためにも、特別な苦行としての断食を自らに課すことがあります。それは第二の種類の断食であり、宗教的な、称賛に値する断食です。仏教の僧侶の生活やローマ・カトリックの修道生活において、永遠の救いを得るために注がれる力はこの世の子らの禁欲的な努力にはるかに優っています。清貧の生活、結婚生活の断念、「偉大な聖人たち」の伝記を読んでみてください。そうすれば、そこで至高の目標のために、天の報いを得ようと努めつつ、人々がどれほど生命財産を失い、殉教に至るまで、飢え、裸になり、犠牲を捧げてきたか、人はそれとなく分かるでしょう。私たちが福音主義の信仰を持つキリスト者として、この種の宗教的な、称賛に値する断食を放棄するのは、決して私たちが人間の献身の偉大さを軽視するからではありません。むしろ、私たちの魂の救いのために、十字架において、唯一なる主によって、一度限り決定的に成し遂げられたあの献身の崇高さと卓越性が私たちの念頭に浮かぶからです。

しかし、私たちが福音主義の信仰を持つキリスト者として完全に肯定するもの、また花婿がその花嫁、すなわち教会に対して要求し、命じておられる断食があるということを私たちが推測する根拠、それは最終的にはアドヴェントの断食です。その理由は、私たちが今はまだ、私たちの知識も預言も部分的なものにすぎず、十字架で成し遂げられた救いの他はまだ何も完成されておらず、すべてのことがかりそめで、まだ道の途上にある時に生きているからであり、教会も、教会でさえもそうだからであるということ、また私たちが「ある瞬間に対して、留まれ、お前はいかにも美しい、という」[44]ことはできないということ、それは、私たちが「もっと優れたものを待ち望んでいる」からであり、私たちは確かに神の子らの自由を知っていますが、なお監獄が存在するからであり、私たちは、この世が与えることのできない平和を心の中に持っていますが、なお兵営が存在するからであり、戦争が終わるたびに、さらに大きな兵営が建てられるからであり、私たちはすでに今キリストを信じる信仰によって永遠の命にあずかる者たちですが、なお火葬場が存在するからであり、また最も小さな村にも、なお墓地が存在するからであるということ、これが、これこそが私たちの断食です。

　私たちはこの断食を自ら選び取ったわけではありません。それは、花婿がまだ来ておられないという事実によって私たちに課せられています。私たちが現存するものを非常に大切にするにもかかわらず、来るべきものへの郷愁を断ち切れないということ、また私たちが義の宿る新しい天と新しい地を待ち望むということ、これこそが私たちに命じられた断食です。そして、それらすべてのことは、私たちが天を獲得するためではなく、キリストがその最初の来臨の際に、私たちのために天を獲得してくださったおかげなのです。このような高価な贈り物を裕福な暮らしや満腹によって失わないために――人はそれを失いうるのです、この贈り物を！　――私たちは目を覚まし、祈り、断食するのです。

　しかし、このようなアドヴェントの時に生きる生活は嘆かわしく、疲労困憊させるものではないでしょうか。キリスト者としての生活が今や再び喜ばしいものではなくなり、悲観的なものにならないように、何が私たちを守ってくれるでしょうか。唯一なる主キリストが到来され、「それを成し遂げてくださった」という事実、私たちはその事実をまだ見ることができませんが、すでに信仰によってそれを捉えることができます。この事実が、完成を目指して喜びに満ちて待つこと、すなわち花婿が現れるのを安心して見張ることを私たちに可能にしてくれます。キリストは「幸い章句」において、ヘブライ人への手紙の著者は一一章において、パウロはコリントの信徒へ手紙二において、このアドヴェントの断食について述べています。このコリントの信徒への手紙二の全体がアドヴェントの断食としてのキリスト教的実存の比類のない叙述です。「わたしたちはあらゆる場合に神に仕える者としてその実を示しています。わたしたちは人を欺いているようでいて、誠実であり、人に知られていないようでいて、よく知られ、死にかかっているようで、このように生きており、罰せられているようで、殺されてはおらず、悲しんでいるようで、常に喜び、物乞いのようで、多くの人を富ませ、無一物のようで、すべてのものを所有しています」（コリントの信徒への手紙二 六章八〔三〕―一〇節〔による〕）。

28　服とぶどう酒に関する話　5章36―39節

36そして、イエスはたとえを話された。「だれも、新しい服から布切れを破り取って、古い
服に継ぎを当てたりはしない。そんなことをすれば、新しい服も破れるし、新しい服から取
った継ぎ切れも古いものには合わないだろう。37また、だれも、新しいぶどう酒を古い革袋

に入れたりはしない。そんなことをすれば、新しいぶどう酒は革袋を破って流れ出し、革袋
もだめになる。38新しいぶどう酒は、新しい革袋に入れねばならない。39また、古いぶどう酒
を飲めば、だれも新しいものを欲しがらない。『古いものの方がよい』と言うのである。」

ルカはここで依然として、税関吏レビを弟子の仲間に受け入れた際に催された別れの祝宴について詳しく語ろうとします。それは「盛大な宴会」であったと言われています。このような歓迎パーティーにおいては、高価な服装が果たす役割は小さくありません。そこで注がれるぶどう酒は低級なものではないでしょう。今やこの方、唯一なる主は元徴税人レビの家で、大勢の徴税人や罪人たちの真ん中に座られます。この方の地上での誕生と共に、新しい、本当に新しい年が始まりました。普通であれば、敬虔な者なら誰でも、このような堕落した環境に姿を見せないように用心するものです。実際また、彼ら、すなわちファリサイ派の人々や洗礼者の弟子たちは主に大いに驚愕します。彼らは「敬虔な者には飲食よりも祈りと断食がふさわしい」という意見を持っています。さらにそのうえ、これほどにいかがわしい場所にいるのです。しかし、その中に、すなわち高価な衣装や高級なぶどう酒のこのような世界――そこでは、古い人間が非常に傑出し、十分に力を発揮します――に今や主が押し入り、彼らから略奪品として税関吏レビを連れ出されたのです。新しいものを耕すために古い世に来られた主は最も安易な道を歩まれません。

レビの家での「盛大な宴会」において、主は今や発言し、祝辞を述べられます。その祝辞は、新しいこと――主はそれをもたらすために来られました――について論じ、古い、過ぎ去り行く世と新しい来るべき世について論じています。まだ古いやり方で断食しなければならない人々と、今や喜ぶこ

とが許される婚礼の客たちについて論じています。主は御自分のスピーチのために、たとえの言葉をお選びになり、衣服とぶどう酒について語られます。ある解釈者はいくらか慎重に「これもまったく粗野な比較である」と意見を述べています。しかし、彼ら、すなわちレビの家の「盛大な宴会」に列する客たちは少なくともこれらの言葉を理解します。そこにいる人々は衣装やぶどう酒の銘柄の問題に精通しています。

最初に主は新しいものを新しい衣にたとえられます。この新しいものをもたらすために、主は来られたのであり、この新しいもののゆえに、主は今やレビにお祝いを述べられるのであり、主はそれを弟子たちにお与えになったのであり、望む者には誰にでもそれをお与えになります。衣服は新約聖書において最もよく使われるたとえの一つです。そして、このたとえが登場するところではいつでも、それによって恵みが意図されており、罪の赦しと新しい命、すなわちイースターに由来する命にあずかることが意図されています。パウロは「身にまとう」べき新しい人間について語り、義の衣を「上から着せられる」ことについて語ります。しかし、それはとりわけ、その罪にまみれた過去が赦され、覆われたこと、また父がその子を再び息子また相続人として受け入れたことを表すしるしとして、父が新しい服を差し出すあの失われた息子のことです。聖書の最後の書において、「白い衣を身に着け」、「その衣を小羊の血で洗って白くした」〔ヨハネの黙示録七章九節、一四節〕人々として、救われた人々について語られています。徴税人レビも今やそれ、すなわちこの新しい衣を着たのです。

キリストは、祝辞を受けるべき、この新しい衣を身にまとった人に一つだけ条件を持ち出されます。私たちは通常、古いもの、すなわち既存のものや伝統的なものとの折衷物としてのみ新しいものを想像することができます。私たちが考え出し、目指し、実現する革新は結局いつでも古いものと新しいものとの混合物に過ぎません。従って、当時の人々はキリストに関しても同じことを試みたいと思います。そして、それは当時の人々だけに限られたことではありません。今日でも、キリストから何かを期待し、キリストに関して何かが分かり、感銘を受ける同時代の人々は、私たちが考えるよりもはるかに多く生きています。ある人は深遠な知恵の教師としてのキリストを好みます。またある人は崇高な徳の人として、素晴らしい牧会者として、あるいは病人の医者として、文芸愛好家あるいは社会改革者としてのキリストを好みます――キリストの「布切れ」、すなわちキリストの一部であれば、いわば誰でもとても喜んで持とうとします。そのように、最終的には、洗礼者の弟子たちやファリサイ派の人々もとても喜んで「新しい人」からさまざまなことを学び、この方を見習い、この方から学び取ります。しかし、ここで今やテーブルスピーチをされる方はこう言われます。「待ちなさい！　人は新しい衣をただ全体として分けずに受け取るか、さもなければまったく拒絶することしかできない。人はその衣の一切れだけを持つことはできない」と。確かに、普通であれば、継ぎを当てることはそんなに悪いことではありません。継ぎ当てが上手なことは主婦の美徳の一つに数えられます。しかし、「救い主の衣」は全体としてまとまったものであり、自分の古い服の上に「継ぎを当てる」ために、キリストの服から継ぎ布を切り取るというわけにはいきません。確かにキリストは、私たちがキリストに望むすべてのものでもあられます。しかし、キリストが完全な救い主であられ、唯一の救世主であられる限りにおいてのみ、この方はすべてであられます。キリストにおいて世の救い主であられる栄光を、神は他の誰とも分かち合われません。新しい服が今や差し出されました。レビはそれを受け取りました。人は彼と同じことをしなさい。それをそのまま受け取りなさい。さもなければ、その申し出を断りなさい。「だれも、新しい服から布切れを破り取って、古い服に継ぎを当てたりはしない……」（三六節）。

しかし、新しい服と古い服のたとえは誤解を招きやすいものです。というのは、人は今や次のように疑問に思うに違いないからです。すなわち、人は恵みを罪の隠れみのとして悪用し、その結果、古いアダムにとって新しい服を着ることはそれほど不快感を覚えない危険があるのではないかと。あるいは、新しい服は、その中に潜んでいる狼にとって心地よい温かさをもたらす羊の毛皮にさえなってしまうのではないだろうかと。このようなひどい誤解を防ぐために、主は最初のたとえの言葉に第二のたとえの言葉を補って付け加えられます。ぶどう酒と革袋のたとえです。

主は恵みをぶどう酒にたとえられます。ぶどう酒が強く、長く続く影響を人間に及ぼすということは残念ながらよく知られています。ぶどう酒は血をかき立て、人間の心臓と脳を疲れさせ、人間の意志に影響を及ぼします。ぶどう酒は最強の男をも支配することができます。そして、ぶどう酒が弱くなく、危険のないものでないように、恵みも同様です。恵みは常に好んで、まさに強い者、力ある人をわがものとします。ペトロ、パウロ、アウグスティヌス、ルターは雄々しい人々です。そして今や、主は「恵みは発酵している新しいぶどう酒である」と言われることで、そのうえ、ますますこのたとえを高みへと引き上げられます。そのように語られることで、主は恵みについて、世界にとって画期的意義を持つ御言葉を語られるのです。

すなわち、恵みはただ個々の人間に影響を及ぼすだけではなく、生活環境をも新たにするほどに影響を及ぼします。恵みの影響力は事柄や習慣に及びます。新しいぶどう酒が裂け目のある革袋や腐ってぼろぼろになった樽に詰められることができないのと同様に、維持できない状況や神に敵対する習慣と恵みを調和させようとすることは賢明ではありません。恵みにはそれ自体このような発酵力があり、人間に「新しい革袋」を探し回らせるほど手に負えない要素です。従って、キリストの恵みは新しいぶどう酒なのです。すなわち、たとえ何百年も続いている習慣によって、それどころか教会の慣習によって伝統が神聖なものとされているとしても、キリストの恵みはすべての伝統的な間違いに対して平和を乱すものです。キリストの恵みはあらゆる良き変化と有益な変革の霊的原動力であり、従って、厳密に霊的な意味で「革命的」です。それどころか、神に敵対する状況が宗教的威厳という覆いをかぶって固定化し、石のように固まるということがしばしば起こるところでは、恵みはまさに爆発的かつ破壊的な影響力を手に入れることができます。恵みが発酵するところでは、どんなに札付きの不正でも攻撃を受けずに済みません。従って、裁きを受けるに値する状況に対する裁きの形で恵みが近づいて来るときにも、この世の出来事の真の隠れた原動力は恵みなのです。エリの時代に恵みが影響を及ぼし始めたとき、年老いた祭司は、祈るハンナが酒に酔っているのだと思いました。また、聖霊降臨祭の日の朝、新しいぶどう酒が古い革袋を破ってあふれ出たとき、「あの人たちは、ぶどう酒に酔っているのだ」〈使徒言行録二章一四節による〉と言われました。「また、だれも、新しいぶどう酒を古い革袋に入れたりはしない。そんなことをすれば、新しいぶどう酒は古い革袋を破って流れ出し、革袋もだめになる。新しいぶどう酒は、新しい革袋に入れねばならない。そうすれば、両方とも保たれる」〈ルカによる福音書五章三七—三八節による〉。

最後にイエスはあの夜、御自分のテーブルスピーチの中で、「当然のことながら、新しいぶどう酒は特に需要がない」と明言されます。このような激しい恵みは誰の好みにも合いません。人々は古いものをより好みます。「『古いものの方がよい』と言うのである」〈三九節〉。どんなことがあっても混乱や変化を望まない者は、ファリサイ派の人々の古い習慣に固執し、自分の断食と祈りを忠実に行うがよい。しかし、この時の徴税人レビのように、キリストの恵みという強く新しいぶどう酒に酔った者の生活全体は根本から建て直されます。中でもそのような人はもはやただ数日だけ、数時間だけ断食するのではなく、その生活態度全体が帯で締められていることでしょう。キリストへの服従は決してファリサイ派や洗礼者の断食に劣るものではありません。レビはやがてそれを経験することになります。

しかし、この服従は、すべての骨の折れる、中途半端な喜びしかない懺悔の苦行とは次の点で異なります。すなわち、それは喜び、大いなる喜びであり、キリストへの服従は祝いであるという点です。そこでは今や次のことが当てはまります。

「主の恵みと大いなる信実は、
朝ごとにまったく新鮮で新しい
それは一日中、尽きることがない
すべての人がそれを頼りにできる。(45)」

反論と論争

29　安息日の主　6章1—5節

1ある安息日に、イエスが麦畑を通って行かれると、弟子たちは麦の穂を摘み、手でもん
で食べた。2ファリサイ派のある人々が、「なぜ、安息日にしてはならないことを、あなたた
ちはするのか」と言った。3イエスはお答えになった。「ダビデが自分も供の者たちも空腹だ
ったときに何をしたか、読んだことがないのか。4神の家に入り、ただ祭司のほかにはだれ
も食べてはならない供えのパンを取って食べ、供の者たちにも与えたではないか。」5そして、
彼らに言われた。「人の子は安息日の主である。」

29　安息日の主　6章1—5節

「ある安息日に、イエスが麦畑を通って行かれると、弟子たちは麦の穂を摘み、手でもんで食べた」（一節）。確かに、弟子たちがここで本当に空腹であったのか、それともあの当時、私たちが収穫の直前、麦の穂を摘み、それを指でつまんですりつぶし、開かれた手のひらから籾殻を吹き飛ばし、残っ

た粒を食べたことによって、私たちが子どもの頃に誰でもそうしたように、彼らが麦の穂を摘んだのは単なるいたずらで、ちょっと摘まんで食べただけのことであったのかは、必ずしも明確に確認できません。しかし、「ダビデが自分も供の者たちも空腹だった」とイエスがダビデと比較しておられることから、私たちは次のように推論することが許されます。すなわち、弟子たちはここで確かに決して飢え死にしそうなのではなく、彼らは一度も深刻に空腹の期間を経験したことはありませんでしたが、彼らは少なくともいわば通常の範囲内で彼らの空腹を満たすのだと。律法によれば、そうすることは明確に認められています。私たちはいくつかの点で今日の私たちにとってもなお興味深い規定を読みます（申命記二三章二五―二六節）。「隣人のぶどう畑に入るときは、思う存分満足するまでぶどうを食べてもよいが、籠に入れてはならない。隣人の麦畑に入るときは、手で穂を摘んでもよいが、その麦畑で鎌を使ってはならない。」少なくともまだ一世代前までは、私たちのヨーロッパでは、貧しい人々が麦の穂を摘むことは一般に認められており、黙認されていたのは、この規定のおかげです。移動可能な鶏小屋と一緒に刈り入れを終えた畑を走り、従って、貧しい人々に落ち穂を拾うことを禁じる「合理的に経営される農場」というような新しい概念の登場は、ここではキリスト教の本質の一部を犠牲にせざるを得ません。ついでに言えば、たきぎを拾い集めることもこれと似ています。私たちの公有の森林地帯に関して、貧しい人が素手で取ることのできる枯れ木は貧しい人のものだが、ただし貧しい人は斧やのこぎりや何かある道具を森の中に持って行ってはならないという規定があります。聖書ではなく、ローマ法から借用された私たちの絶対的な所有概念には、そのようなことは許されず、あるいは危険に思われるとしても、南ドイツのあのカトリックの司教が飢饉の間に、ある司教書の中であえて次のように説明したとき、彼は完全に聖書の地盤の上に立っていました。「ある人がなんの容器も道具も持たずに野外でその空腹を満たすならば、その人は神の御前にいかなる罪も犯してはいない。」

従って、弟子たちもここで神の律法の地盤の上で行動しています。しかし、今やそれが安息日であるがゆえに、この場合は複雑です。イエスが、御自分の最も親しい人々に好きなようにさせられることによって、イエスが取り消すのは安息日の戒めではないのでしょうか。人は安息日に空腹を満たしてはならず、それどころか決して食べてはならないとどこかに書かれているでしょうか。このような非人間的な行為を神に帰するのは神にとって侮辱でしょう。イエスがここで軽蔑しておられるのは、律法学者たちの小事にこだわる解釈です。明らかに、ここで弟子たちがしていることはそれだけですでに、収穫し、脱穀し、箕でふるい分けることであると律法学者たちは見なそうとします。もちろん、主はそのような聖書解釈に賛成されません。しかし、大胆にも、律法学者たちや祭司たちが正しいと認めたことを、そもそもそれが正しいかどうか調べ、いわんや拘束力がないと宣言されるこの方はどなたなのでしょうか。この方はどなたなのでしょうか。そのように言うことで、すでにイエスの最初の登場と共にただちに、初めは静かに、それから段々と大きな声で表明される問いが発せられたのです。そして、この問いが今や安息日に関する論争の背後にもあるのです。この方は約束された王です。私たちがすでにこの方の受胎告知の際に聞いたように、この方は他に並ぶ者がいない唯一なる主であられます。この方の職務と全権はこの世を救うことです。このイエスの要求にすぐに感づくユダヤ人たちは、それによって激しく動揺させられ、熱に浮かされたように問い、調べる立場に立たされていることに気づきます。彼らはまた、さしあたりこの要求に驚かざるを得ません。公平を期して言えば、もし彼らが、メシアとしてのイエスの要求を平然と受け入れるならば、また彼らがそれによって、選任された神殿の見張り役として極度の警戒態勢に置かれるのでないならば、彼らは自分自身にひどい点数をつけることになることを人は認めざるを得ません。彼らに命じられた調査義務に、イエス御自身が本当に十分に配慮しておられます。なにしろ、イエスは倦むことなく、彼らに手がかりとしるしをお与えになるのですから。彼らが真剣にすべてのことを調査するということが彼らの罪なのではありません。彼らが彼ら自身の調査の結果に従うことなく、彼らが霊の御支配に心を閉ざし、ここで信仰をもたらされる聖なる御意志に抵抗することによって初めて、彼らの用心深さは彼らにとって罪となります。それゆえに、安息日の戒めのゆえに、激しく猛烈に噴出する彼らの敵意はますます増大します。

イエスがしぶしぶ、御自分の敵対者たちに対して、御自分が安息日の戒めを取り消しておられないということを納得させ、証明されるということは、彼らに対しても示されるイエスの救い主としての忍耐の一つに数えられます。イエスはこのように努力したあげく、ダビデ王が、彼と供の者たちが野の獣のようにサウルに追われ、ダビデ王が逃亡した時のあの不思議な出来事を彼らに思い起こさせられます。当時、追われていたダビデはノブの地方に来ました。そこには聖所があり、祭司アヒメレクが配属されていました。ダビデ自身空腹で、腹を空かせた男たちを引き連れて、彼は祭司アヒメレクの家を訪ねました。祭司の家には、まさに祭儀に用いるように定められた供えのパン以外に何もありません。祭司だけがそれを食べることを許されているにもかかわらず、この祭司はそれをダビデに与えます。すると、彼らはお腹が空いていたのでそれを食べます。ダビデがそうしたならば、どうしてイエスは、安息日に自分たちの空腹を満たすことを弟子たちに禁じなければならないのでしょうか（レビ記二四章五―九節）。

このような返答により、イエスの敵対者たちは唖然として答えることができません。しかし、それが反論の余地のない証拠であればあるほど、彼らはますます憤ります。今やますます次の問いが生じます。すなわち、大胆にも彼らに反論なさるだけでなく、それどころか、今や大胆にもダビデ王と御自分を比較なさるこの方はどなたなのかという問いです。そのようなことは救い主を除いて誰にも許されないことであり、祭司である彼らには決して許されないことでしょう。そして、イエスは、御自分がその比較によってどれほど彼らを憤らせるかに気づかれると、イエスはさらに歯に衣着せずに語られ、即座に遠慮なく語られます。イエスはまだ明確な言葉で「わたしがそれである」とは語られません（この方の時はまだ来ていません）。しかし、少なくともイエスは彼らにこう言われます。「人の子は安息日の主でもある」（五節）と。

彼らが望むならば、イエスが御自分を何者と見なしておられるのかということに、彼らは今や気づくことができます。イエスは、いと高き御座の右に座しておられる「人の子のような者」（ダニエル書七章一三節）とダニエルが預言した方です。この方は安息日の主でもあられます。「主」こそ、この方の御名です。「キュリオス・クリストス」（主キリスト）、これが教会の初めの時における、キリスト教の信仰告白の最初の、最も簡潔な形です。そして、初期のキリスト教会が彼らの日曜日を「主の日」と呼ぶのは偶然ではありません。

30　人間の萎えた手　6章6―11節

6また、ほかの安息日に、イエスは会堂に入って教えておられた。そこに一人の人がいて、
その右手が萎えていた。7律法学者たちやファリサイ派の人々は、訴える口実を見つけよう
として、イエスが安息日に病気をいやされるかどうか、注目していた。8イエスは彼らの考
えを見抜いて、手の萎えた人に、「立って、真ん中に出なさい」と言われた。その人は身を起
こして立った。9そこで、イエスは言われた。「あなたたちに尋ねたい。安息日に律法で許さ
れているのは、善を行うことか、悪を行うことか。命を救うことか、滅ぼすことか。」10そし
て、彼ら一同を見回して、その人に、「手を伸ばしなさい」と言われた。言われたようにする
と、手は元どおりになった。11ところが、彼らは怒り狂って、イエスを何とかしようと話し
合った。

「また、ほかの安息日に、イエスは会堂に入って教えておられた。そこに一人の人がいて、その右手が萎えていた」（六節）。人がイエスにはっきりと手の癒しを請うたとはそこには書いてありません。しかし、この場合には、人がイエスの注意を手に向けるということだけで十分でしょう。この手の萎えた人は、待ち伏せする人々によって、いわばおとりの餌として、挑発するために先頭に置かれたのだという推測にはまったく根拠がないわけではないと、私たちには思われます。イエスが事実、手を癒されるということは、ここでは事柄の本質からして当然のことです。どんな主婦でも特に深く考え

ずに、鉢植えのゼラニウムの枯れ葉に手を伸ばし、それを取り除くように、また真面目な農夫が、葉を茂らせたこずえの真ん中に枯れ枝を見つけると、そこへ行き、それをのこぎりで切り落とさずにはいられないように、イエスが、初めから御父と共におられ、すでに創造の御業に参与しておられた唯一なる神であられるがゆえに〔ヨハネによる福音書一章一—五節〕、この手の萎えた人が今やまさにイエスに目を留めていただくがゆえに、そして今や教会にとって花婿の時が到来したがゆえに、ただそのような理由でイエスは障害を癒されるということが、この時と同じように、いずれまた起こりうるのです。人がユダヤ教の祈りの家にいるということ、その日は神がその民に安息日をお与えになる日であるということは、ますますその状況が特別なものであることを際立たせています。なにしろ、安息日とは次のように言われている日なのですから。「神はお造りになったすべてのものを御覧になった。見よ、それは極めて良かった」〔創世記一章三一節〕。安息日に、花婿自身がそこにおられる間は、神の似姿〔としての人間〕が居合わせることができるのに、万一、最も貧しい人が「主の恵みの年」〔ルカによる福音書四章一九節〕の比類のない恩寵と恩恵に少しも気づかないならば、そのようなことをキュリオス、すなわち安息日の主は断じてお許しになりません。なんといっても安息日は、その元来の趣旨からすれば、人間に対する神の思いやりと慈しみのまったく特別な証人であるということが間違いなくここでは考慮に入れられるべきです。ここでは、神のあふれるばかりの慈しみが天からこの時代とこの世に勢いよく流れ込もうとします。それは息子や娘だけに及ぶ祝福ではなく、召使いや下女にまでも及び、門の入口にいるよそ者も、普通であれば、まったく法律の保護を受けない国民とは無縁の者、そのような人も知らされなければなりません——今日は安息日です、六日の間、人間の仕事を手伝った馬や牛やろばでさえも、今日は安息日であり、神は善良な方であるということを感じなければなりません――それなのに、よりにもよって安息日がこのようなあふれ出る神の慈しみを阻止し、制約するというのでしょうか。確かに、「第七の日に、神は安息なさった」〔創世記二章二節による〕と言われています。しかし、まさに神の慈しみと思いやりのゆえに、神はこの日に休まれません。ここでは次の御言葉が当てはまります。「見よ、イスラエルを見守る方はまどろむことなく、眠ることもない。主は……あなたを覆う陰、あなたの**右に**います方」〔詩編一二一編四―五節による〕。

「律法学者たちやファリサイ派の人々は、訴える口実を見つけようとして、イエスが安息日に病気をいやされるかどうか、注目していた」（七節）。イエスの敵対者たちはイエスを待ち伏せます。彼らは熱心に激しく、イエスにとって不利な証拠を集めます。エルサレムの神殿に仕える人々の引き出しの中には、イエスに有罪の判決を下すための書類の束が絶えず増え続けています。イエスの敵対者たちは恐らく出エジプト記三一章一二―一七節に書き記されている安息日に関する規定を念頭に置いています。しかし、そこで語っておられる方がまさに神であられることを彼らは忘れています。それゆえに、意味あることは無意味なことになり、恩恵は悩みの種になったのです。彼らは、安息日が単に休息の戒めを含んでいるだけではないこと、従って、単に消極的な性格のものではないこと、あれこれのことをやめることだけに安息日の本質があるのではないこと、むしろ、神の安息日はまた、そしてまず第一に積極的な内容を持っていること、安息日は単に空虚なものから成り立っているのではなく、豊かさと内容から成り立っていることを忘れています。なにしろ、神はこの日をはっきりと祝福されたのですから。安息日に善いことをすることは誰にも禁じられていません。

「イエスは彼らの考えを見抜いて、手の萎えた人に、『立って、真ん中に出なさい！』と言われた。その人は身を起こして立った」（八節）。イエスとこの人との間には、一言も言葉が交わされていないように思われるのは不思議なことです。イエスはこの人を呼び出され、皆が見えるよう、集まった人々の真ん中に立つように彼にお命じになります。そうなさることで、イエスは間接的に、口に出さなくても、この人に信仰の問いを投げかけられるのです。もし彼がこの要求に従うならば、彼は喜んでイエスに助けていただき、従って、イエスは自分を救うことがおできになるとイエスを信頼するのです。しかし、会堂の真ん中に出るようにと命じられる際、イエスは同時に、イエスを見張っていた人々をも念頭に置いておられます。今や、いわば神の国の実演が行われなければなりません。すべての人がそれを見ることができ、それゆえにまた立体的にはっきりと示されなければなりません。目に映る外面的な出来事は、ここでは不思議にも、イエスが大いなる罪人の女性について話し合われた際に、御自分の敵対者たちに下される裁きを鮮明に思い起こさせます（ヨハネによる福音書八章一―一一節）。

「そこで、イエスは彼らに言われた。『わたしはあなたたちに尋ねる。安息日にふさわしいのは、善を行うことか、悪を行うことか。人間の命を守ることか、滅ぼすことか』」（九節〔による〕）。イエスの敵対者たちにおいては、安息日に関する問いはいつでも当然のこととして、「安息日に行うことがふさわしく**ない**のは何であるか」という形式を取ります。イエスはその問いに肯定的な形式をお与えになります。すなわち、「安息日に行うことがふさわしいのは何であるか」と。そのように問われると、イエスを見張っていた人々は実際、イエスに何も答えることができません。彼らは、悪を行い、命を滅ぼすことがふさわしいと語ることはできません。しかし、彼らは律法に関して慎重であるために、善を行ない、命を支えるために働くことがふさわしいと語る勇気もありません。「そして、イエスは彼ら一同を見回した。」イエスは彼らの答えを期待されます。それによって、その空間に今にも張り裂けそうな緊張が支配します。敵対者たちにとって状況の気まずさは耐えがたいものです。イエスは手の萎えた男に対する命令によって沈黙を破られることで、その緊張を和らげられます。「『あなたの手を伸ばしなさい！』。彼は言われたようにした。すると、彼の手は元どおりになり、他の人々のように健康になった」（一〇節）。

それが**右**手であったということが、ルカによってはっきりと強調されます。聖書においては人間の手、とりわけ右手には特別な事情があります。私たちはとりわけ癒しや職務行為の際に手を置くことを思い浮かべます。最初のキリスト教会に特徴的なことですが、人が慈善行為と見なした「手を差し伸べること」を私たちは思い浮かべます。しかし、また、ミリアムが重い皮膚病になったときに、彼女の右手に起こった罰としての奇跡を思い浮かべます。また詩編一三七編を思い浮かべます。「エルサレムよ、もしも、わたしがあなたを忘れるなら、わたしの右手はなえるがよい」〔詩編一三七編五節〕。あるいは、山上の説教の御言葉を思い浮かべます。「もし、右の手があなたをつまずかせるなら、切り取って捨ててしまいなさい」〔マタイによる福音書五章三〇節〕。ここでは、いずれにせよ、人間の手、とりわけ右手を巡る秘義が支配しています。それは完全に説明し尽くすことはできません。私たちはとりわけ、イエスは「神の右に座したまえり」という繰り返し用いられる厳かな表現を思い浮べます。

私たちはこの箇所で、この萎えた手の癒しが持つある種の象徴としての影響力を見誤ってはなりません。人間の手に与えられる深い苦しみを考えてみてください。すなわち、手工業のかつての高い名声と、同様に深刻な手工業の一時的な軽視です。そうです、自動操作が人間の手先の器用さをますます排除し、ほとんどそれに取って代わって以来、萎えた手の癒しは、不思議にも重要な意味を持つようになります。人は、失業という恐ろしい伝染病を思い浮べます。そこでは、職人の高貴な手が物乞いの汚された手となります。あるいは、私たちは組み合わされた両手を思い浮かべます。それは、今日非常に病んでいる夫婦の節操や人間の交わりそのものの象徴です。あるいは、祈る手の象徴を思い浮べます。そして、あの安息日に会堂で「あなたの手を伸ばしなさい!」という御言葉が語られたとき、名もない一人の人の身に起こったことが今日非常に現実性を帯びているので、私たちは悲しみのあまり黙り込みたい気持ちになります。

「彼は言われたようにした。すると、手は元どおりになり、他の人々のように健康になった。」しかし、ここでは、手だけが問題となっているのではなく、心が問題となっているのです。心が健康になり、元どおりにならなければならないでしょう。私たちは、救われるために手を伸ばす溺れるペトロを思い浮かべます。

最後に次のように言われているのは、人間としてあまりにも理解できます。「ところが、彼らは怒り狂って、イエスを何とかしようと話し合った」(一一節)。人はそれを「やり場のない怒り」と呼びます。そのようにして、十字架がイエスを待ち受けているということが、いわば一歩一歩見えるようになります。私たちの手に欠陥があるだけではなく、心の中に、それと共に人間全体に欠陥があるがゆえに、私たちを元どおりにするために、私たちにはイエスの死が必要だったのです。

31　十二使徒　6章12―16節

12そのころ、イエスは祈るために山に行き、神に祈って夜を明かされた。13朝になると弟子

たちを呼び集め、その中から十二人を選んで使徒と名付けられた。14それは、イエスがペト
ロと名付けられたシモン、その兄弟アンデレ、そして、ヤコブ、ヨハネ、フィリポ、バルト
ロマイ、15マタイ、トマス、アルファイの子ヤコブ、熱心党と呼ばれたシモン、16ヤコブの子
ユダ、それに後に裏切り者となったイスカリオテのユダである。

「そのころ、イエスは祈るために山に行き、神に祈って夜を明かされた」（一二節）。このような威厳に満ちた導入句の後には何が続くのだろうかと人は思わず疑問に思います。今やイエスが一晩中、御父と語り合って過ごす気にさせるものはとりわけ重要なことであり、極めて重大なことであるに違いありません。さしあたり前述のこと、すなわち反論の事実がイエスを動かしたのでしょう。その徴候は初めからすぐにイスラエルの側から、このように広範囲に亘って現れており、そうこうするうちに、それは本格的な緊張関係や敵意へと高まり、深まりました。まだなんとか会堂において萎えた手の癒しが行われましたが、決定的な亀裂は遅かれ早かれ避けられなくなるであろうということを安息日に関する論争は明確に示しました。疑いもなく、イスラエルの民に関する苦悩がイエスを「山に」向わせました。しかし、今やイエスの今回の夜の祈りと願いの内容を特に決定づけたものは、それに続く御言葉から初めて明らかになります。「朝になると弟子たちを呼び集め、その中から十二人を選んで使徒と名付けられた」（一三節）。「朝になると」――従って、ルカは十二使徒の召命を山上における夜の祈りの直接の結果と見なしています。

　イエスは初めから、すなわちヨルダン川での洗礼と荒れ野での誘惑から離れてからすぐに、御自分の味方につく人々、すなわち信仰者たちを御自分の周りに従えたことに私たちは注意を喚起します。

それから、イエスが後にこれらの信仰者たちの中から幾人かの人々を御自分の弟子として召されたということを私たちは聞きました。ルカはそのことを報告していませんが、そうこうするうちに、この弟子たちの群れは相当大きくなったに違いありません。そして、今やイエスは大勢の弟子たちの中から十二使徒を選ぶ段階に移られます。弟子たちが少なくとも一時的にその市民生活を放棄し、イエスに従い、イエスがあちこち旅する道をイエスと共に行くという点で、弟子たちは信仰者たちから区別されます。しかし、弟子たちと使徒たちとは、どの点で区別されるのでしょうか。どこに使徒職の特徴があるのでしょうか。ここでは、他の従う人たち、すなわちより広い弟子たちのグループから完全に区別され、厳密に閉じられた十二人の男たちの一団が問題となっています。

彼らが何をすべきであり、彼らにはどのような意義があるのか、そのことを理解するために、十二という数字は本質的に重要です。この数は救済史において重要な意味を持っています。私たちはヤコブの十二人の息子たちを思い浮かべます。彼らからイスラエルの十二部族が生まれました。彼らは十二支族の十二人の父祖たちです。あの夜の祈りの翌朝の、このようなイエスの行動の特別な意味は、イエスが十二人の旧約の族長たちに十二人の新約の使徒たちを付け加えられる点にあります。すなわち、その時までイスラエルの十二部族によって諸国民の世界に注がれたアブラハム、イサク、ヤコブの祝福は改めてキリストによって受け止められ、キリストから、キリストの執り成しにより、十二使徒を通して諸国民の世界に注がれることになるという点です。イエスはここで、御自分がメシアであられるという事実から、御自分が救いの仲保者であられるという極めて意義深い結論を導き出されます。イスラエルの民はアブラハムの子であるということに拠り所を求めます。そのこととイエスの神の子としての身分との関係は約束と成就の関係にあります。今から後アブラハムの子らも、より包括的なイエスの神の子としての身分に拠り所を求めるように招かれているのです。十二使徒は福音の真の証人であり、担い手となるのです。すなわち、キリストの復活の目撃者であり、それを自ら聞いた証人となるのです（コリントの信徒への手紙一 一五章一―一一節）。今から後、キリストの教会の証言は「使徒や預言者という土台の上に」建てられることになります。「なぜなら、そのかなめ石はキリスト・イエスだからです」（エフェソの信徒への手紙二章二〇節〔による〕）。

新約聖書全体を通して繰り返し語られる使徒職についての重大な発言はこの点から説明できます。「あなたがわたしを世にお遣わしになったように、わたしも彼らを世に遣わします」（ヨハネによる福音書一七章一八節〔による〕）。「あなたがたの上に聖霊が降ると、あなたがたは聖霊の力を受ける。そして、エルサレムばかりでなく、ユダヤとサマリアの全土で、また、地の果てに至るまで、わたしの証人となる」（使徒言行録一章八節〔による〕）。「新しい世界になり、人の子が栄光の座に座るとき、あなたがたも、わたしに従って来たのだから、十二の座に座ってイスラエルの十二部族を治めることになる」（マタイによる福音書一九章二八節）。「都の城壁には十二の土台があって、それには小羊の十二使徒の十二の名が刻みつけてあった」（ヨハネの黙示録二一章一四節）。そのように、使徒は最初の証人なのです。裏切り者が死んだ後、教会があたかも不安を感じているかのように熱心に、あのマティアスの補欠選挙によって十二という数を補ったとき、教会はこのような事情を考慮したのです（使徒言行録一章二一―二六節）。

ついでに言えば、新約聖書の出来事を取り囲む周辺世界においては、宗教的な事柄は別としても、教会の外でも、ある種の使徒職が存在しました。キッテルの辞典によれば、人はある生活領域において、他の人を確かな根拠に基づいて代理する人のことを「使徒」と呼びました。「ある人の使徒はその人自身のようなものだ」という命題が通用していました。私たちは今日、経済生活において業務代理権について語るでしょう。あるいは、政治の領域では、代理人や全権使節について語るでしょう。そうすると、パウロはとりわけ使徒職の中に、このような代理の意味を見ていたことになります。「ですから、神がわたしたちを通して勧めておられるので、わたしたちはキリストの使者の務めを果たしています。キリストに代わってお願いします。神と和解させていただきなさい」（コリントの信徒への手紙二 五章二〇節）。まさに彼らが最初の使徒であるという意味で、使徒たちはキリストの名代（みょうだい）[46]なのです。彼ら以外には、イエス御自身によって選ばれた目撃者は存在しないがゆえに、彼らはキリストの唯一の名代なのです。

そして、今やイエスはここでまさに使徒を選ぶことに着手されます。これほどに大きな影響を及ぼすことをイエスがそもそもすべきか、しなければならないか、してもよいかどうかということがイエスの夜の祈りの中心であったことでしょう。しかし、それ以上にイエスは選ばれるべき特定の人物たちについて、じっくりと詳細に御父と話し合われたことでしょう。事実、イエス御自身が御自分の使徒たちを選び取られたわけではありませんでした。イエスは彼らを与えていただいたのであり、ユダも含めて、彼らのうちのすべての者をイエスは神の御手から受け取られたのです。ヨハネは大祭司の祈りの中で、イエスがそこで繰り返し「あなたがわたしに与えてくださった」（ヨハネによる福音書一七章）十二人について語っておられることを報告しています。

そして今や、私たちはこれらの使徒たち、これらの「十二人」——イエスは常に彼らのことをあっさりとそのように呼ばれます——を一人一人、もう少し詳しく見てみましょう。全体として見れば、マタイ、マルコ、ルカと使徒言行録には、いわゆる四つの「使徒の一覧表」があります。すべての一覧表が共通して、ここで問題となっている決定的に重要な点を含んでいます。すなわち、すべての一覧表が十二人の名前を網羅しています。一つだけ例外がありますが、すべての一覧表が同じ名前を含んでいます。その例外とは、十一番目の弟子のことです。そこでは、四つの表のすべてが異なる名前を提示しています。ルカはそこにヤコブの子のユダという人を置いており、マルコはそこにタダイという人を、マタイはこの場所にレバイオス〔Lebbäus〕[47]を置いています。さらに、すべての表において、「十二人」が三つの四人組に分けられていることは注目すべきことです。そして、それぞれの四人組の先頭には、至るところで同じ使徒が立っています。すなわち、ペトロ、フィリポ、ヤコブです。

さて、私たちはその順序に従って、彼らについて詳細に論じましょう。最初の四人組の先頭に立っている兵です。それから、すべての者の先頭にペトロが立っています。彼は最初にペトロと一緒に洗礼者のもとに来て、その後ペトロと共に召されました。それから、ゼベダイの子ヤコブと、その兄弟で愛弟子のヨハネです。

第二の四人組は、まず最初にフィリポとバルトロマイ（あるいはナタナエル）です。バルトロマイはフィリポを通してイエスのもとに連れて来られました。それから、徴税人のマタイ（レビ）と疑い深い人トマスです。

第三の四人組。イスカリオテのユダを除いて、彼らはほとんど登場しません。アルファイの子ヤコブと熱心党のシモン、そして、最後に二人のユダ、ヤコブの子ユダとケリオテ出身の人ユダ、すなわちイスカリオテのユダです。

従って、新約聖書においては、ヤコブという名を持つ三人が区別されなければなりません。すなわち、ゼベダイの子ヤコブ、アルファイの子ヤコブ（二人とも使徒）、さらに後には、主の兄弟ヤコブです。

終わりに、「十二人」についていくつかの注釈が許されるでしょう。イエスは、御自分の使徒たちが順位を巡る争いに夢中になることをお許しにならないのに、イエス御自身は彼らをその天与の才能や恵みの賜物や恵みの使命に従って区別されました。

ペトロは最初のグループのみならず、総じて群れ全体の先頭に立つ兵です。後にパウロが十二人の締め括りとなるように、ペトロは口火を切ります。ペトロは第一に責任を負う者であり、岩となる使徒です。ヨハネは主の愛弟子と呼ばれます。一方アンデレは、最初の四人組から、三人、すなわちペトロ、ヤコブ、ヨハネがしばしば際立たせられます。私たちにはその理由は分かりませんが、どちらかというと背後に退いています。しかし、このような順序内において、彼らは皆、使徒なのです。彼らの恵みの賜物に従って、ある者が第一声部を歌い、他の者が第二声部を歌います。誰も他の者と比べてより高い価値があるのではなく、より低い価値しかないのでもありません。二番目であることに同意する者は、その場合には、一番目の者は二番目の者なしには存在することはできないことに一番目の者が気づくということを聞き知ることができます。

持って生まれた才能に関しても、使徒たちの間には非常に大きな違いがあります。ペトロは意志に従って行動する人であり、活動的で突飛な人です。ヤコブとヨハネは「雷の子ら」です。その理由は、彼らがいずれ、サマリア人の町を報復の火で滅ぼすことを願うために、強く叱られなければならないからです。マタイとトマスは彼らの違いにもかかわらず、あるいはまさに彼らの違いのゆえに、一緒に名前を挙げられています。マタイは彼の召命の際、即座に決断したことを態度で示します。トマスは生真面目な人です。ある人は熱心党の異名を持っています。熱心党の人々は政治的な熱狂者たちで、武力でローマを追い払おうとします。最後にユダがいます。彼は冷静な打算家として知られています。そのように、この群れがまったく行儀よくなく、穏やかでもないこと、彼らの性格は多くの点でまだ青く未熟であり、彼らは未完成であり、これらの男たちは道の途上にあり、彼らには統一された規準がまったくないことは注意を引きます。

御父は御子にとって「十二人」との関係を楽なものにされませんでした。むしろ、まったく人間的に言っても、考えられる限り非常に難しいものにされました。「十二人」の構成の狙いは完全に次の点、すなわち、イエスが御自分の使徒たちとの関係においても、罪人たちの救い主であられるという点に定められています。イエスが担わなければならない最初の十字架はこの十二人なのです。

32　幸い章句と災いを告げる叫び　6章17―26節

17イエスは彼らと一緒に山から下りて、平らな所にお立ちになった。大勢の弟子とおびただ
しい民衆が、ユダヤ全土とエルサレムから、また、ティルスやシドンの海岸地方から、18イ
エスの教えを聞くため、また病気をいやしていただくために来ていた。汚れた霊に悩まされ
ていた人々もいやしていただいた。19群衆は皆、何とかしてイエスに触れようとした。イエ
スから力が出て、すべての人の病気をいやしていたからである。
20さて、イエスは目を上げ弟子たちを見て言われた。
「貧しい人々は、幸いである、

神の国はあなたがたのものである。
21今飢えている人々は、幸いである、
あなたがたは満たされる。
今泣いている人々は、幸いである、
あなたがたは笑うようになる。
22人々に憎まれるとき、また、人の子のために追い出され、ののしられ、汚名を着せられる
とき、あなたがたは幸いである。23その日には、喜び踊りなさい。天には大きな報いがある。
この人々の先祖も、預言者たちに同じことをしたのである。
24しかし、富んでいるあなたがたは、不幸である、
あなたがたはもう慰めを受けている。
25今満腹している人々、あなたがたは、不幸である、
あなたがたは飢えるようになる。
今笑っている人々は、不幸である、
あなたがたは悲しみ泣くようになる。
26すべての人にほめられるとき、あなたがたは不幸である。この人々の先祖も、偽預言者た
ちに同じことをしたのである。」

「イエスは彼らと一緒に山から下りて、平らな所にお立ちになった」（一七節）。「十二人」の選びに引き続き、ルカは比較的大きな講話を続けさせます。ひょっとすると、それは講話と言うよりも、む

しろ教育課程や講習会と言った方が事柄に即しているかもしれません。そこにおいて、キリストは御自分の御国の特徴をそれらの御言葉によって際立たせられます。このような教育指導は山地の人里離れた所でなされたとマタイは言います。それゆえに、人はマタイでは、「山上の説教」について語るのです。それに対して、ルカはこの出来事を下山と平地に移します。その結果、人はここではどちらかと言うと、「平地の説教」を考える傾向があります。聴衆が誰であるのかということがマタイとルカにおいて必ずしも明らかにならないということが両者に共通しています。両者において、イエスはまず第一に、まさに最も狭い弟子たちのグループ、すなわち十二人の方を向いておられるように思われますが、他方でマタイは同時に群衆について語り、ルカはそれどころか、さらに大きな聴衆として、「大勢の弟子」と「おびただしい民衆」について語っています。人は彼らを傍観者として考えなければならないか、さもなければ、もっとありそうなのは、時間的に相前後して、最初に隔離された状況において対話がなされ、それに続いて大勢の人々の前で講話が語られたということです。いずれにせよ、私たちはここで、イエスに対する異議が激しく唱えられるのみならず、良い評判も日々刻々とさらに広まって行くことに気づきます。自分と家族の癒しをイエスから期待する人々が群がってやって来ます。彼らはガリラヤやユダヤからだけでなく、外国からもやって来ます。「おびただしい民衆が、ユダヤ全土とエルサレムから、また、ティルスやシドンの海岸地方から」（一七節〔による〕）やって来ます。

群衆は広い範囲で、生きる気力を失った重苦しい状態から呼び覚まされていることに気づきます。それは文字通り、彼らがイエスから感じとる好機到来です。人はイエスを、さまざまな苦しみにおける救助者、とりわけ病の治癒者と見なします。「群衆は皆、何とかしてイエスに触れようとした。イエスから力が出て、すべての人の病気をいやしていたからである」（一八節、一九節）。そして実際に、イエスがまさしくあらゆる苦しみにおける救助者であられるというこのような庶民の期待は間違っていません。聖書全巻が人間を全体として、体と魂として見ているように、イエスは人間全体の救い主であられます。しかし、体の苦しみは私たち人間においては急を要するものとして振る舞います。なぜなら、それはとりわけ強制的に、避けがたく私たちを苦境に立たせるからです。それゆえに、人々がイエスを、この方のすべての先駆者たちよりも多くのことを行う能力を持ち、何でもこなせる医者のごとき方と見なすのはまったく当然のことです。従って、現在抱えている肉体的な欠陥を取り除いてくれるだけで、イエスは人々にとってまさに十分であったということをイエスは繰り返し経験されました。人々はそれ以上のことをイエスから期待しませんでした。

しかし、まさにこのように必要最低限のものしか求めないことを、イエスは反論もせずに受け入れることを許されず、そうすることはできず、そうすることを望まれませんでした。あたかもイエスが専らそのためだけに来られたかのように、民衆の自己欺瞞に屈することをイエスは望まれませんでした。イエスは人間と世の救い主として来られました。イエスはこの世の悪の根を断ち切るために来られたのであり、罪人の救い主として来られたのです。この方は御自分に最も固有なこの関心事において理解されず、未知の、つまずきを与える十字架において死なれることになります。それゆえに、イエスと彼らを待ち受けている困難について誰も疑うことのないように、イエスは今や、「おびただしい民衆」と「大勢の弟子」を、来たるべき対決に向けて備えさせようと固く心に決めておられるのです。

いかなる人も何も知らずにいることがないように、イエスは御自分の教育指導に先立って、一連の幸い章句と災いを告げる叫びを述べられます。それらは使徒たちや弟子たちや信仰者たちに対して、間違った現世肯定的な態度や救いの時へのあまりに安易な期待を持たないように警告します。ただ単にこの世での利益の保証をキリスト教信仰の中に見出そうとする者は失望することになるでしょう。実情はそれとは正反対です。この信仰を選び取る決断をする人は十字架と苦難を覚悟しなければなりません。

イエスが御自分を信じる人々に与えることを約束されるのは次の四種類のものです。一つは**貧しさ**です。彼らには、富を手に入れる機会はないでしょう。彼らはいつまでも貧しいままであり続けるでしょう。決して彼らが怠惰であるからとか、無能であるからではありません。そうではありません。しかし、彼らの努力とかかわりなく、また彼らの能力とかかわりなく、この世の職業は彼らの強みにはならないでしょう。永遠なるもののすぐそばにある彼らの人生には、まったく当然のことながら、貧しさがキリスト者の変わらざる同伴者であるということが必然的に伴うでしょう。富んでいる人々が彼らの仲間内にまったく存在しないというわけではありません。しかし、そのような人々は、規則を証明する例外として存在するでしょう（コリントの信徒への手紙一 一章二六―三一節）。貧しさは根本において驚くべきことであり、つまずきを与えます。というのは、神は富んでおられるからであり、聖書においては、終わりの時はあふれるばかりの祝福の時として描かれており、旧約聖書の信仰者たちは生存の淵に立たされながらも、その都度その子らや僕（しもべ）らをこの地上の富によって祝福することは偉大なる神にとって取るに足らないことだということを経験することを許されたからです。神は特に好んで御自分の民をぶどう畑と呼び、神はその御国を嗣業と呼ばれます。ところが、キリストを信じる人はここで貧しさを選び取るように招かれているのです。そのように、貧しさという形で、今もなお永遠の嗣業が彼らのもとにあり、彼らには、それが期待されるべきなのです。「貧しい人々は、幸いである、神の国はあなたがたのものである」（二〇節）。

反対に、この十字架を担おうとしない人、今すでに、人よりも多く持つことを望む人、自分の人生の強調点と重点と中心点をこの世の富に置くことを優先する人に対しては、ここでは災いが宣告されています。「しかし、富んでいるあなたがたは、不幸である！　あなたがたはもう慰めを受けている」（二四節〔による〕）。原文には、ここに「受け取りの署名をした」という表現が書いてあります。すなわち、あなたがたはあなたがたの相続分をすでに前もって受け取っており、すでに受領し、あなたがたには領収書が出されており、もはやこれ以上何も期待してはならないのです。御国を獲得するか、それとも御国を喪失するか、それが私たちの差し迫った関心事であり、私たちの中心的な関心事なのです。「富んでいるあなたがたは、不幸である、貧しい人々は、幸いである、なぜなら、神の国はあなたがたのものだからである。」

飢え。イエスは乏しさと貧しさだけではなく、欠乏と飢えを御自分の者たちに与えると約束されます。諸国民に下される裁きにおいて、キリスト者たちは彼らのキリスト教信仰のゆえに、特別な分け前を受けることを期待してはなりません。しかし、キリスト者が共に飢えを経験するのは一般的な飢えの苦しみにおいてだけではありません。飢えるという十字架は、信仰を告白する者が物の有り余る時代の只中で、その信仰のゆえに自分の割当分を減らされるという形を取ることもあります。そのようにダビデは飢えを経験し、そのようにパウロは信仰を告白するがゆえに受けるさまざまな苦しみの中で、飢えも迫害の一種と見なしています（ローマの信徒への手紙八章）。そして、キリストは、御自分が飢えを取り去るとは約束しておられません。むしろ、「今飢えている人々は、幸いである、あなたがたは満たされる」(二一節)と約束しておられます。それゆえに、イエスはただ十分なものを約束されるのみならず、今、御自分の御国のために飢えている人々が満たされることを約束しておられるのです。しかし反対に、「今満腹している人々、あなたがたは、不幸である、あなたがたは飢えるようになる」(二五節)と続きます。そのように語られることによって、イエスは御自分の者たちに、あたかも神がおられないかのように、彼らが飢えを、すなわちすべての暴君の中でも最も恐るべきこの暴君を恐れてはならないと命じておられるのです。イエスは神の約束を伴う飢えを知っておられます。そして、神の裁きのもとに置かれている満腹があるのです。要するに――私たちはこの世での生活の問題に、全体的かつ究極的な重要性を認めないように注意しましょう。神はもっと偉大な方なのです。

涙。内臓だけではなく、心も巻き添えにされることがあります。涙は明らかに今この世の時間におけるキリスト者の立場にはつきものです。私たちはアドヴェントの断食について先に述べられたことに注意を喚起します。詩編一二六編は「涙と共に種を蒔く」ことについて知っています。パウロは「泣く者と共に泣く」ことについて知っています。しかし、「今泣いている人々は、幸いである、あなたがたは笑うようになる」(二一節)のです。神の国には笑いがあるということ、十字架のもとでの笑いがあるということ、それはとりわけすばらしい秘義です。ペトロはこの世での苦悩について語っています。「あなたがたは今しばらくの間、いろいろな試練の中で悲しまなければならないかもしれません」(ペトロの手紙一 一章六節による)。しかし、喜びは永遠に続きます。反対に「今笑っている人々は、不幸である! あなたがたは悲しみ泣くようになる」(二五節)。最後に次のように言われています。「もはや死はなく、もはや悲しみも嘆きも労苦もない」、「神は彼らの目の涙をことごとくぬぐい取ってくださる」〔ヨハネの黙示録二一章四節による〕。その時には、涙と共に種を蒔く人々は喜びと共に刈り入れるということが実現するでしょう。その時に、このような喜びにあずかる人々は幸いです。「最後に笑う人は……」[48]。

迫害。彼らは隔離されることになります。それによって、教会の追放が念頭に置かれています。人々はユダヤ教の会堂の中でそのようなことを行いました。そして、それはイエスに対して遂行され、後には全教会に対して遂行されました。使徒言行録と共に始まり、今日に至るまで途絶えることなく、いつも新しい形で繰り返される迫害の時代を私たちは思い浮かべます。しかし、キリストの者たちはそれを喜ぶべきなのです。というのは、彼らはそれによって、言わば「良い交わり」の中に入れられるからです。「人々に憎まれるとき、また、人の子のために追い出され、ののしられ、汚名を着せられるとき、あなたがたは幸いである。その日には、喜び踊りなさい。天には大きな報いがある。この人々の先祖も、預言者たちに同じことをしたのである」（二二節、二三節）。反対に今、賞賛ばかり受けている人、今、敵を持たず、すべての人々に対してそのように振る舞うことができる人を、主は偽預言者の仲間と見なされます。「すべての人にほめられるとき、あなたがたは不幸である！　この人々の先祖も、偽預言者たちに同じことをしたのである」（二六節〔による〕）。

これらの四つの幸い章句、ないしは災いを告げる叫びと共に、イエスは御自分の教会に最大限の自由を与えてくださり、貧しさ、飢え、涙、迫害に左右されない自由を与えてくださいます。このような自由は決して功績ではなく、ただ賜物としてのみ考えることができます。聖霊は、神の国を求める激しい衝動が貧しさや飢えや涙や迫害に対する不安よりも強くなるほどに、それを生じさせることがおできになります。永遠なるものの力は、それが人生を形づくり、特徴づけるほどに圧倒的な力となりうるのです。

しかし、注意してください！　兄弟であれ、世の人であれ、他の人が飢え、涙を流すところでは、キリストは、御自分の教会が全力を尽くし、飢えと貧しさと涙を阻止することを期待しておられるのです！

33　敵を愛する愛　6章27―36節

27「しかし、わたしの言葉を聞いているあなたがたに言っておく。敵を愛し、あなたがたを
憎む者に親切にしなさい。28悪口を言う者に祝福を祈り、あなたがたを侮辱する者のために
祈りなさい。29あなたの頬を打つ者には、もう一方の頬をも向けなさい。上着を奪い取る者
には、下着をも拒んではならない。30求める者には、だれにでも与えなさい。あなたの持ち
物を奪う者から取り返そうとしてはならない。31人にしてもらいたいと思うことを、人にも
しなさい。32自分を愛してくれる人を愛したところで、あなたがたにどんな恵みがあろうか。
罪人でも、愛してくれる人を愛している。33また、自分によくしてくれる人に善いことをし
たところで、どんな恵みがあろうか。罪人でも同じことをしている。34返してもらうことを
当てにして貸したところで、どんな恵みがあろうか。罪人さえ、同じものを返してもらおう
として、罪人に貸すのである。35しかし、あなたがたは敵を愛しなさい。人に善いことをし、
何も当てにしないで貸しなさい。そうすれば、たくさんの報いがあり、いと高き方の子とな

る。いと高き方は、恩を知らない者にも悪人にも、情け深いからである。36あなたがたの父
が憐れみ深いように、あなたがたも憐れみ深い者となりなさい。」

「しかし、聞いているあなたがたに私は言っておく」（二七節）。平地の説教（マタイにおいては山上の説教）の正しい理解にとって決定的に重要なのは次のことです。すなわち、ここで語っておられる方がどなたであるかということに私たちが注目するということ、それのみならず、私たちは一瞬たりとも、ここで「わたし」と語り、「しかし、わたしはあなたがたに言っておく」と語られる方から目を逸らさないことです。語っておられる方が孔子ではなく、イマヌエル・カントでもなく、マハトマ・ガンディーでもなく、ナザレのイエスであられるということ、このことがここでまず初めに、また絶えず考慮に入れられなければなりません。「彼は永遠にヤコブの家を治め、その王国は終わることがない。」（ルカによる福音書一章三三節〔による〕）。年老いたエリサベトはこの方について、すでにそのように預言しました。そして、その後にこの方がお生まれになり、「民全体に与えられる大きな喜び」（二章一〇節）として、天使によって前もって知らされました。その後この王を迎え、また近づいてきた御国に受け入れられる準備をするために、洗礼者が声を上げました。そして今や、この方が、この方御自身が到来されたのです。そして、この方の王国が宣言されました。「この聖書の言葉は、今日、あなたがたが耳にしたとき、実現した」（四章二一節）。今や廃棄するためではなく、実現するために来られた方（マタイによる福音書五章一七節）がここで語っておられるのです。すでに始まったこの方の支配が、確かにこの世に由来する王国としてではありませんが、しかしこの世のための王国として、すでにたびたび力を発揮しているのを今や私たちは見ました。そして今や、それを聞い

ているすべての人々を王の子らとし、この方の王国の市民とする王の言葉が発せられます。「しかし、聞いているあなたがたに私は言っておく。」

「あなたがたの敵を愛しなさい」(二七節〔による〕)。ルカがキリストの王としての支配に関して際立たせる本来の本質的特徴は愛です。しかし、それは単に一般的な愛ではなく、特別な愛、敵を愛する愛です。それは、人がまったくそれを予想しないところでの愛であり、ごくわずかな抵抗ではなく、断固とした抵抗があなたがたに立ち向かうところでの愛です。武器としての愛。イエスはそのように語られることで、御自分の御国の市民に、その人がこの御国に受け入れられて以来、また御国に受け入れられたと同時に置かれている状況を思い起こさせられます。この王の支配のもとに置かれている御国の市民は今ここで危険と苦境と誘惑にさらされつつ生きています。その人は敵国に生きているのです。しかも、ただ単にはっきりとした戦争状態にある間だけではなく、ごく普通にずっと敵国に生きているので、キリスト者の愛は厳密に言うと、その性質において、まさに敵を愛する愛以外の何ものでもありません。これこそ、なぜルカがイエスの一連の教えにおいて、まさにこの言葉を冒頭に置き、はっきりと強調しているのかということの理由でしょう。「あなたがたの敵を愛し、あなたがたを憎む者に親切にしなさい。あなたがたを呪う者を祝福し、あなたがたを侮辱する者のために祈りなさい」(二七節、二八節〔による〕)。

敵、憎しみ、呪い、侮辱。あたかも堤防の決壊が起こったかのように、あたかも陰府の門がこじ開けられたかのように、暗黒の奔流がここで私たちに向って押し寄せてきます。悪意の力と激しさ、それに対して人間やキリストの御国の市民もすっかり絶望せざるを得ないでしょう。しかし、この優勢な敵軍に対して抵抗し、防御を固めるように、イエスは御自分の者たちに呼びかけられます。この企てが失敗することなく、持ちこたえる見込みがあることをイエスはご存じであるがゆえに、イエスはそうなさるのです。敵、憎しみ、呪い、侮辱は確かに過小評価されるべきではない巨大な力です。しかし、イエスはそれらに対して、「愛しなさい！　親切にしなさい！　祝福しなさい！　彼らのために祈りなさい！」と四回繰り返して呼びかけられます。この要求は、非常に喜ばせる知らせを含んでいます。すなわち、愛はあらゆる敵意よりも強く、親切にすることは傷つけることよりも力があり、祝福は呪いを覆い、執り成しの祈りは侮辱に打ち勝つということです。しかし、それはまさに、私たちがキリストに目を向ける限りにおいてのことです。私たちが自分自身に目を向けるや否や、私たちは悪魔やこの世や肉の力のゆえに絶望せざるを得ないでしょう。というのは、私たちは実際に陰府よりも強いものではないからです。キリストは陰府よりも強いお方です。キリストの御国はこの世の国々に優っており、それどころか私たちがすでに見たように、悪魔のあらゆる力や栄華よりも強いお方です。キリストが主、キュリオスであられるがゆえに、「あなたがたの敵を愛しなさい――」と言われるのです。この四回繰り返される呼びかけは、キリストの御国のすべての市民にとって、すでに判定が下されており、すでに勝利が獲得されている戦いに加わるようにとの励ましの言葉なのです。この事実と反対に見えるいかなる外見をも物ともせず、粘り強く倦むことなく、この事実から離れないことが大切であるがゆえに、それは信仰の戦いなのです。

戦争状態の只中で、信仰に基づいた平和攻勢をかけるようにとのこのような呼びかけの後に、今や同様に四つの御言葉が立て続けに語られます。それは私たちに、どちらかというと受身の形での愛、忍耐としての愛を示し、勧めます。「あなたの頬を打つ者には、もう一方の頬をも向けなさい。あなたから上着を奪い取る者には、下着をも拒んではならない。あなたに求める者には、だれにでも与えなさい。あなたの持ち物を奪う者から取り返そうとしてはならない」（二九節、三〇節〔による〕）。諸国民の生活と個人の生活には、自然の法則性と同様に厳しい、ある恐ろしい法則が存在します。この冷酷な法則は次の点にあります。すなわち、悪は悪を呼び、圧力は反対圧力を生み、一撃には一撃が続いて生じ、暴力行為は復讐を呼び、復讐は報復を呼ぶという点にあります。ところが今や、キリストが来られ、この悪循環に御手を差し込まれ、それのみならず、その中に立たれ、大いなる権能によって、「やめなさい」と叫ばれるのです。「やめなさい、悪が悪を呼んではならない。圧力は反対圧力を生んではならない。一撃には一撃が続いて生じてはならない。暴力行為は新しい暴力の理由を与えてはならない」と。

キリストは報復の連鎖を打ち砕かれます。それは完全に方向転換するということ、それどころか世の成り行きの革命を意味します。ここでは、あたかも古い世が停止しており、あたかも川の水が上流に向って逆流しているかのようです。憎しみは食い止められることができ、それどころか克服され、取り除かれることができます。ただひたすら耐え続ける者がそこにいることによって、打ち叩く者は打ち叩くことにうんざりしてしまいます。そして、鉄床よりもハンマーの方が早く壊れてしまうように、じっと耐え忍ぶ人の背中よりも、打ち叩く者の拳の方が早く疲れてしまうのです。この事実はキリストの御国の歴史において象徴的に、数え切れないほど明らかになりました。ローマは、十字架のもとにある教会に対する戦いのゆえに崩壊しました。つまり、ここでは次のことが問題となっています――十字架はこの世のあらゆる精神的な力や肉体的な力よりも強いということです。

しかし、この二つの御言葉、愛についての攻撃的な御言葉と防御的な御言葉は、第三の御言葉に統合されました。人はそれを「隣人愛の黄金律」と呼びます。それは次のような内容です。「あなたがたが人にしてもらいたいと思うことを、あなたがたも同じように人にしなさい」（三一節〔による〕）。キリストは御自分の敵を放っておき、彼らに何の危害も加えないことで満足されません。それどころか、キリストは敵を喜ばせることで、敵に打ち勝たれるのです。犬と猫は互に噛み、ひっかき合わないとき、すでに犬としての生、また猫としての生を満たしています。世間一般の人々がイエスの御言葉を変えてしまい、「あなたが人からされたく**ない**ことは、他の人にもしないように」と言うとき、世間一般の人々もそれで満足しているように思われます。しかし、イエスはこの言葉を完全な形で、積極的に次のように言い表されています。「あなたがたが人から**して**もらいたいと思うことはすべて、あなたがたも同じように人に**しなさい**」と。

最後にキリストの体の肢としてではなく、いわば自分の責任において愛する人が「愛」と呼ぶのを常とするものとのある種の対決がなされます。「自分を愛してくれる人を愛したところで、あなたがたにどんな恵みがあろうか。罪人でも、愛してくれる人を愛している。また、自分によくしてくれる人に善いことをしたところで、どんな恵みがあろうか。罪人でも同じことをしている」（三二―三三節）。この世には、愛と呼ばれるものが多く存在するとイエスは断言されます。気に入られたくない人などまったくいません。しかし、イエスは、そこでは結局、意識的あるいは無意識的な利己心が問題となっているということ、互恵主義の愛、洗練された商売根性、交換取引としての愛が問題となっているということを指摘されます。しかし、御国の市民に対して、敵を愛する愛の機会をお与えになるこの方は、人が単に愛のお返しを期待することが許されないだけでなく、憎しみのお返しを覚悟しなければならないがゆえに、イエスは相互性のない愛をも彼らにお与えになります。すなわち、与えても受けず、種を蒔いても収穫せず、貸しても返すように要求しない愛、打算的でない愛、理屈抜きで愛し、自分自身を捧げる愛です。「愛は自分の利益を求めない」(コリントの信徒への手紙一 一三章五節)。

「そのようなものが存在するでしょうか」と人が問うのは当然のことです。人間が相互性を断念して生きることなどできないことをイエスはご存じです。それゆえに、イエスは最終的に御国の市民に対して報酬を与えることを約束されます。イエスはそれを謎めいた言葉で「大きな報い」と言われます。「むしろ、あなたがたはあなたがたの敵を愛しなさい。人に善いことをし、何も当てにしないで貸しなさい。そうすれば、あなたがたの報いは大きいであろう。」それのみならず、イエスは同時に、この明らかに特別な報いの大きさがどこにあるのかということを語られます。「そうすれば、あなたがたはいと高き方の子となる。」人は現世の価値や貨幣によって支払われるのではなく、ただ一つのことにおいて、すなわち「いと高き神の子」となることで満足できるゆえに、それは神の報いと引き換えの愛であり、この大いなる報いと引き換えの愛なのです。

最後に、このまったく異なる愛の泉が明らかにされます。私たちは今、川に沿って歩いてきたかのようでした。私たちは水の清さと豊かさに驚き、岸辺に生い茂る花や木の実の美しさ、良さ、完璧さに驚きました。そして今や、私たちはその泉にまで突き進みました。そして、それは、パウロが語るあの愛の泉です。「愛は自分の利益を求めず、計算高くなく、恨みを抱かない。愛はすべてを信じ、すべてを望み、すべてに耐える」(コリントの信徒への手紙一 一三章五―七節による)。それどころか、最終的には敵を愛する愛である愛の泉は、年老いたザカリアが「憐れみの心」について預言した当時(ルカによる福音書一章七八節)、すでにそのことに言及していました。私たちは神の慈しみの秘義の前に立っています。「いと高き方は、恩を知らない者にも悪人にも、情け深いからである。それゆえに、あなたがたの父が慈しみ深いように、あなたがたも慈しみ深い者となりなさい」(三五節、三六節(による〕〕。疑いもなく、私たちはここで十字架の足もとにいます。そこに、すなわち私たちの心にではなく、神の心の中にすべての愛の泉があります。ローマの信徒への手紙五章一〇節には次のように書いてあります。「私たちがまだ敵であったとき、私たちは御子の死によって神と和解させていただいたのです。」神がキリストにおいて、敵を愛する愛を私たちに示してくださるという聖なる事実が、敵を愛するすべての愛の泉なのです。

34　裁く心に逆らって　6章37—38節

37「人を裁くな。そうすれば、あなたがたも裁かれることがない。人を罪人だと決めるな。
そうすれば、あなたがたも罪人だと決められることがない。赦しなさい。そうすれば、あな
たがたも赦される。38与えなさい。そうすれば、あなたがたにも与えられる。押し入れ、揺
すり入れ、あふれるほどに量りをよくして、ふところに入れてもらえる。あなたがたは自分
の量る秤で量り返されるからである。」

「人を裁くな。そうすれば、あなたがたも裁かれることがない。人を罪に定めるな。そうすれば、あなたがたも罪に定められない。赦しなさい。そうすれば、あなたがたも赦される。与えなさい。そうすれば、あなたがたにも与えられる」〔三七節、〔三八節による〕〕。裁くことに関するこの御言葉においても、依然として主題である愛が問題となっています。しかし今やよく注意してください。ここ

で問題となっているのは正しい愛です。偽りの愛も存在します。正しいことが犠牲にされた状態における愛、義が失われた状態における愛も存在します。使徒パウロが罪人に対するキリストの愛について語るところでは、その都度どれほど細心の注意を払って、「正義」、「義とされた」、「信仰による義認」という表現を用いているかを思い起こしてください。キリストは同時に義を行い、義を実現されるというやり方で、またそうすることで、この世と罪人を愛されることをパウロは知っています。キリストは罪を償い、死なれるがゆえに、この方は愛すべき方なのです。それゆえに、キリストの愛は真実の愛、十字架における愛なのです。ここに、同時に正義である愛があり、ここに、同時に愛である正義があります。しかし、それは事実上、ただキリストのみが、ただ十字架に架かられた方のみが、「人を裁くな」とお命じになる資格と権限を持っておられるということを意味します。

例えば、キリストは正義や義を放棄するおつもりで、そのようなことを語られるのでは決してありません。キリストは善悪を区別し、白を白と言い、黒を黒と言うことを決してやめられないでしょう。キリストはここで、御自分の御国の倫理的基礎を弱体化し、それどころかそれを放棄することに力を尽くしておられるのでは断じてありません。なにしろ、刑事裁判官が悪を阻止し、善を促進することをやめなければならないということ、あるいは神でさえ、「心の思いや考えを見分けることができる裁き主」〔ヘブライ人への手紙四章一二節による〕であられることを放棄しなければならないということは、それこそ馬鹿げた結論なのですから。キリスト者の教会も絶対に、その仲間内において規律を正し、過ちを犯した会員に勧告し、訓戒すべきです。まさにその後に続く「人を罪に定めるな、赦しなさい、与えなさい」という他の三つの御言葉との関連は、イエスが「人を裁くな」という戒めによって語ろうとされたこと、また語ろうとされなかったことをこの上なく明確に示しています。たとえ、あなたがたが評価しなければならないとしても有罪の判決を下してはならない、与えられ、赦された者として、赦し、与えなさい。そして、もしあなたがたが区別し、評価し、判断し、判決を下さなければならない場合には、愛を注ぐ憐れみによって自分自身が生かされていること、また、自分自身が座している枝を切り落とすべきではないことを知っている者としてへりくだって、それはなされなければなりません。

多額の借金をした人と少額の借金をした人についてのたとえがここで光を投げかけます（マタイによる福音書一八章二一―三五節）。受けた慈愛に基づいて自ら憐れみを示さない者は、再び憐れみから締め出され、確実に死に至らせる正義のもとに再び身を置くことになり、永遠の裁きを自分に招くことになります。しかし反対に、受けた憐れみに基づいて憐れみを示す人は、憐れみに富む者となり、愛と慈しみに富む者となります。「その人の内から生きた水が川となって流れ出るようになる」（ヨハネによる福音書七章三八節）。あふれる祝福がその人から生じます。「**与えなさい。そうすれば、あなたがたにも与えられる。人々は升に詰め込み、揺すり、溢れるほどよく量って、懐に入れてくれる**」（三八節〔による〕）。

しかし、確かにイエスは終わりの日の最後の審判を考慮に入れて、「人を裁くな」という戒めを語っておられます。誰に対してもあなたがたの判決を終わりにしなさい。あたかもあなたがたが最後を予見し、世界の裁き主であるかのように判決を下してはなりません。ただ神のみが心を御覧になり、将来を知っておられ、隣人に関する最後の決定権を握っておられるのです。後の者が先になり、先の者が後になるということを考慮に入れずに他の人々を判断する人は、人間の自由を越えた領域に勝手に介入し、侵害することになります。「先走って何も裁いてはいけません」（コリントの信徒への手紙一四章五節）。「あなたがたは自分の量る秤で量り返されるからである」（三八節）という御言葉は確かに最後の審判を指し示しています。

しかし、「高い所からのあけぼのの光」（ルカによる福音書一章七八節による）として現れ、イエス・キリストにおいて今や大いなる太陽のように昇った「憐れみの心」（ルカによる福音書一章七八節）に対しても、今や神の国の突然の出現と共に始まった大いなる憐れみの出来事に対しても、人は鈍く、鈍感であり続けるということがありえます。その結果、人はそもそもまったくそれに気づかず、それを受け入れません。人は自ら憐れみを必要とせず、それゆえにまた憐れみを示そうとしないということがありえます。人は「正しきを行い、何人も恐れず」にいられますし、人は憐れみに頼らずにやっていこうとすることができます。その場合には、それは、ゴットフリート・ケラーが「三人の律儀な櫛職人」という彼の短編小説の中でとても的確に叙述しているあの「無情冷酷な律義さ」[49]です。「私たちは一生の間、一度も街灯をたたき割ったことはない」と彼らは自慢することができます。しかし、彼らはまた一度も街灯に火を灯したことはありませんでした。彼らは正しいだけで、自分たちと同様に正しくないすべての人々に対する判断において鋼鉄のように固いのです。彼らの世界はかび臭く、彼らの考えは狭く、彼らの振る舞いはこせこせしています。そこでは、「詰め込まれ、揺すり入れられた溢れるほどの升」については何も感じられません。裁く心はこのような質の悪い心の委縮を結果として招くということ、それこそが独善的な裁く心の恐るべき点なのです。それゆえに、あなたがたは大いなる慈愛の子らであり続けなさい。「人を裁くな」！

35　盲人を導く盲目の案内人　6章39—42節

39イエスはまた、たとえを話された。「盲人が盲人の道案内をすることができようか。二
人とも穴に落ち込みはしないか。40弟子は師にまさるものではない。しかし、だれでも、十
分に修行を積めば、その師のようになれる。41あなたは、兄弟の目にあるおが屑は見えるの
に、なぜ自分の目の中の丸太に気づかないのか。42自分の目にある丸太を見ないで、兄弟に
向かって、『さあ、あなたの目にあるおが屑を取らせてください』と、どうして言えるだろう
か。偽善者よ、まず自分の目から丸太を取り除け。そうすれば、はっきり見えるようになっ
て、兄弟の目にあるおが屑を取り除くことができる。」

案内人を気取る盲人のたとえ――そのたとえにおいては、そのような案内人に頼る人々は最終的にその案内人と共に穴に転げ落ちます――は当時一般によく使われていた典型的な言い回しであり、従ってこれは主によって考え出されたものではありません。しかし今や、イエスは一般に広まった格言を取り上げられ、それを特定の同時代の人々に狙いを定めて適用されます。しかも、とても驚いたことに、それどころか驚愕したことに、それは――ファリサイ派の人々であるにせよ、祭司たちであるにせよ、あるいは、ほかの何らかの仕方で聖書学者たちであるにせよ――敬虔な人々なのです。このことは、場合によってはあちこちで、その時々の聴き手の内にひそかに他人の不幸を喜ぶ気持ちを生じさせるかもしれません。神の秘義の管理人として、これらの人々は無知な民衆のもとでは、専門家、

権威者、神から使命を授かったイスラエルの指導者と見なされています。ところが今や、目がありながら見えない人々がおり、人は聖書を手にしながらも、目の見えない案内人でありうるという主旨のことを、イエスは一度ならず述べておられます。例えば、一度でもマタイによる福音書二三章を読んで調べてみてください。イエスはそこでイスラエルの宗教的指導者層の人々に対して次のように言っておられます。「ものの見えない案内人、あなたがたに災いあれ！」〔マタイによる福音書二三章一六節〕、「愚かで、ものの見えない者たち、あなたがたに災いあれ。あなたがたは、ぶよは漉して除くが、らくだは呑み込んでいる……」〔マタイによる福音書二三章二四節による〕。

イエスは彼らのことを盲人と呼ばれます。しかし、彼らの洞察力にもかかわらず、聖書に関する彼らの相当な知識にもかかわらず、これらの聖職者たちが悟らないこととはいったい何なのでしょうか。なぜイエスは彼らを愚か者また盲人と呼ばれるのでしょうか。彼らが見ていないものとは何なのでしょうか。それはまさに、反対にキリストの弟子たちが見ているもの、あの日、洗礼者が「見よ、世の罪を取り除く神の小羊だ」〔ヨハネによる福音書一章二九節〕と突然叫び声を挙げたときに言おうとしたものです。イエスが洗礼者の二人の弟子たちに「来なさい。そうすれば分かる」〔ヨハネによる福音書一章三九節〕と言われたとき、またアンデレがその兄弟シモンを呼び寄せ、彼に「わたしたちはメシアに出会った」〔ヨハネによる福音書一章四一節〕と伝えたときに言おうとしたものです。キリストを知るという奇跡を経験したこのような人々に向かって、イエスは後に一度、次のように大声で呼びかけられます。「あなたがたの目は見ているから幸いだ。はっきり言っておく。多くの預言者や正しい人たちは、あなたがたが見ているものを見たかったが、見ることができなかった」〔マタイによる福音書一三章一六―一七節による〕と。あの朝、神殿の中庭で「……わたしはこの目であなたの救いを見たからです」（ルカによる福音書二章三〇節）と語ることができる老シメオンは幸いです。「イエスがどんな人か見ようとした」（ルカによる福音書一九章三節）と言われている徴税人の頭であるザアカイは幸いです。人がイエスを見たいと思うとき、すでに神の時は始まっています。「誰がために鐘は鳴り、時を告げる……」[50]、実際は、ファリサイ派の人々や律法学者たちのためにも鐘は鳴り、時を告げたことでしょう。しかし、彼らはこの時を逸してしまいます。一言で言えば、イスラエルの指導者たちには、イエスが見えません。イスラエルの宗教的権威者たちはイエスが見えないのです。目が見えても色盲の人がいるように、この極めて危険な意味で彼らは目が見えないのです。それにもかかわらず、彼らは指導者です。そして、彼らの指導を頼りにしている人々は彼らとしても目が見えません。「弟子は師にまさるものではない」（ルカによる福音書六章四〇節）。そのようにして、無知な民衆はその指導的な立場に立つ人々によってイエスのもとに導かれないだけでなく、イエスを迂回して、イスラエルの救いを通り過ぎてしまいます。そして、イエスを迂回するこの道は穴に、何の希望もない墓に至ります。「イエスはまた、たとえを話された。『盲人が盲人の道案内をすることができようか。二人とも穴に落ち込みはしないか』」（三九節）。

イスラエルの指導者層の人たちのような盲目はいつの時代でも、至るところであらゆる精神的指導者たちの身に起こりえます。そこでは、激しい不安が姿を現します。なにしろ、人はなんとしてでも盲目になりたくないのですから！　人はどうして、またなぜ、心の世界において盲目になるのでしょうか。見えるようになるために、いつまでも見えるようになるために、とりわけ盲目になる原因を調べることが肝要です。悪の根源はどこにあるのでしょうか。目そのものにあるのでしょうか。それとも、どこか他の所にあるのでしょうか。もっと深い所にあるのでしょうか。私たちがこの問いに対する答えをもたらす必要はありません。ルカがそれを与えてくれます。ルカがこのたとえの御言葉をこの章に組み入れる方法と場所、その文脈がここでは指標となります。このたとえの御言葉の直前に「人を裁くな」という御言葉があり、しかしそのすぐ後に――そしてそれは驚くべきことです――おが屑と梁についての有名な御言葉が続きます。「あなたは、兄弟の目にあるおが屑は見えるのに、なぜ自分の目の中の梁に気づかないのか」（四一節〔による〕）。従って、私たちの問いに対するルカの答えはこれ以上望めないほどに明瞭です。それは「自分の目の中の梁」です。それがこのとりわけ危険な種類の盲目を引き起こすのです。たとえを用いずに語るならば、それは悔い改めようとしない態度です。頑なに認めようとしない態度、自分の罪を告白しようとしない傲慢な態度です。判断力の視神経を殺し、人々の目をくらましてイエスを見えなくさせる悔い改めようとしない態度です。そして、悔い改めようとしない態度のすぐそばには、双子の姉妹のように独善がうずくまっています。それゆえに、他の人々に対する同じように厳しい批判にぴったり一致する寛大な自己評価です。このような悔い改めようとしない独善的な裁く心は冷酷であり、隣人との関係においては、非人間的な行為として影響を及ぼします。それゆえに、主がここで覆いを取り去られるのは次のような恐ろしい事実です。すなわち、独善的で、イエスが見えない敬虔な人々以上に非人間的な人間はまずいないという事実です。彼らはなんでもやりかねません。最終的に「この男を十字架にかけろ！」と叫ぶことだってしまいます。「自分の目にある梁を見ないで、兄弟に向かって、『さあ、あなたの目にあるおが屑を取らせてください』と、どうして言えるだろうか。偽善者よ、まず自分の目から梁を取り除け。そうすれば、はっきり見えるようになって、兄弟の目にあるおが屑を取り除くことができる」（四二節〔による〕）。イスラエルの指導者たちが悔い改めようとせず、独善的で、イエスが見えないことは確実になります。

それは聖金曜日の誤審に至らざるを得ません。

しかし今や、私たちは気をつけましょう。ここでは危険が迫っています。より詳しく言えば、幾人かの解釈者たちは、確かにイエスがこの箇所では、盲人を導く盲人の案内人に関するたとえの御言葉を、いつものようにイスラエルの指導者たちに向けて語られるのではなく——非常に注目すべきことに——一度だけ例外的に、御自分の弟子たちに向けて語っておられるということを見逃しませんでした。彼ら、すなわち弟子たちはファリサイ派の人々や律法学者たちのように、自分たちも盲目にならないように、ただひたすら気をつけなければなりません。私たちはこれとの関連で、今やストラスブール大聖堂の南門の、石を彫って作られたあの二人のとても美しい女性の像をありありと思い浮かべます。そのうちの一人はユダヤ教の会堂を象徴し、もう一人はキリスト教会を表します。ユダヤ教の会堂を表す像は目に包帯を巻かれ、頭を垂れて意気消沈しています。ユダヤ教の会堂は盲目です。それに対して、教会を表す像は背中を丸め、誇らしげに頭を上げ、高慢で尊大な微笑を浮かべ、打ちひしがれた彼女の姉妹に視線を向けています。疑いもなくここでは「不可謬の教会」が問題となっています。そして、私たちはすぐに急いで次のことをつけ加えます。すなわち、確かに、この二人の姉妹たちを見る際に忍び寄る入り乱れた感情があります。教会の主は、このようなやり方で教会とユダヤ教の会堂を対比することに対して何と言われるだろうかと人は思わず自問します。確かに、ユダヤ教の会堂が目を塞がれているのはその通りであるとイエスは言われるでしょう。また教会は目の包帯を取り除かれているということも事実です。しかし、愛する教会よ、あなたは頭を非常に高く上げているが注意しなさい。ここで見えていると思う人は盲目にならないように気を付けなさい。そのように

イエスは、なぜ御自分が律法学者たちや大祭司たちに対してのみならず、盲人を導く盲人の案内人に

関するたとえを用いて、今やまさに御自分の弟子たちに対しても、教会に対しても、私たちに対しても、非常に強い調子で警告することを必要と見なされるのかをよくご存じです。

オランダ人のブリューゲル（一五二九―六九年）はこの盲人を導く盲人の案内人に関するたとえを絵に描こうとしました。その感動的な、それどころか心を揺り動かす絵は風景を横切って歩く目の見えない六人の男たちの一団を描いています。彼らは彼らの旅の杖を伸ばし、同時にそれにしっかりしがみつくことで次々と続いて歩いて行きます。そのようにして、彼らは信じて疑うことなく、何も気づかずに、まっすぐに深い溝の方へ歩いて行きます。彼らの中の先頭の者はすでに転落しており、二番目の者はよろけ、他の四人は前のめりになり、次の瞬間次々と倒れることになるでしょう。彼らは明らかに、前を歩く人は目が見えている人だと思っていたのであり、その点でひどい思い違いをしていたのです。

私たちがこの絵に言及するのには、特別な事情があります。詳しく言うと、その一団の近くに見える背景には、高くそびえる教会が立っているのです。この教会は偶然そこに立っているのでしょうか。この芸術家はただ単にオランダの風景を描こうとしたのでしょうか。まさに教会もその風景の一部なのでしょうか。それとも、彼は故意にそれを描き加えたのでしょうか。そして、もしそうであるならば、彼はこの教会によって何を語ろうとしているのでしょうか。それは不可謬の案内人である教会を指し示すものなのでしょうか。そうだとすると、教会に従う人は正しい道に導かれ、教会の傍らを通り過ぎる人は溝に落ちるのでしょうか。それとも、この芸術家はルカにおけるこのたとえを非常に正確に読み取り、その知識も預言も一部分に過ぎず、過ちも犯しうる権威として教会を彼の絵に一緒に取り入れようとしたのでしょうか。私たちは、なぜその絵に教会が立っているのかを知りません。芸術は多義的なものであるのが常です。それが芸術の魅力であり、限界でもあります。人はその絵にさまざまなことを読み込み、またその絵からさまざまことを読み取ることができます。しかし、ルカにおいては、盲人を導く盲人の案内人のたとえが弟子たちに向けて語られたことは明らかです。教会が盲人を導く盲人の案内人ではなく、盲人を導く目の見える案内人であってほしいと、特に御自分の教会にも警告する必要があるとイエスが見なしておられることは疑問の余地がないほど明らかです。そのように神の言葉は「両刃の剣」〔ヘブライ人への手紙四章一二節〕であり、外に向かっても内に向かっても切り裂きます。イエスはイスラエルの民とだけ対立せざるを得ない立場におられるのではありません——敵はいつでも自分の仲間の中にもいます。

36　二種類の果樹について　6章43—46節

43「悪い実を結ぶ良い木はなく、また、良い実を結ぶ悪い木はない。44木は、それぞれ、そ
の結ぶ実によって分かる。茨からいちじくは採れないし、野ばらからぶどうは集められない。
45善い人は良いものを入れた心の倉から良いものを出し、悪い人は悪いものを入れた倉から
悪いものを出す。人の口は、心からあふれ出ることを語るのである。」46「わたしを『主よ、
主よ』と呼びながら、なぜわたしの言うことを行わないのか。」

ここでは、自然界に由来する一つのたとえが主イエスの心に浮かんでいます。「というのは、悪い

実を結ぶ良い木はなく、また、良い実を結ぶ悪い木はないからである」〔四三節〔による〕〕。それゆえに、愛においては（依然として、私たちはここでこの主題に取り組みます）成長と生成の神秘が問題となり、自然の力と比較することができるある作用が問題となります。よく聞いていただきたいのですが、ただ比較することができるというだけのことです！　何と言っても、ここで問題となっている愛は断じて自然現象ではなく、私たちの本性に由来しない霊です。主が神の国における隣人愛の実現について語られるとき――そして、ルカによれば、主はそれをまさに平地の説教の中で語っておられます――主は聖霊の力に目を向けるように指示されます。そして、この方御自身、イエスこそがこの霊とこの力を伝達する方であられるのです。主が信仰者を木にたとえられ、愛の業を不思議にも実にたとえられることは聴き手に確信と喜びを与えます。つい先ほど話題になった報われない愛を命じ、それどころか敵を愛する愛を命じる厳しい戒めはすべての誠実な聴き手を落胆させるに違いないでしょう。しかし今や、イエスは時が来ると実を結ぶ木について語られます。イエスは御自分の者たちに寛大であろうとされます。何と言っても、農夫は誰でも、木に花が咲いてから実を結び、実が熟するまでの成長の経過が始まり、終わりに至るまで忍耐して待ちます。そのうえ、木は簡単に実をつけ、実を結び、実を提供することができるわけではありません。木が実をつける前に、木は手入れされます。果樹には世話係がいます。そして、もしもキリスト御自身でなければ、いったい誰がここで植木職人であるというのでしょうか。「木はそれぞれ、その実で分かる。茨からいちじくは採れず、野ばらからぶどうを摘むこともない」〔四四節〔『聖書協会共同訳』〕〕。

まず初めにイエスは良い実をつける良い木と悪い実をつける悪い木を区別されます。それからイエスは一方ではぶどうの木といちじくの木について語られ、また茨と野ばらについて語られることによってこのたとえを広げます。人間は茨や野ばらであることを欲することはほとんどありません。しかし、人はどのようにしてぶどうの木やいちじくの木になるのでしょうか。ここでは、旧約聖書全体を通して、ぶどうの木といちじくの木はいわば選びの秘義を表すための慣用的なたとえであるという考察が私たちを助けて先に進ませます。従って、イエスはここで救済史の最も内側の円の中を動いておられるのです。ぶどうの木が原生林から取って来られ、改良され、手入れの行き届いたぶどう畑に植え替えられるように、イスラエルの民は地上のすべての諸国民の中から選び出されました。神は実を収穫することを期待しつつ、ぶどうの木というこの植物に御自分のすべての愛を注ぎ、あらゆる配慮を施されました。しかし、ぶどう畑が期待された実をもたらさない場合には、ぶどう園の経営者は、ぶどう畑が荒廃し、荒れ果てるままにしておくことができます（イザヤ書五章一―七節）。

今やイエスが良い木と悪い木についてのたとえを語られるとき、「人は原生林から取ってこられ、特別な手入れと選ばれた者としての待遇を受けるように招き入れられることによって、人は良い木となる」という聖書の表象の中でイエスは生きておられます。詩編一編もそのように語っています。ここでは基本的にこの詩編が主の念頭に浮かんでいるのでないならば、主は無理にその詩編を心から排除されたということにならざるを得ないでしょう。神の言葉が昼も夜も心を揺り動かしている人は「流れのほとりに植えられた木のよう。時に適って実を結び、葉も枯れることがない」（詩編一編三節〔『聖書協会共同訳』〕）のです。神の言葉に基づいており、神の言葉に留まること、それが聖書においては、良い木となり、良い実を結ぶということなのです。

さて、私たちはさらにもう一歩先へ進むことを許されます。主はぶどうの木のたとえを念頭に置かれて、御自分の者たちにまさに次のように伝えられました。「**わたしは**ぶどうの木、わたしはまことのぶどうの木、わたしの父は農夫である」（ヨハネによる福音書一五章〔による〕）と。信仰者たちは本当にこの植物の若枝なのです。神は御子をぶどうの木とされ、御子を信じる人々が、そこに良い実が育つ枝となることをお許しになるほどに、ここで問題となっている愛は完全に神の根源に根を張っています。「霊の実」、すなわち、「これに対して、霊の結ぶ実は愛であり（愛は他のすべてのものに先行しており、その次に愛から出てくるのが）、喜び、平和、寛容、親切、善意、誠実、柔和、節制です」（ガラテヤの信徒への手紙五章二二節）。「光の子として歩みなさい。あらゆる善意と正義と真実は霊の結ぶ実です」（エフェソの信徒への手紙五章〔八―〕九節）。それから、良い心と悪い心のたとえもそのように理解されるべきです。「善い人は良いものを入れた心の倉から良いものを出し、悪い人は悪いものを入れた倉から悪いものを出す」（四五節）。良い心とは、救い主が御手に受け取られ、清められ、和解させられた心のことです。良い心とは、信じる心のことであり、聖霊と神の言葉の働きに対して開かれた心のことです。このような心は良い考えと良い言葉と隣人に対する良い影響をもたらします。「人の口は、心からあふれ出ることを語るのである」（四五節）。

しかし、イエスは悪い木と悪い実についても語られます。原生林の中に留まる木は悪いままであり、その結ぶ実も悪いのです。イエスはそれを「腐っている」と言われます。そして、そのことは理解の助けになります。人はここで次のような不安を誘う問いの前に立っていることに気づきます。「何ですって？　それによれば、必然的にキリスト者でない人々、まさにぶどうの木の枝ではなく、流れのほとりに植えられた木ではない人々――は良い実を結ぶことはできないのでしょうか。」人がそれを道徳的に理解するならば、良い実を結ぶことができます！　彼らは多くの気高いこと、多くの思いやりのあること、多くの人道的なこと、本当に多くの良いことをすることができます。それらも確かに実ですが、まさに霊の実ではなく、それゆえに儚い、束の間の実という意味で「腐った実」なのです。それらには永遠の味が欠けています。それらの影響はこの世のものです。それらはこの世のものや束の間のものの限られた領域において影響を及ぼすことはできますが、永遠の意義を持っていません。イースターを基準に判断すると、それは「腐った実」です。なぜなら、それらには復活の力が欠けているからです。イースターの水が流れる小川のほとりに植えられていない人は、どんなに人として洗練されていたとしても、「腐った実」をつける「腐った木」であり、確かに美しい実もつけますが、その中には、腐敗を引き起こす寄生虫が隠れています。

キリストを信じる人は永遠の約束を伴う実を結び、洗練された非キリスト者は現世的価値を持つ実を結びます。しかし今や、さらに第三の可能性があります。そして、それは考えられないほど恐ろしいことです。人間は確かに小川のほとりに植えられたキリスト者であり、確かにぶどうの木の枝であるかもしれないが、にもかかわらず、その人はいつまでも実を結ばず、そもそも何の実もつけない、その人は良い木のように植えてもらい、育ててもらい、世話をしてもらい、外観や外見は良い木のように見えるが、実はならないという可能性です。実を結ばない信仰生活、業のない信仰。そのようなものが存在します。イエスが次のように語られるとき、このような信仰が念頭に置かれています。「わたしを『主よ、主よ』と呼びながら、なぜわたしの言うことを行わないのか」（四六節）。このような内実を伴わない信仰に対して判決が言い渡されたのです。私たちはここで実を結ばないいちじくの木のたとえを参照するように指示します（ルカによる福音書一三章六—九節）。それどころか、聖書はこのような判決の執行について伝えています。そこから私たちは、このように霊の実をもたらさないことに対する一切の裁きの痛みと怒りをイエスがどのように語っておられるのかを見て取ります。

私たちはいちじくの木への呪いを念頭に置いています（マタイによる福音書二一章一八―一九節）。旧約聖書の中に、ある祈りがあります。それは一人の信仰者による心を打つ祈りです。その人は、実を結ばないぶどうの木から裁きが取り去られるように苦闘します。キリスト教徒の健全化と再生を気にかけている人は、極めて差し迫ったこの祈りの叫びに声を合わせるほかありません。「御顔を輝かせてください。そのとき、私たちは救われるでしょう」（詩編八〇編〔四節〕〔『聖書協会共同訳』〕）。

37　正しい家屋建築について　6章47―49節

47「わたしのもとに来て、わたしの言葉を聞き、それを行う人が皆、どんな人に似ているか
を示そう。48それは、地面を深く掘り下げ、岩の上に土台を置いて家を建てた人に似ている。
洪水になって川の水がその家に押し寄せたが、しっかり建ててあったので、揺り動かすこと
ができなかった。49しかし、聞いても行わない者は、土台なしで地面に家を建てた人に似て
いる。川の水が押し寄せると、家はたちまち倒れ、その壊れ方がひどかった。」

自然に関するたとえの後に技術に関するたとえが続きます。さしあたり、それについてまったく表面的に次のように言うことができます。すなわち、平地の説教のこの結びのたとえを選択する際、ナザレにおいてヨセフが営み、その後にイエスも営んだ手仕事、「テクニテス」[51]、すなわち建築職人の職業が決定に関わったと（マタイによる福音書一三章五五―五八節、マルコによる福音書六章一―六節）。イ

エスは建築業を営む人として、パレスチナで家がどのように建てられるのかを観察し、それどころか、そのような経験をお持ちです。それは土台と共に建てられることもありましたが、通常は基礎なしに建てられました。大多数の人々は単純に地面に建てましたが、まれに人は土を除去し、岩盤に至るまで掘り下げました。ところで洪水の際には、小川の水かさが増し、そのような雨水が家の周りの地面をえぐり、そのようにして家を危険にさらすということが起こりえました。ルカは「ひどい亀裂」について語り、マタイはさらに先に進み、「ひどい倒壊」〔マタイによる福音書七章二七節による〕の可能性を考慮に入れています。これは外見からこのたとえを理解するための説明であって、要するに、人が裸の地面に自分の家を建てるのか、それとも岩の土台の上に建てるのか、人が賢く建てるのか、それとも愚かに建てるのかということなのです。

良い基礎についてのたとえは、聖書の中でその他の場所でも一般に用いられています。特に好んで良い土台と見なされるのはキリストです。「イエス・キリストという既に据えられている土台のほかに、だれもほかの土台を据えることはできません」〔コリントの信徒への手紙一　三章一一節による〕。そして、パウロは「他人の築いた土台の上に建てたりしない」、ただキリストの上に建てることを望みます〔ローマの信徒への手紙一五章一八—二一節〕。この岩の上に建てない人は、私たちのたとえの言葉を借りて言うなら、洪水に耐えられない砂の上に建てる人です。キリストの上に建てない人は、使徒がコリントの信徒たちに他のたとえを用いて書いているように、金、銀、宝石で建て、さもなければ木や草やわらで建てる人です。火が突然激しく燃え上がるならば、それは火に耐えられないでしょう〔コリントの信徒への手紙一　三章一二節、一三節〕。

しかし、このたとえは具体的にはどのように理解されるべきなのでしょうか——キリストを基礎として選ぶこと――どのようにして人はそうするのでしょうか。それについて、イエスはまさに平地の説教のこの結びのたとえにおいて詳しい指示を与えておられます。「わたしのもとに来て、わたしの言葉を聞き、それを行う人が皆、どんな人に似ているかをわたしはあなたがたに示そう」（四七節〔による〕）。このたとえはある説教と極めて密接な関連において語られます。それは実際また、ここで私たちがする最初の根本的な確認でもあります。「初めに言があった」（ヨハネによる福音書一章一節）とヨハネが語っていることは正しいのです。語りかけと共に、言葉と共に、説教と共に、神の国と神の支配は始まります。そしてパウロは、彼が「実に信仰は説教から始まります」（ローマの信徒への手紙一〇章一七節のルターのドイツ語訳聖書による）と断言するとき、自分勝手なことを述べたのではありません。すでに旧約聖書において、神に由来するすべてのことがいつでも言葉と共に始まります。神はその御言葉によって地球と宇宙を創造されます。そして、旧約聖書の中で何かが天から動き、生じるところでは、いつでも「神の言葉がわたしの身に起こった」とか、「神の言葉がわたしに臨んだ」と語られることで始まるのです。そのようにイエスはここで今やまた、明らかに強い調子で、御自分が今さっき語られた言葉を指し示されます。それはいわばイエスの王としての言葉であり、王の式辞です。

たとえ新約聖書の中でキリストの代わりに、例えば「使徒たちと預言者たち」、あるいは個別的に一人の使徒が基礎として言及されるとしても、御言葉が重要なのです。彼らがキリストの御言葉の担い手であり、彼らがその目で見、その耳で聞き、その手で触れた（ヨハネの手紙一 一章）ことを語る神の証人である限り、まさに使徒たちと預言者たちが言及されるのです。パウロがエフェソの信徒たちに、教会は「使徒や預言者という土台の上に建てられています。そのかなめ石はイエス・キリストです」〔エフェソの信徒への手紙二章一九―二二節〔による〕〕と書くとき、それは神の御言葉であり、キリストの御言葉なのです。そして、イエスがペトロに「私もあなたに言っておく。あなたはペトロ。私はこの岩の上に私の教会を建てよう。陰府の門もこれに打ち勝つことはない」〔マタイによる福音書一六章一八節〔『聖書協会共同訳』〕〕と伝えられるとき、彼に委ねられた御言葉と証のことが再び言われており、何かほかのことが理解されるべきではありません。

　ここでなされるべき第二の考察の中心は聞くことです。「わたしのもとに来て、わたしの言葉を聞く人は――。」聞くことに付与された特別な重要性がこの言葉の中心的な意義に対応しています。東洋の諸宗教において、そこで中心にあるものは、それとは異なること、すなわち、見ることです。すべての異教の目的は自分たちの神々を見せること、その神々について評論することにあります。ギリシアの密儀宗教やミトラ教[52]においてもそうです。そこでは、数多くのすべての聖別式の意味は、人々の目から覆いが取り除かれるということ、そして、彼らが神性をのぞき込み、その深奥を極め、神性に沈潜するということにあります。旧約聖書においてはまったく異なります。ここでは、神に耳を傾けることが中心にあります。確かに、神を見ることについても語られますが、それは前代未聞のこととして語られており、まさに人間には耐えられない滅びをもたらすこととして語られます。ただ一人モーセだけが顔と顔とを合わせて神と語ったと書いてあります。しかし、まさに特徴的なことに、見たのではなく、語ったと言われており〔出エジプト記三三章一一節〕、モーセはただ後ろから神を見たとすぐにつけ加えられます〔出エジプト記三三章二三節〕。もしイザヤが神を見なければならないのであれば、神殿にいるイザヤは消え去ります。それゆえに、繰り返されるただ一つの勧告は、ここでは「見なさい」ではなく、「主の言葉を聞きなさい」なのです。そして、「あなたがたは聞こうとしない」

という決定的な非難はその反対です。従って、イスラエルにおいては今日に至るまで、朝ごとに「シェマー・イスラエル」、すなわち「聞け、イスラエルよ！」〔申命記六章四節〕という特徴的な言葉で始まるあの厳かな自己勧告が宣言されるのです。

このような背景から、今や新約聖書においても、信仰者が注意を払い、行うべきことの中心に聞くことがあります。信仰者は神に対して、語り、聞く関係にあります。それゆえに、マタイによれば、「あなたがたも聞いているとおり、昔の人は……と言われている。……しかし、私は言っておく」〔マタイによる福音書五章三三節（『聖書協会共同訳』）〕というよく知られた言い回しが用いられるのです。それゆえに、「耳のある者は聞きなさい！」〔マタイによる福音書一三章九節〕という不思議な、ほとんど脅迫的な御言葉が用いられるのです。それゆえに、「幸いなのは神の言葉を聞き、それを守る人である」〔ルカによる福音書一一章二八節〕というキリストの叫びが語られるのです。確かに、新約聖書には見ることもありますが、これには終末的な意味があります。イースターは見ることです。イースターは、いつか「顔と顔とを合わせる」ことになることの先取りです。イエスの御手によって行われるしるしや奇跡も、やがて実現することを部分的に先取りすることなのです。私たちは、私たちの今の関連で重要な、ナザレにおけるイエスの御言葉に注意を喚起します。それは、あなたがたが目にしたときではなく、「あなたがたが耳にしたとき」、「この聖書の言葉は、今日、実現した」〔ルカによる福音書四章二一節〕という御言葉です。それゆえに、もし私たちの教会が聞く準備ができているならば、それは非常に聖書に即したことなのです。私たちは見るためではなく聞くために、目ではなく耳と共に神のもとに行きます。それゆえに、キリストもここで、「わたしのもとに来て、わたしの言葉を聞く人は」と語られるのです。

しかし最後に、行うこともやはり、語ることと聞くことの一部を成しています。何よりも神を見ることを望む宗教は、知ることや認識することを欲し、知覚することや理解することを欲します。しかし、言葉の「宗教」は聞くことと行うことの「宗教」です。ここでは、認識することではなく、服従することと行うことに最終的な注意が向けられています。神が語られ、人間は耳を傾け、そして——服従します。それゆえに、イエスはその説教の結びで「わたしのもとに来て、わたしの言葉を聞き、それを**行う**人は」と語られるのです。ヤコブが「御言葉を行う人になりなさい。ただ聞くだけの人であってはなりません！」〔ヤコブの手紙一章二二節（『聖書協会共同訳』による）〕と勧告するとき、ヤコブはイエスの言われることを正しく理解していました。通常は、信仰は聞くことから生まれ、信仰から業が生まれます。ほとんどすべてのパウロの手紙の結びのあたりに、正しい振る舞いと善い行いを要求する勧告の章が来るのは理由があってのことです。それどころか、よりによってローマの信徒への手紙の冒頭で、服従としての信仰について語られています。「わたしたちはこの方の御名を広めてすべての異邦人を信仰による従順へと導くために、恵みを受けて使徒とされました」〔ローマの信徒への手紙一章五節（による）〕。しかし、聞いたことが服従につながらないならば、それは異常なことであり、ただ「主よ、主よ」と口先だけで言うことであり、実を結ばない花です。イエスはこのような現象を意識的な不服従に起因するものと見なされ、それどころか頑なさに起因するものと見なされます。その場合には、「耳があっても聞こえず」〔詩編一一五編六節、一三五編七節〕という御言葉がそこには当てはまります。このように聞こうとしない態度は裁きなのです。「しかし、聞いても行わ**ない**者は、土台なしで地面に家を建てた人に似ている。川の水が押し寄せると、家はたちまち倒れ、その壊れ方がひどかった」（四九節）。

水の難としての裁きはすでに聖書の冒頭の洪水の物語の中にあります。しかし、裁きは聖書では、火の難の比喩によっても予告されることができます（例えばヨエル書二章一節以下）。それによって、いつも最後の審判が念頭に置かれていることは間違いありません。いずれの場合に聞くことが服従につながり、いずれの場合につながらなかったのかということが最後に明らかになります。しかし、それと同時に、最後の審判のさまざまな前兆も確かに注視されています。すでに最後の裁きの前に、水と火の試練が信仰者に迫ります。そこでは、何が実であり、何がもみがらであるのかということ、何が岩の上に建てられており、何が砂の上に建てられているのかということ、どの御言葉がただ聞かれただけで終わり、どの御言葉が服従につながったのかが明らかになります。

38　カファルナウムの百人隊長　7章1―10節

1イエスは、民衆にこれらの言葉をすべて話し終えてから、カファルナウムに入られた。2
ところで、ある百人隊長に重んじられている部下が、病気で死にかかっていた。3イエスの
ことを聞いた百人隊長は、ユダヤ人の長老たちを使いにやって、部下を助けに来てくださる
ように頼んだ。4長老たちはイエスのもとに来て、熱心に願った。「あの方は、そうしていた
だくのにふさわしい人です。5わたしたちユダヤ人を愛して、自ら会堂を建ててくれたので
す。」6そこで、イエスは一緒に出かけられた。ところが、その家からほど遠からぬ所まで来
たとき、百人隊長は友達を使いにやって言わせた。「主よ、御足労には及びません。わたしは

あなたを自分の屋根の下にお迎えできるような者ではありません。7ですから、わたしの方
からお伺いするのさえふさわしくないと思いました。ひと言おっしゃってください。そして、
わたしの僕をいやしてください。8わたしも権威の下に置かれている者ですが、わたしの下
には兵隊がおり、一人に『行け』と言えば行きますし、他の一人に『来い』と言えば来ます。
また部下に『これをしろ』と言えば、そのとおりにします。」9イエスはこれを聞いて感心し、
従っていた群衆の方を振り向いて言われた。「言っておくが、イスラエルの中でさえ、わたし
はこれほどの信仰を見たことがない。」10使いに行った人たちが家に帰ってみると、その部下
は元気になっていた。

「イエスは、民衆にこれらの言葉をすべて話し終えてから、カファルナウムに入られた」（一節）。山上の説教、ないしは平地の説教の後に、イエスは再びカファルナウムに向かわれます。この場所がここで特に言及されることには二重の意味があります。カファルナウムが、すでに始まった神の支配の最も素晴らしいしるしを見ることを許されるということを私たちは後に聞くことになります。そして、今や事実、将校の奴隷をこのように遠く離れた所から治すということは、非常に遠くまで感じられる栄光を帯びています。しかしその場合、ここで主要な関係者の一人の人物は奇妙なことにカファルナウムの会堂と結びついていました。「ところで、ある百人隊長に重んじられている僕（しもべ）が、病気で死にかかっていた」（二節〔による〕）。このような所有者と奴隷との人間的な良い関係、それどころか友情以上の関係は十分にありえたことであり、今日における雇用者と被雇用者の関係よりもおそらく珍しくなかったでしょう。「イエスのことを聞いた百人隊長は、ユダヤ人の長老たちを使いにやっ

て、僕の病気を治しに来てくださるように頼んだ」（三節〔による〕）。ルカの原文には、この百人隊長の信仰に特徴的なことですが、「僕を救いに来てくださるように」と書いてあります。このローマ人は、イエスは単に病気を治す方だと思っているのではなく、より包括的に救い主であられると思っています。異邦人の百人隊長のためにイエスのもとに来るのがユダヤ人たちであるということ、しかもユダヤ教の会堂の会衆の長老たちであるという事情は解明が必要です。確かに、この百人隊長は異邦人ですが、たとえ彼が割礼を受けていなかったとしても、従って選びの民の一員ではなく、アブラハムの祝福にあずかっていないとしても、にもかかわらず彼はイスラエルの友であり、明らかに裕福な人として、寄付金によってユダヤ人たちのためにカファルナウムの会堂を建てた人です。「長老たちはイエスのもとに来て、熱心に願った。『あの方は、そうしていただくのにふさわしい人です。私たちの国民を愛して、会堂を建ててくれました』」（四、五節〔『聖書協会共同訳』〕）。

すでに起こったすべてのことに従って判断すれば、カファルナウムの会堂と学校の長老たちがこのように心から推薦して執り成すのにかなりの決意を必要としたことでしょう。このように執り成す理由は、ただ人間として美しいだけではなく、それ以上にそれはイスラエルの敬虔の美しい証です。というのは、イスラエルの民のゆえに、一人の異邦人もまた祝福にあずかることができるからです。アブラハムの祝福はその影響において、ヨセフの時代のファラオからソロモンの時代に至るまで、イスラエル以外の世界も時おりその反映を感じ取ったほどに強力です。ソロモンの時代には、信じられないくらい大金持ちのアラビアの女王でさえも、この神の王国の栄光の輝きを感受しました。この百人隊長自身のゆえではなく、イスラエルの民に対する恩恵と神の民に対する愛のゆえに、この異邦人の将校はイエスに助けていただくのにふさわしく、値するのです。従って、それだけでも、私たちはユダヤ教の会堂のこれらの長老たちのすることを大目に見ることが許されます。彼らの考えによれば、彼らをイエスのところに来る気にさせるのは、かなり大胆な信仰なのです。なにしろ、一人のユダヤ人にとって、アブラハムの畑から離れていても、なお小麦は成長しうると信じることよりも難しいことは恐らくないでしょうから。

　そして、まさにこのような彼らの信仰に対して、イエスはここでさしあたり武装解除されました。御父からイエスに命じられた任務は、確かに空間に関して言えば制限されていました。イエスはさしあたり、「イスラエルの家の失われた羊のところにしか遣わされていない」〔マタイよる福音書一五章二四節〕のです。私たちはシリア・フェニキアの女性とのイエスの会話（マルコによる福音書七章）から、主が御自分に課せられたこの制約をどれほど従順に守っておられるかを知っています。それなのに、ここでイエスは今や例外を認められるのです。神をそれほどに感動させ、いと高き御座にこのような影響を与えることができるのは信仰以外にはありません。

　しかし、間もなく、さらにまったく異なる信仰が主に出会うことになります。すでに百人隊長の宿営に向かう途上で、今回は百人隊長の友人たちから成る百人隊長の第二の派遣団がイエスのもとに到着します。「ところが、その家からほど遠からぬ所まで来たとき、百人隊長は友達を使いにやって言わせた。『主よ、御足労には及びません。わたしはあなたを自分の屋根の下にお迎えできるような者ではありません。ですから、わたしの方からお伺いするのさえふさわしくないと思いました。ただ、ひと言おっしゃってください。そうすれば、わたしの僕（しもべ）はいやされます』」〔六、七節〔による〕〕。彼自身が姿を見せず、第三者を遣わすとき、人は彼の振る舞いを、例えばローマ人の自尊心と解釈しないでいただきたいのです。反対に、本来は異邦人である彼のもとにわざわざ出かけることをイエスに要求することが不遜だというのです。「わたしはあなたを自分の屋根の下にお迎えできるような者ではありません」、また「わたしの方からお伺いするのさえふさわしくないと思いました。」彼が今や思い切って自分の奴隷のために、イエスに救ってくださるように頼んでもらうならば、それは再び信仰なのです。すなわち、悔い改めという強力で静かな出来事とすでに結びついている信仰であり、イエスが事実イスラエルの民の中にこれまで見出したことのないような信仰です。イスラエルの民においては、人は、アブラハムの子孫に属しているがゆえに、「それにふさわしい」という印象を持っています。しかし、この異邦人はここで、「わたしはイエスをお迎えできるような者ではなく、イエスのもとにお伺いするのもふさわしくない」と語ります。

この異邦人はここでイエスに対して、「キュリオス」、「主よ」と語りかけるのにひきかえ、イスラエルの民はまだ静観的な態度で「様子を伺いつつ」イエスに相対しており、まだこの方が誰であるのかを調べ、あれこれ思い巡らさざるを得ません。これまでは悪霊だけが、この方がどなたであるのかを口に出して語りました――しかし、ここでは今や、「ああ主よ――ひと言おっしゃってください。そうすれば、わたしの僕（しもべ）はいやされます」とイエスに語りかけるのは一人の異邦人です。それはイスラエルの民の信仰ではありませんが、徴税人や罪人や異邦人の信仰です。この異邦人は主の絶対的な、神としての全能を信じています。彼は彼の将校としての表象領域の言葉でこの信仰を感動的に言い表わします。彼が百人隊の隊長として、一方では彼自身の上官の部下であり、他方では上官として自ら部下たちを従えているのと同じように、まさにそのように彼は主の立場を説明します。彼は、イエスが神に服従する方であり、神から遣わされた方であると見なしています。この方には、最も高い立場から任務と命令権の両方が委託されており、しかも非常に小さな百人隊に対してのみならず、この世における千の、何千の大小の事柄や出来事に対して、自然や宇宙に対して、それどころか病気や死に対してさえも任務と命令権が委託されているのです。イエスが後に御自分について語られること、すなわち、「すべてのことは、わたしの父からわたしに任せられています」〔ルカによる福音書一〇章二二節による〕ということ、まさにそれと同じことをここでこの異邦人の将校が告白するのです。「ひと言おっしゃってください。そうすれば、わたしの僕はいやされます。わたしも（！）権威の下に置かれている者ですが、わたしの下には兵隊がおり、一人に『行け！』と言えば行きますし、他の一人に『来い！』と言えば来ます。また部下に『これをしろ！』と言えば、そのとおりにします」（七、八節〔による〕）。

人はこのような信仰をありありと思い浮かべてください。病気も貧しさも天の星も、毎日の天気でさえも、変えることのできない運命や宿命ではなく、これらすべての事柄や情勢や出来事は機敏な軍隊のように、下役のように、指揮官の部下なのです！　そして、この最高の立場から任命され、上役に任じられたこの万物の「隊長」がイエスであられるのです。まさにそのことを、このカファルナウムの将校は信じ、告白するのです。

イエスはそこで、とても思いがけない場所で、言わば道端で御自分のものとなったこの拾い物によって驚かされ、感激させられました。しかし、それと同時に、主はイスラエルの民に悲し気なまなざしを向けられます。「イエスはこれを聞いて感心し、従っていた群衆の方を振り向いて言われた。『言っておくが、イスラエルの中でさえ、わたしはこれほどの信仰を見たことがない！』」（九節〔による〕）。

しかし、万一、人はそもそもどのようにしてこのような信仰を手に入れるのかということに誰かが関心を持つならば、その人は、ルカがそれについて記している簡潔な言葉に注意を払わなければなりません。ルカは次のように報告しています。「イエスのことを聞いた百人隊長は、長老たちを使いにやった」(三節〔による〕)。この百人隊長の信仰は、単純に彼がイエスについて聞き知ることから始まります。私たちがほんの少し前に確認したように、信仰は聞くことから始まるのです。

「使いに行った人たちが家に帰ってみると、僕(しもべ)は元気になっていた」(一〇節〔『聖書協会共同訳』〕)。このような事実に関する確認でルカはこの報告を結びます。

ガリラヤ全土におけるしるしと奇跡

39　ナインの青年　7章11―17節

11それから間もなく、イエスはナインという町に行かれた。弟子たちや大勢の群衆も一緒で
あった。12イエスが町の門に近づかれると、ちょうど、ある母親の一人息子が死んで、棺が
担ぎ出されるところだった。その母親はやもめであって、町の人が大勢そばに付き添っていた。
13主はこの母親を見て、憐れに思い、「もう泣かなくともよい」と言われた。14そして、近づ
いて棺に手を触れられると、担いでいる人たちは立ち止まった。イエスは、「若者よ、あなた
に言う。起きなさい」と言われた。15すると、死人は起き上がってものを言い始めた。イエ
スは息子をその母親にお返しになった。16人々は皆恐れを抱き、神を賛美して、「大預言者が
我々の間に現れた」と言い、また、「神はその民を心にかけてくださった」と言った。17イエ
スについてのこの話は、ユダヤの全土と周りの地方一帯に広まった。

「それから間もなく、イエスはナインという町に行かれた」（一一節）。ナインはタボルの南東に位置し、カファルナウムから歩いておおよそ十時間ほど離れた所にあります。従って、カファルナウムにおける重病人の癒しとナインにおける死者の甦りとの間には、かなりの時間が経過していたに違いありません。「イエスが町の門に近づかれると、ちょうど、死者が担ぎ出されるところだった」（一二節〔による〕）。ここでは今や事実、死人の甦りが問題となっています。それゆえに、この物語は極度に刺激的であり、特殊な挑発です。ここで死に関して若干の前置きを述べておくのがよいでしょう。

死はこの世で最も大衆に好まれる力です。死に対しては最大の敬意が払われます。異教世界が創り出した最も有名な建築物が墓石や霊廟やピラミッドであるのは理由があってのことです。昔の異教徒だけではなく、最近の異教徒も死に対するこのような関心を示しています。クック[53]の伝令であるフレッド・ワーグナーは『大いなる世界と小さき人々』という題名の回想録の中で、彼が率いたインド人の操縦者たちは大抵、まず初めにいわゆる「沈黙の塔」[54]を見ることを望んだと指摘しました。このような身の毛もよだつ場所を避けようとする案内人は許されない怠慢の罪を犯したことになるでしょう。ワーグナーはそれについて次のように述べています。「衆目を集める大事件としての死、この中心的な題材は戯曲や映画や新聞記事において、そして――現実において、至るところでいつでも繰返されます。そこでは、観客は最前列に殺到します。」記念日や慰霊祭を喜ぶ大衆性は人目を引きます。ローマ・カトリック教会は万霊節[55]の日に、その信者のみならず、信仰を異にする人々や神を信じない人々にも最も理解され、民衆に最も近くなることを心得ています。

古くもあり新しくもあり、半ば異教的であり、完全に異教的でもある死を巡るこのようなすべての仰々しい振る舞いや虚飾をイエスはひどく嫌っておられます。ラザロやヤイロの娘の葬儀式に際してのイエスの憤りや、弟子たちに対するイエスの御言葉に私たちは注意を喚起します。「死んでいる者たちに、自分たちの死者を葬らせなさい。あなたは行って、神の国を言い広めなさい」（ルカによる福音書九章六〇節）。また、あの御言葉に注意を喚起します。「律法学者たちとファリサイ派の人々、あなたたち偽善者に災いあれ。あなたがたは預言者の墓を建てたり、正しい人の記念碑を飾ったりしている――」（マタイによる福音書二三章二九―三一節〔『聖書協会共同訳』〕）。イエスの見解によれば、死は敵です。人はこの敵のためにいかなる祭典も催しません。それゆえに、モーセの墓は知られておらず、それゆえに、キリスト御自身の埋葬は非常に慌ただしく、形式ばらないのです。そして、それゆえに、キリスト教徒たちがキリストの墓（！）を奪還するために十字軍を召集した時は絶頂期ではありませんでした。それゆえに、キリスト教の死者慰霊日[56]はそれ自体矛盾しています。なにしろ、日曜日は復活の記念であって、死者の記念ではないのですから。

そして、これほど死と緊張関係にあられるこのキリストが今やここでこの瞬間に、ナインの小さな町に近づいて来られるのです。そこでは、もう一方の側から、すなわち城門から埋葬式が動き出します。しかも、大きな異例の葬儀です。なにしろ、それはやもめの一人息子であり、とりわけ痛ましい状況であり、「町の人が大勢彼女のそばに付き添っていた」（一二節〔による〕）のですから。従って、埋葬式の真っ最中なのです。私たちがあまりによく知っているように、埋葬式の進行は淡々と行われなければなりません。「万事がうまく行きさえすれば良いのだが……」と誰もが心配するのが常です。なにしろ、埋葬式における滞りは殊のほか気まずいものですから。人がなおできることは、その場合にはいつでも、すべてを成り行きに任せることです。棺を担う人、墓掘り人、協力する語り手や歌い手や音楽家たちを成り行きに任せることです。回避し、沈黙し、そして――脱帽するなら別として、人はそこでなお何をしようとするでしょうか！　そして、その場合にはいつでも、それは、死の勝利の喜びが最高潮に達するのが手の届くほどはっきりと感じ取れる瞬間です。死はこのような状況を大いに利用します。ここでは、死が勝利者であるのはこの上なく明白です。

そして、すでに言われたように、今やまさにそれと同時に、別の群れが野原からナインの門に近づいて来ます。この群れも大勢です。「弟子たちや大勢の群衆も一緒であった」（一一節）。この群れにも主人がおり、将軍がいます。あちらでは死が帝王であり、こちらでは命が帝王です。双方の隊列が敵対する二つの軍勢のように近づきます。息を吞むような出会いの瞬間が一歩一歩ますます近づきます。イエスはわきへよけ、黙って「敬意を表する」のでしょうか。死に栄光を帰し、譲歩されるのでしょうか。ところがその代わりに、ここでは身の毛もよだつようなことが起こります。イエスが棺を担う人々の行く手を遮られるのです。イエスは「敬意を表することなく」、黙り込むつもりもありません。「主はこの母親を見て、憐れに思い、『もう泣かなくともよい』と言われた！」（一三節）。イエスはここでまたもや主、キュリオスであられます。イエスは歩み寄って来られます。主は棺に手を触れられます。「すると、担いでいる人たちは立ち止まった。」そこはあたかも「ライン川の水が止まった」と言われるような状況です。「イエスは、『若者よ、あなたに言う。起きなさい！』と言われた」（一四節）。そのように、あたかも主要な事はすでになされたかのように、不思議なほど簡潔に述べられます。「すると、死人は起き上がってものを言い始めた。イエスは息子をその母親にお返しになった」（一五節）。それに伴って、突然、死者慰霊日が停止しました。すなわち、墓はその獲物を手に入れないのです。棺を担ぐ人々は彼らの空の棺と共にほとんど滑稽な姿を見せます。用意された歌や話は無駄になり、やたらに念を入れて音合わせをされた楽器は無駄になりました。しかし、ここで三つの問いが私たちの関心を引きます。

　初めに、イエスはこのような行為によって何をなさるおつもりなのでしょうか。なにしろ、この若者は後でいつか死ぬことになるのですから！　そういうことから言えば、ここで起こることは単に延期にすぎません。ここでやもめは慰められるべきなのでしょうか。しかし、なぜすべてのやもめの中で、他ならぬこのやもめなのでしょうか。そして、なぜ何百という他の数え切れぬほどのやもめではないのでしょうか。疑いもなく、主はここで一つの実例を示されたのです。厳かな最後を飾るものとしての死について考えられていたことは今やはねつけられ、退位させられます。イエスはここで多くの人々が見ている前で、誰がキュリオスであられ、誰が主であられ、誰が主ではないのかを示されます。その場にいる人々は完全にそれをそのように感じます。少なくともイエスと共にいた人々においては、やもめとその息子は間もなく関心の背後に退きます。この出来事の影響と普遍的な意味がここで予感されます。上からの侵入が起こりました。人は神の時を目撃するという印象を受けます。すでにザカリアがその賛歌においてかつて先取りして語ったこと、すなわち、「神はその民を訪れた」（ルカによる福音書一章六八節による）のです。この時は決して彼らの手に負えるものではないという考えに、彼らは今やただただ度肝を抜かれるほかありません。「人々は皆恐れを抱き、神を賛美して、『大預言者が我々の間に現れた』と言い、また、『神はその民を心にかけてくださった』と言った」（一六節）。ここでは、個々の具体的な事例を越えて指し示し、あらゆる時代のすべてのやもめにとって、その息子たちがずっと棺の中に留まる数えきれないほどのやもめにとっても意味あることが起こったのです。

　しかし、さらに私たちは次のように問います。ナインの門の前でのイエスの勝利にもかかわらず、確かにその後イエス御自身が死なれました。私たちはここであのもう一人別の母のことを思い起こします。彼女はかつて、彼女が「剣で心を刺し貫かれます」〔ルカによる福音書二章三五節〕という預言を聞かなければなりませんでした。私たちは、あの別の町の門の前での、さらにまったく別の人々が見ている前でのイエスの敗北を思い起こします。まさに、イエスは野外で死と出会われるだけではなく、死の住みかにまで死を追跡されます。それはそこに留まるためではなく、死の住みかを――最終的に征服し、占拠するためです。「主は牢獄を捕えられます。」死はイエスを呑み込みますが、まさにそのようにして、死はイエスによって呑み込まれます。ナインの若者は先立って急ぐイースターの使者です。そこで関与している人々が語ることは完全にイースターの響きがします。「大預言者が我々の間に現れ、神はその民を心にかけてくださった」〔一六節〔による〕〕。

しかし、今日はどうでしょうか。もし神にそのようなことが可能であるならば、いったいなぜ、死に続けるのでしょうか。いったいなぜ、神はすべての葬列を止められないのでしょうか。なぜ、神はすべての涙をぬぐわれないのでしょうか。そのように問う人、しかも謙遜に問う人は心の貧しい人々の一人に数えられ、喪に服し、飢え渇く人々の一人に数えられます。それどころか、そのような人は、イエスが「眠りについた人たちの初穂」〔コリントの信徒への手紙一 一五章二〇節〕でいまし給うというイースターの知らせを正しく聞いたのであり、聞き分けたのです。確かに、ツバメ一羽ではまだ夏にはなりませんが、夏があり、夏が来ることを前もって知らせます。その後、最後に「もはや死はなく、神は彼らの目の涙をことごとくぬぐい取ってくださる」〔ヨハネの黙示録二一章四節〕のです。

40　洗礼者の問い　7章18―35節

18ヨハネの弟子たちが、これらすべてのことについてヨハネに知らせた。そこで、ヨハネは
弟子の中から二人を呼んで、19主のもとに送り、こう言わせた。「来るべき方は、あなたでし
ょうか。それとも、ほかの方を待たなければなりませんか。」20二人はイエスのもとに来て言
った。「わたしたちは洗礼者ヨハネからの使いの者ですが、『来るべき方は、あなたでしょう
か。それとも、ほかの方を待たなければなりませんか』とお尋ねするようにとのことです。」
21そのとき、イエスは病気や苦しみや悪霊に悩んでいる多くの人々をいやし、大勢の盲人を
見えるようにしておられた。22それで、二人にこうお答えになった。「行って、見聞きしたこ
とをヨハネに伝えなさい。目の見えない人は見え、足の不自由な人は歩き、重い皮膚病を患
っている人は清くなり、耳の聞こえない人は聞こえ、死者は生き返り、貧しい人は福音を告
げ知らされている。23わたしにつまずかない人は幸いである。」24ヨハネの使いが去ってから、
イエスは群衆に向かってヨハネについて話し始められた。「あなたがたは何を見に荒れ野へ行
ったのか。風にそよぐ葦か。25では、何を見に行ったのか。しなやかな服を着た人か。華や
かな衣を着て、ぜいたくに暮らす人なら宮殿にいる。26では、何を見に行ったのか。預言者か。
そうだ、言っておく。預言者以上の者である。
27『見よ、わたしはあなたより先に使者を遣わし、
　あなたの前に道を準備させよう』

と書いてあるのは、この人のことだ。28言っておくが、およそ女から生まれた者のうち、ヨ
ハネより偉大な者はいない。しかし、神の国で最も小さな者でも、彼よりは偉大である。」29
民衆は皆ヨハネの教えを聞き、徴税人さえもその洗礼を受け、神の正しさを認めた。30しかし、
ファリサイ派の人々や律法の専門家たちは、彼から洗礼を受けないで、自分に対する神の御
心を拒んだ。
31「では、今の時代の人たちは何にたとえたらよいか。彼らは何に似ているか。32広場に座
って、互いに呼びかけ、こう言っている子供たちに似ている。
『笛を吹いたのに、
踊ってくれなかった。葬式の歌をうたったのに、
泣いてくれなかった。』
33洗礼者ヨハネが来て、パンも食べずぶどう酒も飲まずにいると、あなたがたは、『あれは
悪霊に取りつかれている』と言い、34人の子が来て、飲み食いすると、『見ろ、大食漢で大酒
飲みだ。徴税人や罪人の仲間だ』と言う。35しかし、知恵の正しさは、それに従うすべての
人によって証明される。」

「ヨハネの弟子たちが、これらすべてのことについてヨハネに知らせた」（一八節）。長い間私たちは洗礼者ヨハネの消息についてもはや何も聞きませんでした。彼の最初の登場に関連して、ルカはいわばついでに次のように報告しています。「ところで、領主ヘロデは、自分の兄弟の妻ヘロディアとのことについて、また、自分の行ったあらゆる悪事について、ヨハネに責められたので、ヨハネを牢

に閉じ込めた」（三章一九節、二〇節）。ヨハネはそれ以来ヘロデに拘留され、マケルスの荒れ野の要塞にいます。しかし、洗礼者はその弟子たちを通して周囲の世界とつながりを持ち続けることができる状況にあります。彼の弟子たちの仲介によって、洗礼者は至るところで、イエスを取り巻く出来事やイエスと共に起こる出来事について一つ一つ情報を得ています。もちろん、ただ間接的に、ヨハネが彼の弟子たちの中の二人を通して、よく知られた問いをイエスに向けさせることによって、これらの報告がこの囚人にどのような影響を及ぼし、洗礼者の中で何が起こるのか、そのことを私たちは今、耳にします。「そこで、ヨハネは弟子の中から二人を呼んで、主のもとに送り、こう言わせた。『来るべき方は、あなたでしょうか。それとも、ほかの方を待たなければなりませんか』」（一八、一九節）。

ルカは、洗礼者の二人の弟子たちがその師の問いを携えてイエスのもとに着いたとき、イエスはまさに神としての御自分のメシアの職務を遂行する真っ只中にあられたということを指し示しています。「そのとき、イエスは病気や苦しみや悪霊に悩んでいる多くの人々をいやし、大勢の盲人を見えるようにしておられた」（二一節）。そして、このような状況から、大して考えもせず、説明も立証もなく、職人がその仕事の堅実さを示すのと同じように、また商人が自分の商品が信用できることを示し、「ご自分の目でお確かめください」と語るのと同じように客観的に、主は神から御自分にあてがわれた先ぶれの使者にお答えになります。「それで、イエスは二人にこうお答えになった。『行って、見聞きしたことをヨハネに伝えなさい。目の見えない人は見え、足の不自由な人は歩き、重い皮膚病を患っている人は清くなり、耳の聞こえない人は聞こえ、死者は生き返り、貧しい人は福音を告げ知らされている。わたしにつまずかない人は幸いである』」（二二、二三節〔による〕）。それはまさに、聖書によれば、いつの日かメシアの時の開始とメシアの到来に付随するはずのしるしです（イザヤ書三五章五節以下、二九章一八節、六一章一節、ルカによる福音書四章一七節以下)。洗礼者は今や、それが本当であるのか、それとも本当でないのかを聖書に基づいて調べればいいのです。そうすれば、その結果、彼の問いに対する答えが自ずと与えられます。この答えが洗礼者に肯定的に受け止められることを、イエスは一瞬たりとも疑いません。洗礼者は聖書以外の基準や標識や法廷を知りません。

人々は、ヨハネがそもそもこのような問いを立てることができることを非難しようとしました。その際、聖書の客観性の代わりに、近代の心理学がしばしばより多く発言の機会を得たと私たちには思われます。洗礼者が問い、イエスがお答えになります。なにしろ、問うことは許されているのですから。洗礼者はすでにヨルダン川での最初の出会いの際に、イエスが洗礼者から洗礼をお受けになる代わりに、洗礼者である彼の方がイエスから洗礼を受けなければならないということの方がよりふさわしいのではないですかと問いました。このような問いにおいて決定的に重要なことは、問う人がその答えに喜んで従うかどうかということです。私たちには、ここでそれを疑う理由はありません。ヨハネは完全に、依然として自分よりも偉大な方であるイエスに問うのであり、彼、ヨハネは依然としてイエスの靴の紐を解く値打ちもありません。

結局のところ、ヨハネはその二人の弟子たちを、聖書に精通した人々や専門家たちのもとに行かせるためにエルサレムに遣わすのではなく、まさに彼にとってその御旨と御言葉が依然として基準となる方、すなわち主イエスのもとに遣わすというこのただ一つの大いなる純然たる事実が見落とされてはなりません。洗礼者がそもそもこのような問いを立てなければならないということは、彼が決して恥ずかしく思うべきではない彼の苦しみを指し示しています。それは本当に信じているすべての人々の苦しみであり、当時イエスの御言葉と洗礼者の言葉に耳を傾けるすべての人々の苦しみです。ついでながら、それはイースターまでは、主のすべての弟子たちの苦しみであり、それはメシアの約束の高みと、人が今ここでイエスに認めることのできるものの卑しさとの間の緊張関係の苦しみです。それは約束と成就の間の緊張関係の苦しみであり、完全に理解できる苦しみであり、「認められた」苦しみです。私たちがいずれ見ることになるように、洗礼者はそのような苦しみを耐えるだけではなく、場合によっては神格化することになるかもしれないという不安もなしに語っていることは良いことであり、有益です。

「ヨハネの使いが去ってから、イエスは群衆に向かってヨハネについて話し始められた」（二四節）。イエスは、洗礼者が生きて牢獄を出ることはないことをご存じです。イエスが、御自分の先駆者であり、先触れの使者についてここで語っておられることは事実また、ほとんどすでに弔辞のように響きます。ここでイエスがさしあたり洗礼者について述べておられる通りに、民衆は洗礼者を見ていました。洗礼者は事実「優柔不断な人物」ではなく、気の変わりやすい人でもなく、葦でもなく、むしろ曲がるよりは折れてしまうオークの木のような人でした。民衆は洗礼者を「しなやかな衣を着た」人と見なしたのではなく、融通の利く人や適応能力のある人と見なしたのでもありません。彼はご機嫌とりや駆け引きのうまい人ではなく、「勇敢で立派な男」[57]であり、身分のいかんを問わず真実を語り、結果を恐れない人でした。従って、洗礼者は恐れられている人だったのです。イエスは彼らに、不安を感じて待ちつつも、同時に将来を楽しみにしていたあの大いなる最初の日々を思い起こさせます。「あなたがたは何を見に荒れ野へ行ったのか。風にそよぐ葦か。では、何を見に行ったのか。しなやかな服を着た人か。華やかな衣を着て、ぜいたくに暮らす人なら宮殿にいる」（二四節、二五節）。

従って洗礼者は、民衆がそのような人々を愛し、歌で賛美するように、とりわけ抑圧されていた諸国民や群衆の中の貧しい人々の一人でした。もちろん、彼らが同時代の人々である限り、普通はそうではありませんが、振り返って見れば、歴史の判断から見ればそうです。確かに洗礼者は、イエスによって言及され、価値を認められたこのような特性のために、すべての預言者たちの中で最も人気のある預言者でした。洗礼者はまさに、カトリック教会が彼らの聖人と呼ぶものになる器でしょう。洗礼者の投獄はこの人気をまったく傷つけることはなく、それどころか、その時その人気はますます高まり、頂点に達しました。洗礼者の拘束以来、彼は世間の評判になります。ヘロデは知らず知らずのうちにそれを恐れていました。誰もが彼について語り、誰もが彼に注意を向けます。かろうじて、イエスを嘲る人々がこの逮捕された人を理想と見なし、洗礼者の人物像と比べてイエスを「より低い人」と蔑視するには至りません。ヘロデは洗礼者のゆえに民衆を恐れます。ヘロデはこの力ある人を殺害した後もなおその影を恐れます。ヘロデはイエスを恐れません。ヘロデはイエスをただ嘲笑します。しかし、洗礼者はヘロデにとって政治的観点からも真剣に受けとるべき相手であり、敵対者であるように思われます。

しかし、誰もが洗礼者に注意を向けるということや、すべての民衆が彼について語るということや、その人柄がイスラエルの民の関心を集めるということが、神の御心に適う洗礼者の意義なのでしょうか。彼、洗礼者とはいったい何者なのでしょうか。彼は、聖書が彼について語っており（マラキ書三章一節）、聖霊が彼の誕生に際して、彼の父親の口を通して非常に意義深く彼について「彼は主に先立って行き――」（ルカによる福音書一章一七節）と語ったのとは異なる人なのでしょうか。彼は先駆者であり、「燃えて輝くともし火」（ヨハネによる福音書五章三五節）であり、ほんの少し道を照らす松の木片ですが、「**その光**」そのものではありません。それゆえ神は、誰もが洗礼者に、すなわちこの

「女から生まれた者のうち最も偉大な者」に注意を向けることをお許しになりません。洗礼者は確かに「預言者以上の者」です。なぜなら、彼はすべての預言者たちの中で最後の預言者であり、それゆえに、空間的にも時間的にもメシアに最も近い預言者だからです。けれども、彼自身はイースターの証人ではありません。最も小さなイースターの証人でも彼よりは偉大です。なぜなら、洗礼者はその実現を見なかったからであり、それを証言することができないからです。それゆえに、神はそれをお許しにならず、洗礼者自身が、自分が強い人として立っており、一方イエスは「より低い者」として立っていることを神がお許しにならないことを心から求め、それどころかそれを渇望します。そして、まさに牢獄の中からの彼の問いと共に、今や洗礼者の指はもう一度、いわばなお最後に自分自身から離れ、イエスを指し示します。洗礼者は今はもう、まさにそのような者として、すなわち弱さの中にある者として、その証人としての務めを果たすほかありません。

そして、神は、捕らわれ、間もなく死に行くこの洗礼者によるこのキリスト証言を、ヨハネがこれまで語り、行ったすべてのことよりも力強く明確なキリスト証言になるように転じられます。洗礼者は彼の問いを通して、強い人としての名声を打ち砕きます。なにしろ、彼は、世論の空想が作り上げた人物とはまったく違うのですから。なにしろ、彼自身は深い深い悩みの中に置かれているのですから。そして、その悩みの中で、イエスは彼の避け所なのです。あなたがあなたの悩みの中にある時、あなたが助けを期待する人のもとに、あなたは逃れます。牢獄の中の洗礼者はキリストを必要とします。ヨルダン川の洗礼者は、概して答えを与えることのできる人です。彼は兵士や商人や民衆や祭司に答えを与えます。今や彼は問う人です。彼が抱くのは多くの問いではなく、たった一つの問いであり、御国の到来に関する問いです。そして、この唯一なる主をおいてほかに、誰も彼の問いに答えることはできません。確かに、洗礼者の問いはある不安を露呈します。拘留された人がいったいどうして不安にならずにいられるでしょうか。自分の命のこと、釈放の日のこと、外でやり残した仕事のこと、彼の弟子たちのこと、彼の家族のことで不安にならずにいられるでしょうか。けれども、洗礼者には一つの、たった一つの不安しかありません。すなわち、「神の御言葉はどうなのか。それは正しいのだろうか。それは正しくないのだろうか。神が昔の預言者たちに語られた御言葉は正しいのだろうか、神が最後に洗礼者に語られた御言葉は正しいのだろうか。それは無条件の信頼に値するのだろうか。」「『来るべき方は、あなたでしょうか。それとも、ほかの方を待たなければなりませんか。』」

確かに、死人は立ち上がります。しかし、死そのものはまだ終わっていません。それこそが洗礼者と彼の弟子たちの苦しみです。今や彼は、彼も、洗礼者もしるしで満足しなければなりません、今や彼もなお――信じなければなりません。確かに、モーセからマラキに至るまで、彼らは皆、信じなければなりませんでしたが、今や洗礼者もなお「それを信じ」なければならず、イースターの日を見ることは許されず、まして最後の審判の日を見ることは許されません。それが洗礼者の苦しみです。それは総じて信仰の苦しみです。ヘロデは洗礼者を屈服させません。しかし、この苦しみが彼を屈服させます。そして、この苦しみのゆえに、彼は叫びを上げます。それは詩編の叫びです。それは貧しい人々の叫びです。イエスはそれを聞かれます。今や洗礼者自身が貧しい人となり、貧しい人々の中で最も貧しい人となりました。彼は救い主を必要とします。彼は一瞬揺らぎました――一方、イエスだけは揺らぐことはありません。イエスは洗礼者の苦しみを丸ごと引き受けられ、その苦しみをも十字架に担って行かれます。

しかし、最後にイエスはさらに人々の前でも公然と洗礼者に味方します。イエスは御自分の名とヨハネの名を同時に挙げられます。彼らは互いに離れておらず、これからも離れることはありません。なぜなら、彼らは神の御計画に従って、一方は先駆者として、もう一方は唯一なる主として、神の統治の聖なる秩序において互いに割り当てられているからです。

41　ファリサイ派の人シモンの家での宴会　7章36―50節

36さて、あるファリサイ派の人が、一緒に食事をしてほしいと願ったので、イエスはその
家に入って食事の席に着かれた。37この町に一人の罪深い女がいた。イエスがファリサイ派
の人の家に入って食事の席に着いておられるのを知り、香油の入った石膏の壺を持って来て、
38後ろからイエスの足もとに近寄り、泣きながらその足を涙でぬらし始め、自分の髪の毛で
ぬぐい、イエスの足に接吻して香油を塗った。39イエスを招待したファリサイ派の人はこれ
を見て、「この人がもし預言者なら、自分に触れている女がだれで、どんな人か分かるはずだ。
罪深い女なのに」と思った。40そこで、イエスがその人に向かって、「シモン、あなたに言い
たいことがある」と言われると、シモンは、「先生、おっしゃってください」と言った。41イ
エスはお話しになった。「ある金貸しから、二人の人が金を借りていた。一人は五百デナリオ
ン、もう一人は五十デナリオンである。42二人には返す金がなかったので、金貸しは両方の
借金を帳消しにしてやった。二人のうち、どちらが多くその金貸しを愛するだろうか。」43シ
モンは、「帳消しにしてもらった額の多い方だと思います」と答えた。イエスは、「そのとお

りだ」と言われた。44そして、女の方を振り向いて、シモンに言われた。「この人を見ないか。
わたしがあなたの家に入ったとき、あなたは足を洗う水もくれなかったが、この人は涙でわ
たしの足をぬらし、髪の毛でぬぐってくれた。45あなたはわたしに接吻の挨拶もしなかったが、
この人はわたしが入って来てから、わたしの足に接吻してやまなかった。46あなたは頭にオ
リーブ油を塗ってくれなかったが、この人は足に香油を塗ってくれた。47だから、言ってお
く。この人が多くの罪を赦されたことは、わたしに示した愛の大きさで分かる。赦されるこ
との少ない者は、愛することも少ない。」48そして、イエスは女に、「あなたの罪は赦された」
と言われた。49同席の人たちは、「罪まで赦すこの人は、いったい何者だろう」と考え始めた。
50イエスは女に、「あなたの信仰があなたを救った。安心して行きなさい」と言われた。

今回イエスを食事に招待するのは、あるファリサイ派の人です。その際、二つのことが同じように驚くべきことです。一つはこの陣営から招待されるということ、それから主がそれをお受けになるということです。例えば、人は今までに、「この招待は見せかけの目的でなされたのであり、実際には人々がイエスに対して絶えず仕掛ける罠の一つである」という推測を述べました。しかし、にもかかわらず、シモンは、あまりに性急にナザレのラビに対する最終判決を下すことなく、この方が神の預言者であられるのか、それともそうでないのかという問いによって駆り立てられるあの数少ない人々の一人だったということが、この夕べの時間が経過するうちに十分明らかになります。いずれにせよ、人々は双方とも、どちらかというと、この饗宴がどのような経過を辿ることになるのかということに好奇心を燃やしていたことでしょう。

いきなり初めに、イエスは特に好ましい徴候であるように思われない経験をさせられます。すなわち、イエスは迎えられる際、非常に失礼な扱いを受けるのです。その家の奴隷はイエスの足を洗わず、髪の毛を整える機会もイエスに与えられませんでした。そして、家の主人は、大切な客の場合のしきたり通りに、慣例の歓迎の接吻をしてイエスを迎えません。昔、上流家庭には二つの入口がありました。一つは客用、もう一つは召使いや納入業者や物乞い用です。従って、イエスはいわば脇の入口を通ってファリサイ派の人シモンの家に入らなければならないのです。夜会に同席する人々は、左肘をクッションにつき、足を食卓から離して外に向けて伸ばし、食卓の周りに放射線状に腰掛けます。主人は上座におり、主人がイエスと話をするときには、他の招かれた客を飛び越えて、この二人が話をしなければならない場所にイエスはおられます。その結果、皆がそれを聞くことになります。いずれにせよ、イエスは家の主人のそばの主賓席に着いておられません。

そしてその後、恐らくその夜会の開始早々、思いがけない出来事が起こります。このナザレの人を招待する人は、すべてのことがうまく行くと完全に確信することは絶対になく、予期せぬ出来事を覚悟しておいたほうがよいのです。招かれざる客が広間に足を踏み入れます。どのようにして彼女が入り込むことができたのかは謎です。門番はこのような不注意のために、後で叱責されることを覚悟しなければならないことでしょう。それはある女です。誰もが知っている娼婦です。すべてのことが間違いでなければ、もともと彼女自身、このパーティーの構成員であり、公然たる醜聞の対象です。主人役は彼女を知っています。彼女が作法や礼儀を意味するすべてのことに反して、どのようにしてこの場所に足を踏み入れる勇気を奮い起こしたのかは謎のままです。ひょっとしたら、それは捨て身の勇気だったかもしれません。人が重病のため、手遅れにならないうちに高名な医者を呼んでこさせるように、彼女はイエスを探し求めます。しかし、事は急を要します。そして、彼女はその時までイエスにお会いする機会を見出しませんでした。そして、厄介な付随的事情を考える必要もないほどに、彼女はただ一つの考えに支配され、駆り立てられていました。すなわち、「この方、この唯一なる主は、失われた私の人生を救うことがおできになる」という考えです。そして今や、彼女はそこに立ち、辺りを見回し、イエスを見つけ、イエスに近づき、イエスの足もとにくずおれます。すると、彼女は次々に不運な目に遭わなければならないということが起こります。すなわち、彼女は突然、聞き取れるほどに泣き出し、彼女の涙で床とイエスの足を汚し、ほかならぬ彼女の髪の毛で損害の埋め合わせをしなければなりません――ふん、なんとだらしのないことか！　そして今や、彼女は足に接吻をします。なんと常軌を逸していることでしょうか！「そして、イエスの足に香油を塗って……。」

しかし、最も不思議なことは、イエスが彼女のしたいようにさせられることです。このような芝居がかった振る舞い、けしからぬ行為は何も成し遂げませんし、何の感銘も与えません。主人役は初めから彼女の登場を注意深く観察していました。イエスもその町で知られている女性をご存じであり、この女を丁重に、しかしきっぱりと拒絶され、そして拒否する場合には、誤解の余地なく足蹴にして尻を叩かれると彼は期待します。そのようなことは一切起こりません。主人役はそこから推論します――他の可能性はまったく彼の念頭に浮かびません――「それが誰であるのかをイエスはご存じないのだ」と、すなわち、無知なのだと推論します。その時まで彼には依然として未解決のままであった問いは、それによって、彼に対して答えが与えられました。すなわち、「このナザレ人は預言者ではない」と。主はすべてのことを、すべてのことをシモンよりもよく知っておられるということ、この哀れな女性の罪と孤独を、主ははるかに深く見抜くことがおできになるということ――彼女を足蹴にせず、彼女を救うために――彼女に御手を差し伸べることがおできになるということ、それどころか彼女の罪をさえ赦すことがおできになるということ、ほかならぬこの点において、そしてまさにそのようにして、神としての御自分の使命を実証することがおできになるということ、御自分が罪を赦し、死と陰府から救い出すために来られたということ――このような可能性はシモンにはまったく問題になりません。

シモンがあれこれ思い巡らしていると――ばつの悪い沈黙が夜会を覆いました――突然、彼の名前を呼ぶ声が聞こえてきます。「シモン、わたしはあなたに言いたいことがある」とナザレの人が発言を申し出られます。「先生、おっしゃってください！」と主人役によってイエスに発言が許可されます。そこでイエスは語られます。それは差し当たり才気に満ちた会食者たちにおいて、優雅な暇つぶしのためにあちこちから出題される謎々の一つのように聞こえます。今やイエスは二人の債務者について語られます。そのうちの一人には五〇グロッシェン、(58)もう一人には五〇〇グロッシェンの借金がありました――そして、二人とも彼らの借金を免除されます。彼らのうちのどちらがより多く感謝しているでしょうか。どちらが寛大な与え手をより多く愛するでしょうか。どんな一年生でも答えられる問題をこの食卓で出すことはほとんど侮辱に等しいとしても、シモンはしぶしぶ答えます。「もちろん、与え手が五〇〇デナリオンを免除した人が与え手をより多く愛します」と。

するると、それに対して、イエスは決して予想通りに「あなたは正しく答えた」と続けて語られません。そうではなくて、イエスは「あなたは正しい判断を下した」と言われます。シモンは判断を下しました。しかも、彼自身の振る舞いを理解することもなければ、自ら行動を起こそうとすることもなく判断を下しました。すると、主は彼にその謎々を説明します。この二人の債務者とは、彼、すなわちシモンとこの女性です。彼、すなわちシモンとこの女性？　誰があえて彼自身の食卓で一息に、町で有名なこの女性の名前と一緒にシモンの名を挙げるでしょうか。しかし、ナザレの田舎者のラビは動揺せずにさらに続けられます。あの女性は大いなる罪人です。彼女はシモンよりも限りなくはるかに多くの罪を犯しました。シモンが罪人でないということでは決してありません。彼自身でさえも、決してそのように主張しませんでした。しかし、彼女の罪と彼の罪との比率はひょっとしたら五〇〇対五〇かもしれません。ただ一つだけ、人は彼女に認めなければなりません。この一点において、彼女はシモンよりも優位に立っています。すなわち、彼女はより多く愛したのであり、愛においてより豊かなのです。そして今やこのナザレの田舎者の客は、〔客を〕受け入れる際の主人役の態度を、この大いなる罪人の女性の態度と一つ一つ比べられるのです。シモンは、この方に対して骨を折り、ごく月並みな礼儀作法でさえも守るだけの価値はないと見なします。しかし、この女性は彼の足に接吻し、油を塗りました。というのは、多く赦される者は多く愛するからです。シモンという人はわずかな赦ししか必要としません。それゆえに、恐らく彼の愛も非常に乏しいのでしょう。そして、そのことが完全に明らかになるように、主イエスはこの大いなる罪人の女性に「あなたの罪は赦された」と語りかけられるのです。そうした事情にもかかわらず、彼女は明らかにずっとそこに留まり、耳を傾けていたようです。イエスはそのように語られることで、御自分が預言者以上のものであると主張しておられるのです。「あなたの罪は赦された」と語る方はメシアであられるか、それとも神を冒瀆しているかのいずれかです。

会食者一同は後者を想定する方に傾きます。彼らは興奮して、「罪まで赦すこの人は、いったい何者だろう」と互いに言います。かつて弟子たちは「いったい、この方はどなたなのだろう。風や湖さえも従うではないか」〔マルコによる福音書四章四一節〕と問いました。当時、弟子たちは驚き、考え込んで問いました。しかし、この場所にいるこれらの人々はつまずき、驚愕して、「罪まで赦すこの人は、いったい何者だろう」と問うのです。

この女は依然としてその場に立っています。恐らく彼女が一番したいのは、彼女の救い主がおられるところにずっと留まることでしょう。しかし、主は彼女を立ち去らせられます。「行きなさい、あなたの信仰があなたを救った。」そのように語られることで、主は同時にそこに居合わせている人々に次のように言おうとなさいます。「あなたがたの不信仰はあなたがたを救わないであろう」と。人はここで、すべてのことから判断して、今や予想するに違いないこと、すなわち、「あなたを救ったのはあなたの愛である」と主が語られないことに注意してください。救いを与える愛が存在することを私たちは知っていますし、あまりによく知っています。しかし、主は、救いを与える信仰が存在するところこの大いなる罪人の女性に語られるのです。すなわち、「あなたの信仰があなたを救った」と。

「平和と共に行きなさい。」これまで彼女のもとに平和はありませんでした。それが彼女の苦しみでした。すべての性的混乱と放埓な生活の背後にある苦しみがここでは明らかにされています。今から後、あの女性と共に平和があります。それゆえに、彼女のもとで新しい人生の一時期が始まることになるのです。

42　婦人の信奉者たち　8章1―3節

1すぐその後、イエスは神の国を宣べ伝え、その福音を告げ知らせながら、町や村を巡って
旅を続けられた。十二人も一緒だった。2悪霊を追い出して病気をいやしていただいた何人
かの婦人たち、すなわち、七つの悪霊を追い出していただいたマグダラの女と呼ばれるマリ
ア、3ヘロデの家令クザの妻ヨハナ、それにスサンナ、そのほか多くの婦人たちも一緒であ
った。彼女たちは、自分の持ち物を出し合って、一行に奉仕していた。

イエスの活動における新しい段階のようなものがここで開始されます。「すぐその後、イエスは神の国を宣べ伝え、その福音を告げ知らせながら、町や村を巡って旅を続けられた」（一節）。できることなら、イエスを自分たちのもとにだけ留めておきたいと願ったこの町の住人たちをイエスが不快にさせたにもかかわらず、その時までイエスの働きは多かれ少なかれカファルナウムに集中していました。今やイエスはそこで表明された決心（四章四三節）を実行され、駐留用兵舎としてのカファルナウムを含め、「町から町へ、村から村へ」――人はそのように意訳することもできるでしょう――ある種の放浪生活を送られることになります。なにしろ、イエスがすべての町を一つ一つお訪ねになり、どんな小さな村のためにも、急がずにゆっくり時間を割かれたとルカが言おうとしたという印象を受けるように原文には書いてあるのですから。イエスがこのような放浪生活の間になされることは、何よりもまず二通りのことです。すなわち、イエスは「説教をし、福音を告げ知らせた」、つまり、イ

エスは神の国の開始を宣言され、「神の支配が実現した」と大声で告げられる（説教される）のであり、さらに、イエスは人々に、彼ら自身に関わる喜びの使信としてこの知らせを大声で伝えられることによって救いを差し出されるのです。いつもは第三のこととして、通常さらにそれに付け加えて挙げられること、すなわち、しるしと癒しについて、ルカはここでは言及しません。

「十二人も一緒だった。」イエスはもはやお一人ではありません。旧約聖書の十二人の族長たちに対応する新約聖書の十二人の使徒たちがイエスに同行します。「神の国が始まった」という興奮させる知らせと共に、あちこち転々と巡り歩くこの男たちの群れの行進を想像するのは難しいことです。

「さらに、悪霊を追い出して病気をいやしていただいた何人かの婦人たち」（二節〔による〕）。「多くの婦人たちも一緒であった」と言われています。イエスが病気を癒されたこのような人たちのことが問題となっているという覚書は、それがここにしかないという理由で注意を引きます。例えば、イエスの使徒たちの中で誰一人そのように言われている人はいません。あたかも、かつては病人で、今は癒されたこのような多くの人々がいわば歩き回る証としてイエスに同行していたかのような推測は、人間的に言えば、より自然に思われることでしょう。たった一人の癒された人だけが神に栄光を帰するために帰って来たという話を、やがて私たちは読むことになります（一〇人の重い皮膚病を患っている人々）。別の折には、一人の癒された人（ゲルゲサ人の地方[59]のあの悪霊にとりつかれた人）がイエスについて行こうとしましたが、イエスは彼の切なる願いを拒まれたということを私たちは聞きます。それゆえに、かつて病人であった婦人たちに関する言及はここでは注目に値します。彼女たちをイエスと結びつけるのは特別な感謝の絆なのです。

そのうえさらに、これらの女性の信奉者たちのうちの三人は名前が挙げられます。一人はマリアです。何人かのマリア（イエスの母、ベタニアのマリア）の中の一人です。ここで言及されているのは湖畔の町マグダラのマリアです。彼女はかつて悪霊にとりつかれていた特別な患者であったに違いありません。イエスは彼女を七つの悪霊から解放したと言われています。彼女は後にイエスのご受難の証人となり、アリマタヤのヨセフの庭において最初のイースターの証人となります。それからクザの妻ヨハナです。クザは、洗礼者ヨハネの殺害者であるヘロデ・アンティパス王の高官でした。イエスに従うことがどのような家族間の緊張をもたらしうるかということを私たちはそれとなく感じます。最後にスサンナです。私たちは彼女について、彼女の名前以外に何も知りません。従う婦人たちについて特別に報告されるこの場所で、主の母がまったく不在であることは奇異な感じを与えざるを得ません。

今やこの小さな段落は二つの点で重要です。一つは女性の地位という観点で、もう一つはよそ者また放浪者としてのイエスの境遇という観点で。

女性の重要性という観点で、ここではさまざまなことを考慮に入れることができます。女性を見下し、差別待遇する傾向は近東全体にありました。それはユダヤ人においても、ギリシア人においても、ペルシャ人においても、さまざまな変化形で現れる、男性であることへの感謝の言葉から明らかになります。「私が不信仰者でないことをあなたに感謝します。私が奴隷でないことをあなたに感謝します。私が女でないことをあなたに感謝します。」たとえ個々の女性が例外として人々から尊敬を受けるとしても、やはり一般的には女性は困難な立場に置かれています。このような原則的ならびに実際的な女性の蔑視が旧約聖書の中には存在しないということは強調されるべきことです。旧約聖書の典型的な箇所においては、女性が男性と共に創造の冠であり、男性と共に生ける魂であり、男性と共に罪に陥り、裁きのもとに立たされ、恩赦を受けます。彼女は男の「助け手」です。すなわち、男は彼女を頼りにせざるを得ないのです。私たちは、エバ、サラ、リベカ、アビガイル、デボラ、ハンナ、ルツ、エリサベトとマリアに至るまでの約束の母としての、尊敬に値する一連の女性像を参照するように指示します。

旧約聖書において、女性はそのような立場に置かれています。ただ女性には、ある制限が課されています。例えば、女性は祭司職には就きません。そのことは男性のある種の優位を意味しますが、決して女性の価値が低いということを意味しません。しかし、その後ユダヤ教においては、旧約聖書と甚だしく矛盾して、女性に関する見方において、異教への接近が生じました。それどころか、部分的には異教を上回っています。そこでは次のような発言が広まっています。「その人の子どもたちが男の子であれば、その人は幸いだが、その人の子どもたちが女の子であれば、その人に災いあれ。」あるいは、「十のおしゃべり好きの霊がこの世に降りて来た。そのうちの九つを女性が受け取り、一つを残りの世が受け取った。」ラビ・ヒレル[60]（紀元前二〇年）は簡潔明瞭に「多くの女性、多くの魔術」と説明しています。埋葬や死者の保存など、死体の扱いに関わるすべてのことは女性に課されていました。しかもそれは、女性がエバの時代以来、人間の死に関して主犯であるという独特な理由づけによります。ユダヤ教の会堂では、女性たちは柵の後ろの二階席に隔離されて座っています。神殿では、女性たちには、異邦人の前庭でちょうど十分なのです。ユダヤ人の賢人フィロン[61]は思い切った発言をします。同様のことをショーペンハウアーや、あるいは例えばヘルマン・ヘッセ[62]（ナルチスとゴルトムント！）も語ることができたでしょう。すなわち、「私たちの国では、男性の立場は理性を有しているが、女性の立場は感性を有している」と。

イエスは今や旧約聖書の線に再び帰られます。イエスは女性に対して、ある種の控え目な態度を課されます。「十二人」はもっぱら男性のみです。女性の使徒はいません。〔しかし〕ユダヤ教において有効な諸規定が女性に対して軽蔑的で思いやりがないところでは、イエスはそれらを破られます。イエスはヤコブの井戸辺で女性と話をされます（ヨハネによる福音書四章）。イエスは女性に教えられます（マリアとマルタ、ルカによる福音書一〇章）。イエスは、たとえそれが女性であろうと、踏みにじられ、抑圧されている人々を擁護されます（大いなる罪人の女性、ルカによる福音書七章、姦淫の罪を犯した女性、ヨハネによる福音書八章）。イエスはそのたとえの中で女性の仕事を認めつつ語っておられます（家を掃除し、あるいはパン用の錬り粉をこねる女性）。キリスト教会は兄弟の名前に姉妹の名前を付け加えることで、これと同じ線を辿ります。ここでも、ある制限が女性に要求されており、礼拝生活における男性の明確な優位がここでは保持され続けています（コリントの信徒への手紙一 一一章一〇節、コロサイの信徒への手紙三章一八節、エフェソの信徒への手紙五章二一節以下）。しかしその際、女性は完全な権利を有する共同相続人です。「同じように、夫たちよ、妻を自分よりも弱いものだとわきまえて生活を共にし、命の恵みを共に受け継ぐ者として尊敬しなさい」（ペトロの手紙一 三章七節）。ここでも、男性と女性との間のあらゆる相違にもかかわらず、召命の一致と神の相続順位が同等であることを明言する有名な箇所を挙げることができます。「ここではもはや男も女もありません。あなたがたは皆、キリスト・イエスにあって一つだからです」（ガラテヤの信徒への手紙三章二八節〔による〕）。今や聖書全体に及ぶこのような背景に基づいて、今問題になっているルカの小さな記事は正当に評価されることができます。確かに、女性たちは最も親密な使徒たちの一団の一員ではありません。しかし、彼女たちは飼い葉桶から十字架に至るまで、同じ恵みの共同相続人としてイエスに同行します。それどころか、女性たちは最後に残った者たちとして十字架のそばに立っており――イースターの朝、最初に到着した者たちとして空の墓のそばに立っています。

しかし今や、この短いルカの特別な記事は、ただ単に女性の地位という観点においてのみならず、イエスとの関連においても、ある点で関心を引きます。イエスは御自分の弟子たちにすべてのものを捨てるように要求されます。イエス御自身が市民としての職業を営むことを断念されます。荒れ野におけるイエスの誘惑に関する記事が教えているように、イエスはまたはっきりと御自分と御自分の者たちのために、奇跡によって御自分の生活の糧を手に入れるという安易な道を放棄されます。イエスはいったい何によって生計を立てられるのでしょうか。ある時は、その時々に与えられるものによってです。共有の財布が言及されます（ヨハネによる福音書一三章二九節、一二章六節）。しかし、その財布からはとりわけ、貧しい人々のための寄付金が引き出されます。客としての親切なもてなしを受け入れ、感謝して利用することがますます必要になります（ベタニアの姉妹たち、エリコのザアカイ、ファリサイ派の人シモンの家）。そしてさらに、私たちは今やまさにここで、これらの高貴な女性たちについて、彼女たちが「自分の持ち物を出し合って、一向に奉仕していた」（三節）ということを聞きます。彼女たちは使徒たちの一団に、母親また姉妹らしい奉仕をします。例えば、どうしても必要な服の修繕を考えてみてください。イエスは日々このような奉仕に頼らざるを得ません。それは、イエスが自ら進んで引き受けられた貧しく卑しい身分にふさわしいことです。イエスが御自分の者たちに日ごとに糧を祈り求めるように教えられるとき、それはイエスにとって単なる空論ではありません。使徒たちの一団が後で、イースターの後に、復活なされた主がパンを裂かれる仕草を見て主だと分かるほどに、使徒たちの一団において、主による日ごとのパン裂きが特別に重要な出来事であるのは、理由があってのことです。

全地が御自分の所有物である方が同時に、高貴な女性たちが「自分の持ち物を出し合って、この方に奉仕する」ということに頼らざるを得ないのです！

43　種を蒔く人のたとえ　8章4―15節

4大勢の群衆が集まり、方々の町から人々がそばに来たので、イエスはたとえを用いてお話
しになった。5「種を蒔く人が種蒔きに出て行った。蒔いている間に、ある種は道端に落ち、
人に踏みつけられ、空の鳥が食べてしまった。6ほかの種は石地に落ち、芽は出たが、水気
がないので枯れてしまった。7ほかの種は茨の中に落ち、茨も一緒に伸びて、押しかぶさっ
てしまった。8また、ほかの種は良い土地に落ち、生え出て、百倍の実を結んだ。」イエスは
このように話して、「聞く耳のある者は聞きなさい」と大声で言われた。
9弟子たちは、このたとえはどんな意味かと尋ねた。10イエスは言われた。「あなたがたには
神の国の秘密を悟ることが許されているが、他の人々にはたとえを用いて話すのだ。それは、
　『彼らが見ても見えず、
　聞いても理解できない』
ようになるためである。」
11「このたとえの意味はこうである。種は神の言葉である。12道端のものとは、御言葉を聞

くが、信じて救われることのないように、後から悪魔が来て、その心から御言葉を奪い去る
人たちである。13石地のものとは、御言葉を聞くと喜んで受け入れるが、根がないので、し
ばらくは信じても、試練に遭うと身を引いてしまう人たちのことである。14そして、茨の中
に落ちたのは、御言葉を聞くが、途中で人生の思い煩いや富や快楽に覆いふさがれて、実が
熟するまでに至らない人たちである。15良い土地に落ちたのは、立派な善い心で御言葉を聞き、
よく守り、忍耐して実を結ぶ人たちである。」

「大勢の群衆が集まり、方々の町から人々がそばに来たので、イエスはたとえを用いてお話しになった」（四節）。方々の町から大衆が殺到し、押し寄せます。それは成功と間近に迫る勝利のように見えます。あたかも「わたしたちの口に笑いが満ちるであろう」という詩編一二六編の御言葉が間もなく輝かしく実現されるかのように見えます。しかし、今やイエスは、このような誤った推論に用心するようにと、御自分のものたちにはっきり警告されます。イエスは「種蒔きに出て行った」種を蒔く人のたとえを通してそうなさるのです。まだ最後の収穫ではありません。まだ種蒔きの時期です。僕（しもべ）の姿をした天使が来て、実った穀物の束を納屋に入れるまでには、まだかなりの時間がかかるでしょう。従って、この種を蒔く人のたとえは、人がまだ初期段階にいることを示唆しています。その際、注目されるべきことは、イエスがここで御自分の御国における種蒔きと収穫を、それどころか御自分の御国そのものを秘密と呼んでおられることです。「あなたがたには神の国の秘密を悟ることが許されているが、他の人々にはたとえを用いて話すのだ。それは、『彼らが見ても見えず、聞いても理解できない』ようになるためである」（一〇、一一節）。御国の秘密は、イエスが死に、復活なさるとい

うこと、従って、神の国はキリスト御自身の失敗と破滅を通してのみ建設され、勝利を獲得するということにあります。弟子たちも初めのうちはこの秘密を理解しません。彼らもこのたとえにつまずきます。そして、彼らもまた、それが彼らに「許され」なければ、それを決して理解しないでしょう。従って、実際に彼らでさえも、種を蒔く人のたとえをさしあたり理解しません。しかも、それは決して、彼らには農業のことが何も分からないからではありません。そうではなく、蒔かれた種の運命について、イエスがここで語っておられるその語り方が一語一語「神の国の秘密」、すなわち十字架と復活の勝利の知らせを含んでいるからなのです。

「他の人々にはイエスはたとえを用いて話される。」現代においてたとえを用いる目的は、言おうとする内容をはっきり説明し、明らかにすることにあります。当時のたとえの使用はそれとは異なります。たとえは、当時は理解しがたい謎めいた言葉であり、意味深長な格言で、解釈を必要とします。イエスのたとえに関しても同じことが言えます。私たちはイエスのたとえをその都度あまりに性急に理解してしまわないように注意すべきであるという原則を、人はここでまさに立てることができるでしょう。それらのたとえを理解することが、ある人には、「許され、あるいは禁じられている」ということがありうるのです。しかし、それらのたとえを理解することが許される人は、キリストの死と勝利と再臨、まさに「神の国の秘密」を理解したのです。

さて、今や私たちはこのたとえをじっくりと考察し、イエスによる説明を受けましょう。「蒔いている間に、ある種は道端に落ち、人に踏みつけられ、空の鳥が食べてしまった」（五節）。「道端のものとは、御言葉を聞くが、信じて救われることのないように、後から悪魔が来て、その心から御言葉を奪い去る人たちである」（一二節）。従って、御言葉を聞くことは必ずしも危険のない出来事ではありません。それゆえに、すでに伝道者ソロモンが「神殿に行くときには、足に気をつけなさい」（コヘレトの言葉四章一七節〔『聖書協会共同訳』〕）と忠告しているのです。語り、聞くことは神の国においては危険に満ちています。御言葉の種蒔きは敵の国でなされる職務です。コンサートに行くことよりも聖書の授業に行くことの方が、危険が多いのです。御言葉のもとに行くことに、敵は特別の関心を持ちます。そこで敵は介入し、邪魔をしようとします。そして、まだ御言葉の種が芽を出す前に、まして根を張ることができる前に、悪魔は多くの御言葉の種をかすめ取ることに成功するとイエスはここで伝えられます。それゆえに、神の御言葉を告げ、神の御言葉に耳を傾けることに関わる大小の数え切れぬほどの悪だくみや悪魔のしわざにもかかわらず、種の一部は良い土地に落ち、実を結ぶことができるということは純然たる奇跡なのです。それは秘義です。ほかのときは、農業においてとりわけ平和な作業である種蒔きが、イエスのたとえにおいては、むしろ戦闘的な出来事なのです。ここでは、種を蒔く人の姿は羊飼いの姿に似ており、ほとんど戦士のような人物です。

「ほかの種は石地に落ち、芽は出たが、水気がないので枯れてしまった」（六節）。「石地のものとは、御言葉を聞くと喜んで受け入れるが、根がないので、しばらくは信じても、試練に遭うと身を引いてしまう人たちのことである」（一三節）。このような理由からも、「御言葉と関わること」は危険のないことではありません。なぜなら、信仰をもって宣べ伝えられ、信仰をもって聞かれるところではどこでも、必ず試練が生じるからです。「試練」、それは文字通りには、人が不意に襲われ、攻撃を受け、悩まされることを意味します。まさしく軍事技術的な表現です。すなわち、人は交戦するのです。好評と反論が生じます。それゆえに、種を蒔く人が働くところではどこであろうと、敵対者が現れても決して驚いてはならないでしょう。教会にはそれとは反対のことが起こらなければならないでしょう。

すなわち、長い間試練が生じないときには、教会は、御言葉の宣教に関して何かが間違っているのだろうかとまさに自問しなければならないでしょう。しかし、普通、試練が生じる場合には、試練は離反という結果を招くことになるとイエスは言われます。とりわけ、ただ恵みにのみ基礎を置いていない信仰者たちは、まだどこかしら、意識的にあるいは無意識に功績思想を信奉していたのであり、いかにも人間らしく報いを期待し、その後に離反することになるのです。イエスが語っておられるイエスの御国で得られる本当の報いは、私たちの肉欲に合わないように見えます。それゆえに、全体としても個別的にも、試練の時はいつでも離反の時でもあるのです。そして、またしても試練の力と重圧にもかかわらず、いくつかの種は百倍の実を結ぶということは純然たる奇跡なのです。それは秘義です。

「ほかの種は茨の中に落ち、茨も一緒に伸びて、押しかぶさってしまった」(七節)。「そして、茨の中に落ちたのは、御言葉を聞くが、途中で人生の思い煩いや富や快楽に覆いふさがれて、実が熟するまでに至らない人たちである」(一四節)。ここで、富と一緒に思い煩いが挙げられていることは不思議に思われるかもしれません。しかし、思い煩いは実際に富に付随する現象です。飢え、凍えなければならないことを恐れている人々は実際に、何よりもまず貧しい人々の中にではなく、より裕福な人々のもとで探し求められるべきです。金持ちになることを望み、あるいは金持ちになったかなりの数の人々のもとで、心の重荷が良い種に押しかぶさってしまいます。そして、思い煩いがそのような結果をもたらさない場合にも、今度は社会的義務、いわゆる「外的理由」がそれを成し遂げます。「この人生の富や快楽」はいくつもの良い萌芽と果実の芽に押しかぶさってしまいます。そのような義務の重荷や娯楽の楽しみにもかかわらず、実が生じうるということは純然たる奇跡です。それは秘義です。

「『また、ほかの種は良い土地に落ち、生え出て、百倍の実を結んだ。』イエスはこのように話して、『聞く耳のある者は聞きなさい』と大声で言われた」（八節）。「良い土地に落ちたのは、立派な善い心で御言葉を聞き、よく守り、忍耐して実を結ぶ人たちである」（一五節）。最後に話題になっているこの実、それは本来のすばらしい喜びの知らせです。それはこのたとえにおける福音です。すなわち、それは、神の言葉は決してただ単に実を結ばないのではないという約束です。二千年来、説教が語られてきましたが、それが何の役に立っているのでしょうか。「何の役にも立っていない！」。それは真実ではありません。二千年以上前から説教が語られ、四千年前から、そして、さらに何千年も前から御言葉が発せられています。そして、神の国において、御言葉が実をもたらさなかった年は一度もありませんでした。来る年も来る年も神の国の実がどれだけ成長し、熟するかを見ることができるならば、私たちの目は驚嘆することでしょう。イエスはここで、すでに旧約聖書において約束されていたことを確認され、確証しておられるだけです。「雨も雪も、ひとたび天から降れば、むなしく天に戻ることはない。それは大地を潤し、芽を出させ、生い茂らせ、種蒔く人には種を与え、食べる人には糧を与える。そのように、わたしの口から出るわたしの言葉もむなしくは、わたしのもとに戻らない。それはわたしの望むことを成し遂げ、わたしが与えた使命を必ず果たす」（イザヤ書五五章一〇節、一一節）。ましてキリストが言であられ、肉となられ、この地上の私たちのもとに来てくださったのであれば、この言葉が確かに空しくは戻らないということを私たちは知っています。

　しかし、今はまだ種蒔きの時です。万一、今すでに実の形で熟するものは最初の実であり、早なりの実です。まだ秋ではありません。まだ本格的な収穫の季節ではありません。そして、これらすべての最初の実と早なりの実は、最初の果実や早なりの野菜がそうなりやすいように、とりわけ柔らかく、とりわけ傷みやすいのです。それどころか、神の国におけるこのような最初の実は、すべてのものをひっくるめて、ただイースターからのみ説明がつきます。予定より早いこのような実も駄目になってしまうならば、それは聖金曜日に起こったような破滅の仕方なのです。パウロは、彼が共に十字架に架けられ、共に復活することについて語ったとき、また「わたしたちが神の国に入るには、多くの苦しみを経なくてはならない」（使徒言行録一四章〔二二節〕）という認識と共に、最初の伝道旅行から、彼を派遣した教会にパウロが帰って来たとき、彼はこのことを言おうとしたのです。しかし、詩編一二六編に書いてあるように、この時代とこの世における種蒔きはこういう状況のもとでは、今はまだ涙の種蒔きなのです。ルカにおいて、種を蒔く人のたとえの最後の言葉がよりによって忍耐であるのは理由があってのことです。それこそが、真剣であると同時に祝福に満ちた「神の国の秘密」なのです。

44　升の下のともし火について　8章16—18節

16「ともし火をともして、それを器で覆い隠したり、寝台の下に置いたりする人はいない。
入って来る人に光が見えるように、燭台の上に置く。17隠れているもので、あらわにならな
いものはなく、秘められたもので、人に知られず、公にならないものはない。18だから、ど
う聞くべきかに注意しなさい。持っている人は更に与えられ、持っていない人は持っている

と思うものまでも取り上げられる。」

　この続きのたとえの格言を正しく理解するためには、ルカがそれを置いている文脈を見落とさないことが重要です。ルカがこの升の下のともし火についての御言葉を、種を蒔く人のたとえにすぐ引き続いて挿入するとき、ルカは明らかに、本来まだ種を蒔く人のたとえの一部を成すことをここでなお強調して説明しようとするのです。いずれにせよ、ここでもまだ御言葉を語ることと聞くことが問題となっています、ただし異なる比喩のもとで。先のたとえにおいては、御言葉は種にたとえられ、ここではともし火にたとえられています。どちらの場合も、生き生きとしたもののたとえが問題となっているということは、私たちにはどうしても些細なことでないように思われます。御言葉をともし火にたとえることは古くからあり、知られています。イエスはそれをすでに旧約聖書から知っておられます。「あなたの御言葉は、わたしの道の光、わたしの歩みを照らす灯」（詩編一一九編一〇五節）。御言葉とともし火の比較や、イエスがこの両者、御言葉とともし火であられるという指摘は第四福音書記者において、とりわけはっきり現れます。「初めに言があった」、「言はわたしたちの間に宿られた」、そして「光は暗闇の中で輝いている」（ヨハネによる福音書一章一節、六節、一四節）。この光が世に来られた後、この光は世で輝いているということが重要です。穀粒が生きており、成長するように、ともし火は燃え、輝きます。私たちがそれを輝かせる必要はありません。それは自然に、それ自身の力で輝きます。

　しかし今や、このともし火に関して、極めて遺憾なこと、それどころか狼狽させることが起こりえます。人はこのともし火にふさわしい燭台の上にともし火を置く代わりに、それを升の下に置き、それどころか寝椅子の下に置くのです。それは極めて愚かなことです。誰もこれほど馬鹿げたことをしません。「ともし火をともして、それを器で覆い隠したり、寝台の下に置いたりする人はいない。入って来る人に光が見えるように、燭台の上に置く」（一六節）。しかし、信仰者たちは今やまさに、それほどまでに極めて愚かなことを実際に為しうるのです。愚かなことがなされるにもかかわらず、私たちキリスト者は明らかに、非常に徹底してそのようなことをします。この世の子らの方が賢いのです。誰もしないことを、私たちはするのです。そして、人はそのともし火を弱め、覆い、おまけに隠しさえするのであり、それどころか他のたとえにおいては、ある人が自分に委ねられた貨幣をハンカチの中に隠すことさえありうるように、人はともし火を、何かある黄色や赤いフィルターの後ろに置いてくすませるということを、ともし火は甘受しなければならないのです。神の御言葉を升の下や寝床の下に置くためのさまざまな方法があります。すなわち、典礼的な方法や世俗的な方法、学問的な方法や美学的な方法や教化的な方法があります。

このように神のともし火を弱め、覆うことはすべて無力な予防措置であり、人間的な抑制措置の試みです。私たち人間は神のともし火、すなわち神の御言葉が鋭く、傷つけ、それどころか破壊するものであると感じます。しかし、私たちはこの御言葉の攻撃と突然の襲撃から身を守ろうとし、それによって煩わされることを望みません。しかし、人がそうすることで、御言葉の危険性から逃れようと思うならば、それは単に愚かなことではなく、防火技術の理由からだけでも、まさに危険です。もし人がむき出しのともし火を升の下に置き、それどころか寝台や寝床の下に置くならば、遅かれ早かれ家全体が燃えてなくなるということをどの消防署の隊員も知っています。ともし火は燭台の上に置くべきです。神の御言葉を弱めることは危険なことです。そのようなことをする人は裁きに値する状況をもたらします。御言葉の明るいともし火よりも、例えば祭儀の薄暗がりを好む人、神の御言葉が清める働きをし、人格や人間関係に変化をもたらす働きをするのを一生懸命防止し、予防する人は、遅かれ早かれ裁きの炎を相手にするようになります（ヨハネによる福音書一五章二節、六節）。すなわち、私たちに気に入ろうが入るまいが、ともし火は輝き、燃えるのです。イエスが次のように続けて語られるとき、それは裁きの御言葉です。「隠れているもので、あらわにならないものはなく、秘められたもので、人に知られず、公にならないものはない」（一七節）。「太陽は明るみに出す」[63]、それは本当ではありません。太陽は多くのことを明るみに出しません。しかし、御言葉は明るみに出します。神の御言葉の前で何かを隠すことは長くは成功しません。御言葉のすべての偽りの友と御言葉のすべての敵はそのことを記憶しておかなければならないでしょう。神の御言葉がますます生き生きとし、働くことによって、神の御言葉は禁令に対しても反応します。賢いガマリエルはそれを心得ていました（使徒言行録五章三四―四二節）。

しかし、神の御言葉を阻み、妨げるための、もっとよくある形は不信仰な形ではなく、信仰的な形です。それは確かに不思議であり、理に合いませんが、残念ながら事情はそうなのです。すべての啓蒙主義者や凶暴な人々をひっくるめたよりも、私たちキリスト者の方が神の御言葉にとって邪魔になりうるのです。御言葉が私たちにとって死文、生気を失った遺物、責任と勇敢な行動を伴わない伝統になるとき、そのようなことが起こります。ルカがここで偶然、ただなんとなく付け加えるのではない警告がここでは重要です。それは本質的に、いわば論理的に考えて、ここにふさわしいのです。「だから、どう聞くべきかに注意しなさい。持っている人は更に与えられ、持っていない人は持っていると思うものまでも取り上げられる」（一八節）。この御言葉は初代教会にとって、殊のほか重要であったに違いありません。なにしろ、それは新約聖書に少なくとも五回は書いてあるのですから。聞いているすべての人々に対して、願わくは正しく聞くようにという警告。神の御言葉を持っているすべての人々に、願わくはそれを正しく持つようにという警告。というのは、人は「持っている」と思っているだけで、実際には持っていないということがありうるからです。しかし、もし人が神の御言葉を伝えるならば、人は神の御言葉を正しく持っているのです。こと信仰に関しては、人は与えることによってのみ持つことができ、人は失うことによってのみ所有することができるのです。信仰を「用いない」人においては、信仰は衰えます。しかし、自分の信仰が強まることを望む人は、それを用いなければなりません。所有する「貯蔵庫」があまりに大きすぎる多くのキリスト者がおり、かなり多くの教会があります。彼らはその所有物から「離れ」始めなければならないでしょう。豊かになる教会は常に内実を失う危険を冒します。貧しくなる教会は御言葉の成長に恵まれます。教会が困窮している時には、〔聖書の〕すべての章やすべての書や聖書のすべての部分が再び聞き取れるようになり、また生き生きとしたものになり始めることができるのです。「だから、どう聞くべきかに注意しなさい。」

45　イエスの家族　8章19—21節

19さて、イエスのところに母と兄弟たちが来たが、群衆のために近づくことができなかった。

20そこでイエスに、「母上と御兄弟たちが、お会いしたいと外に立っておられます」との知ら

せがあった。21するとイエスは、「わたしの母、わたしの兄弟とは、神の言葉を聞いて行う人
たちのことである」とお答えになった。

全人類の歴史（アダムとエバ）や後には救済史（アブラハムとサラ）が、家族という懐において始まることを許されるということを聖書は私たちに教えてくれます。その後、救済史は旧約聖書全体を貫いて家族や氏族の中を動いて行きます。この旧約聖書の系図は新約聖書における啓示の担い手であり、救いの仲介者として真剣に受け取られます。しかし、とりわけ私たちはそこで、ヨセフが「ダビデの家に属し、その血筋であった」（ルカによる福音書二章四節）ということ、またイエスがダビデの町で生まれ、ヨセフを通して、ダビデの家系に養子として受け入れられるということを聞きます。家族という枠組みの中でこの方の受肉が生じ、イエスが一人の男性を「父」と呼ばれ、一人の女性を「母」と呼ばれ、イエスが人々の目から見れば息子であられ、イエスには兄弟姉妹がいるように、イエスはその受肉において、切り離された個としての人間の姿を取られたのではなく、人間の家族という集団の中に入って行かれたという事実に私たちは直面します。従って、ヘブライ人への手紙に「イエスは彼らを兄弟と呼ぶことを恥とされなかった」（ヘブライ人への手紙二章一一節による）と書いてあることは文字通り当てはまります。イエスはマリアの長子と呼ばれても平気です。そして、私たちは、主の誕生の後にマリアがヨセフと協力して自然な生殖によって産んだ兄弟姉妹たちの名前を知っています（ルカによる福音書二章七節、マルコによる福音書六章三節）。十二歳の少年〔イエス〕は、自分がこの家族の一員であることを認めておられます。「イエスは両親に仕えてお暮らしになった」（ルカによる福音書二章五一節）。そして、死の時に至るまでずっとそうあり続けます。死の時、イエスは十字架上

から下にいる愛弟子のヨハネに御自分の母を託されます。万物の主が人となられる過程において、この地上で家族の一員となられたということ以上に高い家族の評価と強力な確証は考えられません。

しかし、旧約聖書においても新約聖書においても、聖書においては、家族が究極の価値を有するものと見なされることは決してありません。そのように家族が究極的な価値を有するものと見なされることは、昔の異教においても、現代の異教においても、いつも必ず家族の絶対視へ、そして遂には家族の偶像化へと導きます。家族は聖書においては固有の価値を有しません。それはいわば神の国において「奉仕する霊」〔ヘブライ人への手紙一章一四節〕の一つです。神は家族の主であられます。家族は教会と御国において、その限界にぶつかります。万が一、家族と御国とが互いに選択を迫られるならば、いつでも神の国が先に来るのであり、その場合には、家族は後ろへ下がらなければなりません。御国のためにアブラハムは家族を残して家を出ます〔創世記一二章一節〕。洗礼者ヨハネや十二使徒たちも同様です。私たちは、すでに十二歳の少年〔イエス〕のもとで、家族と御国との間のこのような緊張関係に出会いました。「御覧なさい。お父さんも私も心配して捜していたのです」という叱責に対して、主はそこでこうお答えになります。「私が自分の父の家にいるはずだということを、知らなかったのですか」〔ルカによる福音書二章四九節（『聖書協会共同訳』）〕。

それどころか、家族は信仰者にとってまさに障害となり、誘惑者となりえます。ヨブにおいてもすでにそうですし、使徒パウロも、なぜ彼が独身の身分に留まり、独身であることを勧めたのか、その主な理由が何であるかについていくらか知っています〔コリントの信徒への手紙一　七章〕。このような最も極端な場合には、イエスは家族を捨てるように勧告されます。イエスのために父または母、妻または子ども、兄弟または姉妹、畑と家を捨てる人には、教会と御国のより高次の交わりにおいて、その人が捨てたものの百倍を再び取り戻すことになるとイエスは約束されます。信仰の兄弟関係は血縁関係に優っています。そして、ここで今やイエス御自身とその家族に目を向けるとき、まさにこのような事態となっているのです。

「さて、イエスのところに母と兄弟たちが来たが、群衆のために近づくことができなかった。そこでイエスに、『母上と御兄弟たちが、お会いしたいと外に立っておられます』との知らせがあった」（一九節、二〇節）。イエスが多くの民衆と関わり合っている間に、例えば今日では電話口に呼び出されるように、イエスは話を中断されます。しかし、大勢の群衆のため、イエスのもとにまで突き進むことのできない御自分の家族に、イエスは次のように伝えさせます。「わたしの母、わたしの兄弟とは、神の言葉を聞いて行う人たちのことである」（二一節）。家族が出しゃばろうとし、御国よりも自分たちを優先するように要求するところでは、イエスは非常に厳しい態度を取られることがよくあります。しかし、このような対立の真の厳しさは、私たちがヨハネのもとで読むあの短い記事からもっと明確になります。そこには次のように書いてあります。「兄弟たちも、イエスを信じていなかったからである」（ヨハネによる福音書七章五節〔による〕）。それどころか、マルコには（三章二一節）次のように記されています。イエスの家族は、イエスが「気が狂っており」、彼が何をするかもはや分からず、彼にはもはや責任能力がないという印象を受けたがゆえに、彼らはあるとき、イエスをナザレの家に連れて帰ろうと試みたと。彼らはイエスの十字架への道を理解しません。この方をこの道へとせき立てるすべてのことは、彼らを親類としての心配で満たします。私たちの立場では、イエスの厳しさはそのようにしか説明がつきません。状況が誘惑に満ち、イエスが十字架の道を行くのを妨げることが問題となっているときには、イエスはいつでも厳しい態度を取られます。マリアも少なくとも一時的にイエスの兄弟たちと同様に、イエスを信じなかったのでしょうか。ここには、マリアが自分の息子たちと共に来たとだけ書いてあります。いずれにせよ、マリアが諸福音書においてわずかしか言及されないことは人目を引きます。私たちは、〔主イエスの〕誕生と死に際して彼女に出会います。その間に一度彼女が現れるところでは、ここと同様に、どちらかというと非常に危機的な瞬間に現れ、御国と家族との間の境界がその都度明らかになります。マリアは例えば洗礼者と似たような状況に置かれているように思われます。マリアと洗礼者は二人とも主の秘密を知っていますが、主の卑賤が彼らにとって苦悩の種となります。

「わたしの母、わたしの兄弟とは、神の言葉を聞いて行う人たちのことである。」ここでは、なぜルカがこの小さな記事を、種を蒔く人のたとえや升の下に置かれたともし火のたとえと関連づけるのか、その理由が明らかになります。先のたとえにおいても御言葉を聞くことが問題になっており、そこでもこの聞くことと行なうことを妨げる障害物が問題となっています。ここでは、私たちは、自分の家族がこのような障害物になるうるのだということを聞きます。このような厳密な背景から見るならば、御自分の御言葉を聞き、行う者を、主が御自分の兄弟また姉妹と呼ばれることの意味がとりわけはっきりと分かります。ついでながら、復活なされた主としても、イエスは御自分を信じる人々をそのように呼ばれました。それどころか、さらに最後の審判の日に目を向けて、主は「わたしの兄弟であるこの最も小さい者」（マタイによる福音書二五章四〇節）について語られます。

そして、最後にもう一つ、ここでの私たちの見方は必ずしも、庶民階級の人々が例えば「理想的な家庭環境」と呼ぶのを常とするようなものではありません。噂話をする舌は、論評するための豊富な材料をここで手に入れることでしょう。結局、イエスが故郷の御自分の家庭に「立脚地」を見出したと決して誇ることがおできにならないことは、主の卑賤の一つに数えられます。イエスは初めに御自分の民のもとに遣わされたにもかかわらず、御自分の民も全体としてこの方を拒みます。「十二人の弟子たち」ですら皆、この方を信じません。結局そこでは多くの成功を収めることはできません。この方のすべての御業は死を貫きます。イースターの後になってようやく主の兄弟たちが何とか信じるようになったということを私たちは聞きます。彼らのうちの一人であるヤコブは名前さえも挙げられています（コリントの信徒への手紙一　一五章七節）。

46　湖上の突風を静める　8章22—25節

22ある日のこと、イエスが弟子たちと一緒に舟に乗り、「湖の向こう岸に渡ろう」と言われ
たので、船出した。23渡って行くうちに、イエスは眠ってしまわれた。突風が湖に吹き降ろ
して来て、彼らは水をかぶり、危なくなった。24弟子たちは近寄ってイエスを起こし、「先生、
先生、おぼれそうです」と言った。イエスが起き上がって、風と荒波とをお叱りになると、
静まって凪になった。25イエスは、「あなたがたの信仰はどこにあるのか」と言われた。弟子
たちは恐れ驚いて、「いったい、この方はどなたなのだろう。命じれば風も波も従うではない
か」と互いに言った。

「ある日のこと、イエスが弟子たちと一緒に舟に乗り、『湖の向こう岸に渡ろう』と言われたので、

船出した」（二二節）。イエスに従うとはどういうことであるのかがこの出来事においてまさに手に取るように明らかになります。イエスは舟に乗られ、その弟子たちもイエスと共に舟に乗ります。彼らは船出し、一緒に向こう岸に渡ります。マタイはこの箇所で、出発前のぎりぎりの時間に、さらに二人の者たちが自分たちも乗船し、同乗するかどうか思いを巡らしている様子を伝えています。それは、キツネには穴があり、鳥には巣がある、「だが、人の子には枕する所もない」〔マタイによる福音書八章二〇節〕というあの有名な御言葉によって、一緒に来ることに対してイエスが警告しておられるあの律法学者です。それから、もし自分の父親がちょうどその時死んでいなければ、自分も喜んで乗船したであろうあのもう一人の人です。彼らは乗船しません。彼らは同乗しません。しかし、弟子たちはそうします。それが従うということです。すなわち、あちらには陸地があり、こちらにはイエスと共に行く乗り物があるのです。ほんの小さな一歩を踏み出せば、人はすでに従っているのです。さもなければ、人はそれを見送り、取り残されます。人はとかく、イエスに従うことをいささか骨の折れる歩みとして想像し、背筋を伸ばし、雄々しく観兵式のように足をまっすぐ伸ばし高く上げて人生を歩むことととして想像しがちです。それは現実を歪めた描写です。従うことは決断です。そして、それは、表面上はほんの小さな一歩において現れるのであり、繰り返し新たにほんの小さな一歩において現れます。人は乗船します。そうすれば、人は連れて行ってもらえるのであり、舟が運んでくれるのです。従うことは厳しい命令というよりも、はるかに思いやりに満ちた招きであり、一緒に行く機会なのです。人はその機会を活かすこともできれば、拒絶することもできます。どの信仰者も自分の人生において、神の乗り物が岸辺に停泊しているこのような機会をすでに持っていました。それですから、従うことは英雄的・奴隷的な行為というよりも、むしろ子どもらしい行為なのです。子どもの小さな一歩です。そして、もし子どもが「一緒に行くことを許されるならば」、それは子どもにとってこの上ない喜びの一つに数えられます。それですから、従うことは人間の業というよりも、むしろ神からの贈り物なのです。この場合、この贈り物の内容は何であるのかを、私たちは間もなく見る機会を持つことでしょう。

「渡って行くうちに、イエスは眠ってしまわれた。突風が湖に吹き降ろして来て、彼らは水をかぶり、危なくなった」（二三節）。人は誰をも、従うための小さな一歩を踏み出すように説得すべきではありませんし、ましてや強制すべきではありません。このような決断は霊の自由において下されるべきです。強制は危険です。私たちが今問題としている短い記事はそのことを私たちに教えてくれます。彼らが乗船した後、全速前進していると、嵐が起きます。従うことは必ず向かい風をもたらします。ここで乗船する人は嵐を覚悟しなければなりません。向こうの陸地に取り残された人や乗船しなかった人は後で喜ぶかもしれません。まさに従うことを喜ばず、従うことを阻止するためなら、どんなことでもする人がいます。「彼らは危なくなった。」それゆえに、順調な旅を望む人は従うのをやめなさい。従うことには、不安と苦境が必然的に伴うがゆえに、従うことはいつでも人間の愚行なのです。キリスト者であることはすべての闘いを原則的に放棄することと見なす人は、ここで手を出すのをやめなさい。人間の賢さは、従うことに対して警戒せずにいられません。それですから、マルティン・ルターはあるとき、宗教改革の出来事について次のように語っています。「このような業が賢さや慎重さに基づいて始められることは滅多にありません」と。そのためには、一片の子どもらしい愚かさを必要とします。そして、さらにルターは次のように続けます。「もし私が今知っていることを最初に知っていたならば、私は実際に黙っていたことでしょう。というのは、私はもはや決して、教皇やほとんどすべての人々を激しく批判し、怒らせるほど勇敢ではないでしょうから。」「弟子たちは近寄ってイエスを起こし、『先生、先生、おぼれそうです！』と言った」〔二四節〔による〕〕。舟が格闘しなければならない間、キリストが寝ておられることは一つの試練です。キリストはぐっすり眠っておられます。嵐や闘いの時を過ごす人は誰でも、ここでイエスに従う者たちが経験したような時を経験します。その時には、「悪霊は皆、はっきり目覚めているが、天使は皆、寝床につき、神が、神御自身が眠っておられる」という印象が容易に生じます。その時には、それは詩編四四編の詩人が次のように叫ぶのが私たちに聞こえる状況に似ています。「主よ、目覚めてください。なぜ、あなたは眠っておられるのですか。私たちを永久に突き放しておくことはなく、目を覚ましてください」〔詩編四四編二四節による〕。ここで弟子たちはこのような絶望的な状況に置かれています。彼らは不安の中で、イエスが寝ておられることを危険で不注意な行動と解釈し、それどころか過失と解釈してしまう傾向があります。彼らは最終的に、運転中に居眠りする車の運転手のようにイエスを揺すり起こさなければならないとさえ考えます。

「イエスが起き上がって、風と荒波とをお叱りになると、静まって凪になった。イエスは、『あなたがたの信仰はどこにあるのか』と言われた」〔二四、二五節〕。弟子たちがこの大いなる時における彼らの臆病な振る舞いを隠さないことで、我々は弟子たちに恩義を感じなければなりません。神の大いなる時が到来するとき、私たち人間は小さくなるのが常です。その時には、私たちは信仰における英雄ではありません。その時には、まさに私たち信仰者は気後れします。そのような時がまぎれもない恵みの時でなければ、誰も無事に切り抜けないでしょう。向かい風が起こり、波が教会という舟を満たすときにも、依然として教会に対して「あなたがたの信仰はどこにあるのか」と問いかける理由が主にはおありになったのです。

　そして、最後になお二つの問いがあります。従うことは崩れやすいということが従うことの実情であり、「従うことは役に立たない！」という事情であるならば、そもそも従わない方が賢明なのではないでしょうか。その場合には、もっと利口な人々や利口ぶっている人々が後で、「まさに陸地に留まる人々には、彼らが旋風に巻き込まれ、その後おどおどして、『先生、先生、おぼれそうです！』と叫ばなければならないようなことは決して起こらない」と勝利の歓声を上げることができるのではないでしょうか。確かにその通りです！　しかしまさに、従う者が自分はどのような状況に置かれているかを認識することこそ、従うことの最も深い意味にほかなりません。用心深く家で母親のもとに留まる人は自分自身からこのような経験を奪い取ります。しかし、その人はさらにそれ以外のものも自分自身から奪い去ります。私たちが弱さの中で滅び去らなければならないとき、まさにそのときにこそ、神の偉大さと力はその欠けのない圧倒的な栄光において明らかになるのです。安全な岸辺に留まる人は嵐に巻き込まれることはありませんし、無能な者として立ち尽くすこともありません。しかし、そのような人は、そこで弟子たちが見聞きすることを許されることを見聞きすることもありません。「イエスが起き上がって、風と荒波とをお叱りになると、静まって凪になった。」

　そして、さらに第二の問いがあります。「もし、そこでの嵐の中ですべてのことが異なる方向に進展していたら、どうなったでしょうか。もしあの時、旋風が勝利していたら？　小舟を中身もろとも呑み込んでいたとしたら？」私たちは次のような反問によって答えます。「その後、実際にイエスはそのような結果に終わらなかったでしょうか。実際に嵐はその後、勝利しなかったでしょうか。」その後弟子たちには、弟子たちがしがみつくことのできる舟板がもはや辺り一面どこにもなくなってしまった時が随分長い間続きました。彼らの師の難破は決定的であり、沈没してしまいました。その時には「先生、先生、おぼれそうです！」と叫んでも、彼らには何の役にも立たないでしょう。主は眠られます、それ以外の場合には、私たち人間がそこからもはや目を覚ますことがない恐ろしい眠りに主は就くことになります。

そして、神の事柄はすでに何度も繰り返し、あの場所における聖金曜日と同じような状況に置かれました。すなわち、完全に難破し、神は眠っておられるのです。しかし、私たちのすべての歩みが、従うための私たちの小さな一歩でさえも破滅に終らざるを得ないところで、キリストはこの唯一の一歩を、決定的な一歩を、墓から出てイースターの勝利へと至る一歩を踏み出されるのです。

「弟子たちは恐れ驚いて、『いったい、この方はどなたなのだろう。命じれば風も波も従うではないか』と互いに言った」（二五節）。そうです、風や波だけではなく、私たちが間もなく見ることになるように、悪霊どもがこの方に従うとは、いったい、この方はどなたなのでしょうか。いったい、この方はどなたなのでしょうか。人はそこで弟子たちと一緒に「恐れ驚か」ずにいられるでしょうか。

47　悪霊に取りつかれたガダラ人の男の癒し　8章26—39節

26一行は、ガリラヤの向こう岸にあるゲラサ人[64]の地方に着いた。27イエスが陸に上がられる
と、この町の者で、悪霊に取りつかれている男がやって来た。この男は長い間、衣服を身に

47　悪霊に取りつかれたガダラ人の男の癒し　8章26—39節

着けず、家に住まないで墓場を住まいとしていた。28イエスを見ると、わめきながらひれ伏し、
大声で言った。「いと高き神の子イエス、かまわないでくれ。頼むから苦しめないでほしい。」
29イエスが、汚れた霊に男から出るように命じられたからである。この人は何回も汚れた霊
に取りつかれたので、鎖でつながれ、足枷をはめられて監視されていたが、それを引きちぎ
っては、悪霊によって荒れ野へと駆り立てられていた。30イエスが、「名は何というか」とお
尋ねになると、「レギオン」と言った。たくさんの悪霊がこの男に入っていたからである。31
そして悪霊どもは、底なしの淵へ行けという命令を自分たちに出さないようにと、イエスに
願った。
32ところで、その辺りの山で、たくさんの豚の群れがえさをあさっていた。悪霊どもが豚の
中に入る許しを願うと、イエスはお許しになった。33悪霊どもはその人から出て、豚の中に
入った。すると、豚の群れは崖を下って湖になだれ込み、おぼれ死んだ。34この出来事を見
た豚飼いたちは逃げ出し、町や村にこのことを知らせた。35そこで、人々はその出来事を見
ようとしてやって来た。彼らはイエスのところに来ると、悪霊どもを追い出してもらった人
が、服を着、正気になってイエスの足もとに座っているのを見て、恐ろしくなった。36成り
行きを見ていた人たちは、悪霊に取りつかれていた人の救われた次第を人々に知らせた。37
そこで、ゲラサ地方の人々は皆、自分たちのところから出て行ってもらいたいと、イエスに
願った。彼らはすっかり恐れに取りつかれていたのである。そこで、イエスは舟に乗って帰
ろうとされた。38悪霊どもを追い出してもらった人が、お供したいとしきりに願ったが、イ
エスはこう言ってお帰しになった。39「自分の家に帰りなさい。そして、神があなたになさ

ったことをことごとく話して聞かせなさい。」その人は立ち去り、イエスが自分にしてくださったことをことごとく町中に言い広めた。

「いと高き神の子イエス」（二八節）。異様にかん高い叫び声はそのように聞こえます。その叫び声が、今私たちが足を踏み入れる、同じように異様に薄暗い地域から私たちを出迎えます。それは事実また、ここで述べられるべき一切のことを支配することになるただ一つの響きであるでしょう。

ここで人が聞かされるのは、確かにどちらかというと気を滅入らせ、不安を誘う話です。「人間は住人であるだけではありません。人間にも住人がいます。人間は住むだけではありません。人間はまた住まいにされます。人間は所有しているだけではありません。人間はまた占拠されます。要するに、人間はいわば住まいにされることができる存在であり、それどころか所有されることができる存在なのです！　しかも、人間に住むことができるのはシラミやナンキンムシだけではありません。人はシラミ取り薬やナンキンムシ取り粉でそれらを駆除することができます。そうです、人間に居を構え、住むことができるのも、決して細菌や伝染性の病原菌だけではありません。衛生や医学的処置によっては、人が除去できない住人がいるのです」と聖書全巻が私たちに告げます。

聖書はまさに人間や動物や植物以外に、さらに別の種類の被造物を知っています。聖書はそれらを諸力、支配、諸霊、権威、悪霊、悪魔と呼びます。それらは、見えない世界の存在であり、身体を持たないものの領域に属する被造物です。しかし、それらが体を持たずに存在していることは、彼らにとって必ずしも幸せなようには思われません。それらは間借りしようと試み、もぐり込み口を探し、地方や田舎や国々をあてもなくさ迷い歩きます。そのようにして、見えない世界からこちらへやって来て、ある種の住居探しが行われます——恐ろしいことです！　それらは個々の人間だけではなく、諸国民の領域や全世代をも占拠し、そこに住むことができるのです。彼らには転居も可能であるように思われます。

このような諸力や権威に占領された地方に、今や主が御自分の群れと共に近づかれます。それは異邦人の地域で、ガリラヤと向かい合い、湖の向こう側にあります。そこでは、豚が飼育されることができます。そこで悪霊に取りつかれている状態の際立った事例がイエスに立ち向かいます。ここの墓場に住む不幸な者の中から「我々はレギオンだ」[65]と大声で叫びます。いずれにせよ、邪悪なレギオンです！　この極めて哀れな人はすっかり黒蠅で覆われた死骸のように見えます。

イエスとその弟子たちを湖上で不意に襲った突然の嵐とこの邪悪なレギオンとの間には因果関係があるのだろうかと人は疑問に思うかもしれません。そこでは、主の上陸を挫折させようとする、悪霊の世界からの死に物狂いの抵抗と破壊の試みが問題となっているのではないでしょうか。いずれにせよ、この上陸は今やすでにほとんど、敵に占領された海岸を侵略するという意味を持つようになります。レギオン——私たちはそのように聞きます——は危険にさらされていると感じ、イエスが近づいて来られるのを恐れています。彼らは、イエスが湖の向こう岸のカファルナウムで活動しておられた時に、とっくにこの方に気付いていました。彼らはイエスの御名を知っています。「イエスよ、あなたはいと高き神の御子です」、このような非常に厳かな語りかけと共に、彼らはイエスに挨拶します。この〔悪霊の〕住み家とされている人の苦痛はさぞ激しいものであるに違いないことは、後に二千匹のすべての豚が束になっても持ちこたえられない衝撃の影響と緊張を、このたった一人の人間がそこで一人で耐えなければならないということから明らかになります。

しかし今や、途中での小さな問いが生じます。ルカはここで私たちを暗黒の中世に連れ戻すのでしょうか。最も暗いアフリカに連れ戻すのでしょうか。私たちの暗黒の現代と私たちの暗いヨーロッパの毒舌の評論家バーナード・ショー[66]は『聖女ジョウン』の彼の意義深い序文の中でこの問いに取り組んでいます。その際、彼はそこでわれわれ現代人を、やみくもに頭から先に崖に向かって突進するあの豚の群れにたとえています。

私たちは今問題にしているガダラ人の地方の男に戻りましょう。彼の身に何が起きたのでしょうか。イエスが来られて、彼を邪悪なレギオンから解放されました。このようなやり方で、イエスがより強い方であり、主であられることが証明されたのです。イエスはこの男を解放されました。しかし、それはこの出来事の一つの側面に過ぎません。人は同様に当然のこととして、イエスは彼を征服され、捕えられたと言うことができるでしょう。確かに、イエスは邪悪な所有者であるレギオンを追い出されました。しかし今や、イエスはこの住まいを空き家のままにされません。今やこの方御自身、キリストが、汚れを清められたこの場所を占領されたのです。従って、悪霊に取りつかれていた人は実際には、ただ所有者を取り替えただけなのです。以前は悪霊に取りつかれていた人は今やイエスの所有物となったのです。彼は自由に、また同時に保護されて、イエスの足もとに座っています。

一人の人間はどうしても、実際に、決して空っぽではありません。邪悪なレギオンが人間を満たすか、さもなければ、その後キリストが人間を満たします。人間は持ち主がいないことは決してありません。人間はレギオンを自分の支配者とするか、さもなければキリストを支配者とします。それどころか、人はまさに次のように言うことが許されます。キリストの所有物でない人はいわば必然的に、遅かれ早かれ、どことなく色を帯びたレギオンの所有物となります。これらのレギオンは今日、第一に精神病院や神経科の療養所に住んでいるというわけでは決してありません。それらは素朴な生活を占拠し、いわば私服で近づいてきます。それらは好んでデパートや銀行やスポーツ競技場やダンスもできる飲食店を訪れ、宿をとります。それらは大学や講義室、神学の講義室でさえも宿として選ぶことができます。それらはいずれにせよ、歪められた顔やねじ曲げられた体が存在し、発音の意味不明な声が発せられるところにだけ存在するのではありません。それらの外観はある時には平凡かつ単純であり、ある時には例えば制服を着ていることもあります。もし今日キリストが家の主人であられないならば、主婦はほとんど不安の霊に取りつかれずにいられません。この不安の霊は時代の厳しさに応じて、ハムスターの霊〔ためこみ屋の霊〕[67]としても現れます。キリストが私たちの青春時代の主であられるか、さもなければ、数多くのさまざまな霊たちが私たちの青年時代の主人であるかのいずれかです。キリストの所有物でない男性優位の社会は汚れた霊の所有物にならないように苦労することでしょう。しかし、人はこの二つの占領方法の大きな相違に注目してください。イエスが家の主人であられる場合と、何かある黒や茶色や赤や色とりどりの、あるいは無色のレギオンが家の主人である場合では、〔占領方法が〕異なります。

諸力が占領している人を、諸力は孤立させ、共同体から離れさせ、公共の安全を脅かす者にします。しかし、暗い人間嫌いな性格は外に向かって他の人々を攻撃するだけではなく、悪霊に取りつかれている人自身を攻撃します。その結果、彼の感覚や振る舞いは殺人的になるだけでなく、同時に自殺的になります。彼は自分自身の人間としての尊厳を破壊します。公共の安全を脅かす者として追放され、孤立させられ、服を引き裂き、最終的に豚たちのもとで、墓の洞穴に住むこのガダラ人の男はまさに、かつて自分の主人として神を信じることをやめてしまった人間全般の生き写しではないかと人は疑います。「というのは、汚れた霊は長い間、その男を苦しめていたからである。そして、彼は鎖でつながれ、足枷をはめられて監視されていたが、それを引きちぎっては、悪霊によって荒れ野へと駆り立てられていた」（二九節〔による〕）。これこそ、私たちの驚きのまなざしが今や三世代以上前から見ているすべての人の姿ではないでしょうか。

キリストの所有物となり、それと同時に神を自分の主人とする人間はこれとは異なります。イエスがこのガダラ人の男を解放し、御自分のものとされた後、この男は落ち着き、正気になり、おとなしくなり、人を信頼するようになり、人々との交わりを求め、いわば新しい服、新しい心、新しい顔、新しいまなざしを手に入れます。人はまさに失われた息子のことを思い起こします。彼は、もはや豚のもとや異郷に留まることなく、父やその家族のもとに帰郷しました。

そのようにイエスは破壊された人間の尊厳を回復させてくださるのです。イエスにおいては人間の救いが問題であるということ、そのことは間もなく非常に具体的にあの地方の住人たちの心に刻まれることになります。彼らは被害者であり、損害を受けた人々です。ありありと思い浮かべてみてください。イエスはたった一人の人間のために、一つの地域全体にいたすべての豚を犠牲にされたのです。原料の損失、物的損害！　人々がイエスのもとに使節団を遣わし、驚きつつも丁重に「自分たちのところから出て行ってもらいたい」と願うのは当然です。原資や物に関する通常の考え方よりも上位に置かれた、人間に関するイエスの考え方は彼らにとって恐ろしくなります。なぜなら、それは事実、現存の価値体系をひっくり返してしまうからです。彼らは自分たちの損害には目を向けますが、救われた仲間には目を向けません。そして、これ以上被害を受けることを心配します。「しかし、他の人々を犠牲にして、人間の救い主を演じるのは簡単なことではないでしょうか」と人は異議を唱えるかもしれません。イエスは単に他の人々に損害を与えて、このたった一人の人の人間としての尊厳を回復させせられたのではありませんでした。イエスはその後、本当にまったく別の犠牲をいとわず、御自分の命を身代金として捧げられたのです。

「そこで、ガダラ地方の人々は皆、自分たちのところから出て行ってもらいたいと、イエスに願った。彼らはすっかり恐れに取りつかれていたのである。そこで、イエスは舟に乗って帰ろうとされた」（三七節〔による〕）。不思議なことに、イエスは彼らの願いに応じられます。まさに極めて激しい戦いをしつつ勝ち取られた異邦人の地における橋頭堡を性急に放棄するように見えるかもしれません。しかし、イエスが御父の御心に従い、今はまだイスラエルだけに限定されるとき、それはまさに異邦人を見捨てることを意味しません。湖の向こう岸へのイエスの帰還は退却として意図されたのではなかったということを示すしるしがあの癒された男なのです。この男はイエスのもとに留まり、イエスと共に行きたいと願います。あまりにも当然のことです！「悪霊どもを追い出してもらった人が、お供したいとしきりに願ったが、イエスはこう言ってお帰しになった。『自分の家に帰りなさい。そして、神があなたにどれほど偉大なことをしてくださったかをことごとく話して聞かせなさい。』その人は立ち去り、イエスが自分にどれほど偉大なことをしてくださったかをことごとく町中に言い広めた」（三八、三九節〔による〕）。この男はあの沿岸地方の使者となり、伝道者になります。以前、彼はその土地にとって呪いであり、損害でした。この時から彼自身、祝福を受けた者として、彼が祝福となるでしょう。しかし、イエスは間もなく、これとは別の使者たちを世界中に遣わされることになります。その人々は「神がどれほど偉大なことを私たちにしてくださったか」を、さらにこれとはまったく異なる仕方で告げることになります。

少なくとも、最後の問いが沈黙させられてはなりません。いったいなぜ、イエスは邪悪なレギオンを地獄の池に行かせられないのでしょうか。なぜイエスはレギオンに、動物の群れの中に宿泊する許可をお与えになるのでしょうか。もし人がその問いに対する答えを与えることができるとするならば、それは次のような内容でしかありえないでしょう。「なぜなら、イエスは悪霊にさえ寛大であられるからです。」たとえ、それが諸霊に過ぎないとしても、イエスは他のものたちを低き所へ行かせられる前に、初めにイエス御自身が地獄の池に降られるのです。イエスはまず先に、獄につながれている諸霊に説教されます。聖書の最後の書（ヨハネの黙示録二〇章一節以下）が初めて、「火の池」（ヨハネの黙示録二〇章一〇節による）に投げ込まれる可能性について語ります。しかし、今はまだ救いの時、今はまだ福音の時、今はまだ決断の時なのです。

48　ヤイロの娘　8章40—56節

40イエスが帰って来られると、群衆は喜んで迎えた。人々は皆、イエスを待っていたから
である。41そこへ、ヤイロという人が来た。この人は会堂長であった。彼はイエスの足もと
にひれ伏して、自分の家に来てくださるようにと願った。42十二歳ぐらいの一人娘がいたが、
死にかけていたのである。
イエスがそこに行かれる途中、群衆が周りに押し寄せて来た。43ときに、十二年このかた
出血が止まらず、医者に全財産を使い果たしたが、だれからも治してもらえない女がいた。

48　ヤイロの娘　8章40―56節

44この女が近寄って来て、後ろからイエスの服の房に触れると、直ちに出血が止まった。45イ
エスは、「わたしに触れたのはだれか」と言われた。人々は皆、自分ではないと答えたので、
ペトロが、「先生、群衆があなたを取り巻いて、押し合っているのです」と言った。46しかし、
イエスは、「だれかがわたしに触れた。わたしから力が出て行ったのを感じたのだ」と言われ
た。47女は隠しきれないと知って、震えながら進み出てひれ伏し、触れた理由とたちまちい
やされた次第とを皆の前で話した。48イエスは言われた。「娘よ、あなたの信仰があなたを救
った。安心して行きなさい。」
49イエスがまだ話しておられるときに、会堂長の家から人が来て言った。「お嬢さんは亡く
なりました。この上、先生を煩わすことはありません。」50イエスは、これを聞いて会堂長に
言われた。「恐れることはない。ただ信じなさい。そうすれば、娘は救われる。」51イエスは
その家に着くと、ペトロ、ヨハネ、ヤコブ、それに娘の父母のほかには、だれも一緒に入る
ことをお許しにならなかった。52人々は皆、娘のために泣き悲しんでいた。そこで、イエス
は言われた。「泣くな。死んだのではない。眠っているのだ。」53人々は、娘が死んだことを
知っていたので、イエスをあざ笑った。54イエスは娘の手を取り、「娘よ、起きなさい」と呼
びかけられた。55すると娘は、その霊が戻って、すぐに起き上がった。イエスは、娘に食べ
物を与えるように指図をされた。56娘の両親は非常に驚いた。イエスは、この出来事をだれ
にも話さないようにとお命じになった。

ある幼年時代の思い出がこのヤイロの娘の甦りに関する記事と分かちがたく絡み合いました。私た

ちの村で、ある金持ちの農夫の十二歳の息子がとりわけ困難な状況のもとで亡くなりました。その子の両親は筆舌に尽くしがたい苦しみを経験しました。村中の人々が動揺しました。私たちのクラスも同様でした。なにしろ、私たちの同級生の突然の非業の死は、あたかもアオタカが小さな雛たちを目がけて急降下し、その中の一羽を連れ去るかのような印象を私たちに与えたのですから。私たちはクラス全員で歌うはずでしたが、私たちのうち多くの者たちは興奮のあまり声が出ませんでした。牧師は、開かれた子どもの墓のそばで、キリストによるヤイロの娘の甦りに関する御言葉を読みました。彼は淡々と話しました。「ここで理解しがたい特別な事例として、死の手から救い出され、その父に返されたこのただ一人の子どもは、自分たちの子どもが埋葬されなければならない、数え切れないほどの他のすべての両親にとって希望のしるしです。このヤイロの娘は、私たちの死の闇の只中で、キリストを信じるすべての人々が墓から甦らされることになるあの朝をあらかじめ告げます。試練に遭われた愛するご両親、あなたがたの子どもはこのような輝かしい朝を目指して眠っているのです。この子を眠らせておきましょう。私たちは、この世での健やかな眠りについている子どもたちを妨げてはなりません。私たちはなおさら、その時が来る前に彼らの永遠の眠りから目を覚まさせようとしてはなりません。ここでその時が来る前に死者の部屋に入り込み、死んだ少女の小さな両手をつかみ、死の眠りから彼女を目覚めさせられるこの方は、私たちにとってすべての死者の復活の保証人です。なぜなら、この方御自身が初穂として墓を突き抜ける道を切り開かれたからです。イースターの朝、この方は御自分を信じるすべての人々のために、死者の国の扉を押し開けられました。キリストは甦られたのです。それのみならず、私たちがこの十二歳の娘の小さな死者の部屋で見るように、イエスのイースターの勝利の前にすでに、死を支配する力がこの方には与えられており、また終わりの日におけるこの方の栄光に輝く再臨の前にすでに与えられていたのです。従って、ここでは十二歳の娘を生き返らせることだけではなく、それ以上のことが問題となっています。予定より早く呼び覚まされたこのただ一人の子どもは、確かにその後何十年後に再び死ぬことになります。毎日、それどころか毎秒、地上では、死はさらに続きます。しかし、ここでは、個々の具体的な事例だけが問題となっているのではなく、そもそも生と死の間の支配権に関する問いが問題となっているのです。キリストはこの単独の甦りによって、死の入口だけではなく、死の住みかそのものの真ん中に国章を立てられます。このただ一人の十二歳の子どもの身に起こることは、すでにイースターより前のイースターの証であり、すでに最後の審判の日より前の復活の証なのです。」このように、たとえ額面通りでないにしても、その主旨に従って、あの子どもの墓において、嘆き悲しむ教会は慰められました。そのように主キリストは、釘で打ちつけられた棺の傍らにも留まってくださり、十二歳という花の盛りに折られた人間の子どもの、盛り上げられたばかりの墓の盛り土の傍らにもキリストは留まってくださるのです。

さて、私たちはこの出来事の経緯をもう少し詳しく見てみましょう。この子どもの父親は「会堂長」（四一節）です。ヤイロはカファルナウムのユダヤ教の会堂の管理責任者です。あからさまな敵対関係へと発展した緊張関係を考慮に入れると、ヤイロが個人的な用件でイエスのもとに来ることは決して自明のことではありません。このような障害や困難は、すでに手遅れになった後に、心配する父がようやくイエスのもとに到着するという事情をある程度説明します。その子は「死にかけていた」のです。この出来事はとりわけ世間の関心を引き寄せ、動揺を与えたようにも思われます。イエスがガダラ人の地方への寄り道から帰って来られるのを、岸辺で大勢の群衆から今か今かと期待されています。「イエスが帰って来られると、群衆は喜んで迎えた。人々は皆、イエスを待っていたからである」（四〇節）。世間のこのような強い関心は、困窮した宗教的権威者の状況を決して楽にしません。私人〔としての彼〕とユダヤ教の会堂の管理責任者〔としての彼〕はいわば互いに戦います。その際、最終的に父が勝利を収めます。

ヤイロは信じます。その苦しみと共にイエスのもとに行く人においては、いつでもすでに信仰が働いていていたのです。イエスを頼るという決断だけですでに信仰です。イエスに向かって後にされた道がすでに信仰の道なのです。病気の子どものために医者に行くことは当然のことです。しかし、ここでは一人の人が、すでに死にかけている子どものために医者に行くのです。彼は「もう手遅れです。お子さんは死にました」という知らせが彼に届いても、なお信じます。もちろん、今や彼の信仰には、強固にするものが必要です。「イエスがまだ話しておられるときに、会堂長の家から人が来て言った。『お嬢さんは亡くなりました。この上、先生を煩わすことはありません。』イエスは、これを聞いて会堂長に言われた。『恐れることはない。ただ信じなさい。そうすれば、娘は救われる』」（四九節、五〇節）。

「イエスはその家に着くと」――その家はその間に喪に服する家となり、死者の家となっていました。そこで今や、神が死を支配する力をお与えになったイエスと不信仰の諸力との間で本格的な戦いが行われるように思われます。最初にイエスはいわば粛清を行われます。イエスはペトロとヤコブとヨハネと子どもの父母以外には、誰も死者の部屋に入ることをお許しになりません（五一節）。嘆きの霊がその家全体を占領し、いわば敵の要塞のように占拠された状態にあります。生と死を支配される主は征服者のように家の内部に足を踏み入れられます。「そこで、イエスは言われた。『泣くな。

死んだのではない。眠っているのだ。』人々は、娘が死んだことを知っていたので、イエスをあざ笑った」（五二節、五三節）。突然、死者を悼むことが高笑いに変わります。彼らはイエスを嘲笑います。彼らの笑いにおいて、他人の不幸を喜ぶ気持ちと嘲りの、どうにも抑えることのできない声になります。しかし、彼らはそれと同時にこの父親の信仰をも嘲笑います。

喪に服する家での高笑い、不信仰の高笑い。主にはもうたくさんです。「イエスは彼らを皆、外へ追い出した」（五四節）。[68] その結果、どのようにして死者の小部屋が聖所となるのかを、彼らの目は見ることを許されません。それは愚鈍な者たちの前に投げられる真珠でしょう。そして今や、三人の弟子たちと両親といった証人たちのもとでそれは起こります。あたかも人が、眠っている人に呼びかけて目覚めさせるように、イエスは死者の手を取り、彼女に呼びかけると、彼女の霊は彼女の中に戻り、彼女は起き上がります。イエスがその後、「娘に食べ物を与えるように」（五四節、五五節）指図をされるのは、まるで看護処置のような印象を与えます。両親が驚愕せずにいられるでしょうか。最後にイエスが彼らに、ある種の秘密厳守を命じられるとき、それは彼らにとってどうしても必要な保護であるかもしれません。というのは、不信仰の諸霊が激しく吹き始め、祝福を脅かすからです。

最後に、出血する女性に関する出来事。少なからぬ人々がこの思いがけない出来事を不快に感じるかもしれません。しかし、この出来事は本質的にここに属しています。この女性のせいでヤイロの家へのイエスの道行は遅滞させられます。キリストは彼女を黙って受け入れられます。それどころか、彼女はキリストにまさに歓迎されているように思われます（ついでながら、ラザロの復活の際にも似たような待機が認められます）。さらにヤイロの信仰の態度とこの出血する女性の間には明確な内的関連があります。彼女は、十二年に及ぶ病気でぼろぼろになり、疲れ切った哀れな哀れな魂です。下腹部の病気で、彼女は落胆と恥ずかしさでいっぱいです。ところが今や、彼女はこの父の信仰を見ました。彼の娘が死にかかっているにもかかわらず、それどころか彼女は今や死んでしまったにもかかわらず、なお彼が信じるならば、彼女の十二年に及ぶ病気にもかかわらず、彼女が生活費のすべてを医者に費やしたにもかかわらず、どうして彼女もまた信じ、希望を抱くことが許されないというのでしょうか。そして、彼女は再び信じ始めます。最初の小さな火花。彼女には会堂長のように、前方からイエスの御前にひれ伏す勇気はありません。彼女には、非常に罪深い女のように、後ろから涙でイエスの足を濡らす勇気もまったくありません。徴税人が神殿で「遠くに立って」〔ルカによる福音書一八章一三節〕いるように、彼女は背後からイエスの衣の裾に触れます。人前で彼女の苦しみについて話さなくても良いように、彼女は言わば匿名で癒されることを望みます。しかし、主はその弱い信仰を御覧になり、傷ついた葦〔マタイによる福音書一二章二〇節による〕をまっすぐに立て、かすかに燃える芯を燃え上がらせられます。そして、「救い主の衣」から魔法の効力が放出されたのでは決してないということが完全に明らかになるために、イエスは、誰が御自分に触れたのかを探り出すことに固執され、そして驚愕している女性に向かってはっきりと言われます。「娘よ、あなたの信仰があなたを救った。安心して行きなさい！」〔四八節〕。

49　荒れ野での給食　9章1―17節

1イエスは十二人を呼び集め、あらゆる悪霊に打ち勝ち、病気をいやす力と権能をお授けに

なった。2そして、神の国を宣べ伝え、病人をいやすために遣わすにあたり、3次のように言
われた。「旅には何も持って行ってはならない。杖も袋もパンも金も持ってはならない。下着
も二枚は持ってはならない。4どこかの家に入ったら、そこにとどまって、その家から旅立
ちなさい。5だれもあなたがたを迎え入れないなら、その町を出ていくとき、彼らへの証し
として足についた埃を払い落としなさい。」6十二人は出かけて行き、村から村へと巡り歩き
ながら、至るところで福音を告げ知らせ、病気をいやした。
7ところで、領主ヘロデは、これらの出来事をすべて聞いて戸惑った。というのは、イエス
について、「ヨハネが死者の中から生き返ったのだ」と言う人もいれば、8「エリヤが現れた
のだ」と言う人もいて、更に、「だれか昔の預言者が生き返ったのだ」と言う人もいたからで
ある。9しかし、ヘロデは言った。「ヨハネなら、わたしが首をはねた。いったい、何者だろ
う。耳に入ってくるこんなうわさの主は。」そして、イエスに会ってみたいと思った。
10使徒たちは帰って来て、自分たちの行ったことをみなイエスに告げた。イエスは彼らを連
れ、自分たちだけでベトサイダという町に退かれた。11群衆はそのことを知ってイエスの後
を追った。イエスはこの人々を迎え、神の国について語り、治療の必要な人々をいやしてお
られた。12日が傾きかけたので、十二人はそばに来てイエスに言った。「群衆を解散させてく
ださい。そうすれば、周りの村や里へ行って宿をとり、食べ物を見つけるでしょう。わたし
たちはこんな人里離れた所にいるのです。」13しかし、イエスは言われた。「あなたがたが彼
らに食べ物を与えなさい。」彼らは言った。「わたしたちにはパン五つと魚二匹しかありませ
ん、このすべての人々のために、わたしたちが食べ物を買いに行かないかぎり。」14というの

は、男が五千人ほどいたからである。イエスは弟子たちに、「人々を五十人ぐらいずつ組にし
て座らせなさい」と言われた。15弟子たちは、そのようにして皆を座らせた。16すると、イエ
スは五つのパンと二匹の魚を取り、天を仰いで、それらのために賛美の祈りを唱え、裂いて
弟子たちに渡しては群衆に配らせた。17すべての人が食べて満腹した。そして、残ったパン
の屑を集めると、十二籠もあった。

「イエスは十二人を呼び集め――彼らを遣わされた――」（一―六節）。これらの派遣においては――ルカはその中の二つに言及しています――今やはっきりと近づくイエスの受難と関連する措置が明らかに問題となっているように思われます。主は、御自分が無制限の時間を自由に使うことができるわけではないことをご存じです。それゆえ、主は御自分の弟子たち――さしあたりそれは十二人だけです――を村々や町々に遣わされます。この派遣の目的は明確です。彼らは神の王としての支配の開始と接近を宣言しなければならないのです。

主はこのような大胆な企てのために使徒たちに装備を施すことを必要と見なされます。イエスは最初に人間の最も重要な旅行手荷物を彼らから取り上げられます。そして、それは配慮なのです。杖も袋もパンも金も二枚の下着さえも、彼らは持っていく必要はありません。彼らに委託された務めは、彼らが遠慮なく客としての持て成しを要求すべきであるほどに重要なものです。同様に頓着せずにキリストは漁船を御自分のものとされ、騎乗用動物を入城のために、広間を聖餐のために要求されました。彼らが一つの村に来ると、彼らは駐留用の営舎に入り、その地での彼らの務めが完了されるまで、それを保持しなければなりません。しかし、人々が彼らに客としての持て成しを拒むところでは、彼

らは無理強いすべきではありません。彼らを拒む人は御国を拒むのであり、それによって自ら裁きを招くのです。このような地上の場所から、彼らは決してその服に埃をつけて行くべきではありません。「彼らへの証しとして」、すなわち、弟子たちは最後の審判の日に証人として彼らに反対するでしょう。将来彼らには、「御国は私たちには差し出されなかった」と弁解する余地はありません。

人々はすでに「キリストは弟子たちを物乞いのように路上に遣わされた」と主張しました。キリストは、病人を癒し、悪霊を追い出す全権を彼らにお与えになります。ペトロが後に「美しい門」のそばで、足の不自由な男に向かって、「わたしには金や銀はないが、わたしはあなたに持っているものをあげよう。立ち上がり、歩きなさい！」〔使徒言行録三章六節による〕と威厳のある言葉を語りつつ手を差し出したとき、ペトロは物乞いのように見えたでしょうか。イエス御自身がこれまで個人的に行われてきたことを、イエスは今やここで御自分の弟子たちに委託されるのです。彼らは、すでに始まった御国に関する彼らの知らせの確証また証明として病人を癒さなくてはなりません。この知らせが先行しなければなりません。癒しはそれに伴うしるしとして考えられているのです。

この派遣はすぐにさまざまな結果をもたらします。ヘロデは改めてイエスに気づきます（七—九節）。ヘロデが洗礼者を片付けるや否や、今やこのもう一人別の方が開始されます。「イエスはある種の亡霊、すなわち帰って来た者であり、処刑された洗礼者か、さもなければエリヤだ」と人々は噂します。このような民間信仰がヘロデにどの程度影響を与えたかを突き止めるのは難しいことです。ヘロデがその時イエスに危険を察知していることは確実です。イエスを一度見てみたいというこの四分領主の願い——好奇心と不安が入り混じった気持ち——は言うまでもなく、後に聖金曜日に初めて実現されました。そこでは、ヘロデはもはやイエスを恐れる必要はありませんでした。一人の権力者の愚かさと無分別は、無防備な囚人を好きなように扱っても何ら罰せられることはないと考えます。ヘロデはその後イエスに白い外套を羽織らせ、この方をピラトに送り返します――純朴な田舎者！

恐らく、早くも数日後にというわけではなく、数カ月後にようやくというのでもなく、しかし、明らかに数週間後に十二人は彼らの公務出張旅行から戻り、「彼らがどれほど偉大なことを行ったかをイエスに報告しました」（一〇節〔による〕）。イエスがその後すぐに彼らと共に荒れ野に行かれるのは奇妙なことです！　イエスは、数週間の旅の苦労の後、ほんの少し休息と休養を彼らにお与えになりたいのでしょうか。むしろ、この「退却」は、〔弟子たちを〕守るために必要不可欠なことのように思われます。弟子たちは「彼らがどれほど偉大なことを行ったか」を報告することができます。それは危険なことです。病人を癒す賜物が非常に珍しく、ほとんどいつでも、特別に脇へ、すなわち荒れ野へ連れ出された信仰者たちに与えられたのは偶然ではありません。彼らが退く場所はゲネサレト湖の北岸です。そこはヨルダン川の河口の近くです。そこには、ベトサイダ（魚の家）があります。フィリポやペトロやアンデレの馴染み深い故郷です（ヨハネによる福音書一章四四節）。ベトサイダの南東はステップです。しかし、この退却は失敗に終わります。弟子たちの旅の活動は強烈な反響なしには済みません。ヘロデによる洗礼者の殺害も同様です。感じとれるほどの興奮が村々や町々の民衆の心を捉えました。人々が群れをなして現れ、イエスを見ようとします。それがとりわけ男性の運動であるという事実はある政治的な底流を推察させます。彼らはイエスを探し求め、ベトサイダを越えてまで、イエスの後ろから押し寄せます。そこでイエスは、彼らがすでに御自分の使者たちの口から聞いたことが正しいことを彼らに証明されます――「そして、イエスはこの人々に神の国について語り、治療の必要な人々をいやしておられた」（一一節〔による〕）。

彼らの熱狂は、体の生理的欲求が要求するものを彼らに忘れさせました。弟子たちは心配しながら太陽の位置を眺め、急に日が暮れたときの悲劇的結末を恐れます。遂に彼らは勇気を奮い起こし、思い切って主の話を遮り、差し迫る危険にイエスの注意を喚起します。その際、彼らはその後起こることをほとんど計算に入れていません。というのは、かつて悪魔が石をパンに変えたらどうだと主に促すことによって、悪魔が主を荒れ野で誘惑したことを彼らが知らないはずはないからです。しかし、イエスは当時、御自分の欲求のために、御自分の御子としての全権を用いることを拒絶されたのにひきかえ、他の人々の困窮を和らげることが問題となっている今、イエスはそれを取り除くために全権と許可を御父に願い求められるのです。

初めのうちイエスは弟子たちを試されます。「あなたがたが彼らに食べ物を与えなさい」（一三節）。こんなにも大勢の人々のためにパンを買うというのでしょうか。どこからそのお金を手に入れるのでしょうか。手元には五つのパンと二匹の魚があります。その後引き続いてイエスは、彼らが「五十人ぐらいずつ組になって」（一四節）座るように命じられます。彼らは青々とした草に伏します。マルコとヨハネはここで、草原が春のように青々としていたと書き留めています。今やイエスはパンを取り、それを祝福し、感謝の祈りを捧げ、それを裂き、弟子たちにそれを差し出されると、弟子たちはさらにそれを手渡します。それはあたかも、神の民がうずらの肉によって養われ、岩から水を飲ませられた時に、かつて荒れ野で起こったことの繰り返しのようです。「単なる心的な」事象や「まったくの精神的な」事象が問題なのではありません。というのは、十二籠のパン屑が残るからです。御自分のものたちに「杖も袋もパンも金も持たずに」旅に送り出される方は、荒れ野で五千人の男たちに食べ物をお与えになり、「残ったパンの屑を集めると、十二籠もあった」のです。この御国のしるしは完成の素晴らしい豊かさを指し示しています。その時には、もはや荒れ野はまったく存在しなくなります。そして、「彼らは、もはや飢えることも渇くこともなくなります」〔ヨハネの黙示録七章一六節による〕。

カファルナウムからエルサレムの門の前まで

50　ペトロの信仰告白　9章18—27節

18イエスがひとりで祈っておられたとき、弟子たちは共にいた。そこでイエスは、「群衆は、
わたしのことを何者だと言っているか」とお尋ねになった。19弟子たちは答えた。「『洗礼者
ヨハネだ』と言っています。ほかに、『エリヤだ』と言う人も、『だれか昔の預言者が生き返
ったのだ』と言う人もいます。」20イエスが言われた。「それでは、あなたがたはわたしを何
者だと言うのか。」ペトロが答えた。「神からのメシアです。」
21イエスは弟子たちを戒め、このことをだれにも話さないように命じて、22次のように言わ
れた。「人の子は必ず多くの苦しみを受け、長老、祭司長、律法学者たちから排斥されて殺さ
れ、三日目に復活することになっている。」23それから、イエスは皆に言われた。「わたしに
ついて来たい者は、自分を捨て、日々、自分の十字架を背負って、わたしに従いなさい。24
自分の命を救いたいと思う者は、それを失うが、わたしのために命を失う者は、それを救う

のである。[25]人は、たとえ全世界を手に入れても、自分の身を滅ぼしたり、失ったりしては、何の得があろうか。[26]わたしとわたしの言葉を恥じる者は、人の子も、自分と父と聖なる天使たちとの栄光に輝いて来るときに、その者を恥じる。[27]確かに言っておく。ここに一緒にいる人々の中には、神の国を見るまでは決して死なない者がいる。」

「そして、イエスがひとりで祈っておられたとき、それは起きた」〔ルカによる福音書九章一八節による〕。エルサレムで目前に迫っているイエスの御受難、とりわけイエスがそのことを御自分の弟子たちにどのように打ち明けるべきかという思いがイエスを祈りへと駆り立てます。そしてそこで、すなわち荒れ野の人里離れた場所で、今や「それでは、あなたがたはわたしを何者だと言うのか」という問いが発せられます。するとペトロはすべての弟子たちを代表して、「あなたは神のメシアです」〔二〇節〕と答えます。そのように語ることでペトロは次のように言おうとしているのです。「あなたは、これまで存在したすべての預言者たちが指し示した方です。あなたはずっと以前から予告されていた平和と義の王です。あなた御自身は、いつか来るかもしれない者を予告する必要はありません。というのは、あなたは最後の方であり、決定的な方だからであり、あなたの後にはもはや誰も来ることはないからです。あなたは洗礼者より偉大な方であり、エリヤより偉大な方です。『あなたは神のメシアです』〔ルカによる福音書九章二〇節による〕」。マタイはこの箇所で、イエスがペトロの信仰告白に基づいて、ペトロに次のように言われたことを知っています。「あなたにこのことを現したのは、人間ではなく、わたしの天の父なのだ」〔マタイによる福音書一六章一七節〕。人はそう簡単に信仰を告白することはできません。公に信仰が告白されるところでは、霊が働いておられるのです。

ペトロの信仰告白のすぐ後に、イエスの最初の受難予告がなされます。それは極めて意外な受難であることでしょう。初めに世の人々が「神のメシア」を排斥することになるのではありません。信仰者たち、神殿に仕える人々、聖書を読んでいる人々、教会の長老たち、律法学者たち、神学教授たちがそのようなことをすることになるのです。彼らはイエスを「排斥する」（二二節）ことになります。それは、あらゆる聖職剥奪や市民権剥奪や破門よりも恐ろしいことです。カイン以来、全世紀を通じて、選ばれた民に貴い相続権として与えることが約束されていたすべての約束は、この「排斥」される方から取り去られることになるというのです。イエスはいわば命の木から切断され、投げ捨てられ、永遠に滅びることになるというのです。しかし、人々が投げ捨てるものは、神においては選ばれたものであり続けます。すなわち、神のメシアは排斥された後、復活させられるのです。

しかしイエスは、ペトロや他の弟子たちがさしあたり想像しているのとは異なる仕方で「神のメシア」となられます。彼らはこの唯一なる主を、最終的な権威を与えられた支配者以外のものとして考えることは絶対にできません。そして、確かにその点で弟子たちは事実また正しいのです。ただし、彼らが理解できないこと、またイエスがこの受難予告において初めて彼らに伝えられることは、イエスがまずもって死と復活を通り、主となられるという事実です。御父の御旨と御心によれば、主は御自分の教会と共に、さしあたりこの地上で「未だならず」ということに従わなければなりません。今はまだ完成されたメシアの栄光の時ではありません。穏やかな早春の日々に太陽はあらゆる芽から生命を誘い出しますが、まだ夜は寒くなることを庭師は知っているので、まだ用心のために苗床に覆いをかぶせるのと似ています。それですから、ここではイエスについて次のように言われているのです。「イエスは弟子たちを戒め、このことをだれにも話さないように命じた」（二一節〔による〕）。キリストの御支配はさしあたり、まだ隠れた、ただ信仰にのみ認識できる秘密の権威でなければなりません。しかし、霊の働きのもとに、今すでにキリストを信じている人は、それによって試みに陥り、戦いに巻き込まれることになるでしょう。

このような戦いにおいて、私たち人間は「あまりにすぐに負けてしまいます」[69]。ペトロ自身のことを考えてみてください。ここには、屈辱と破滅が待っています。キリストはそのことをご存じなのです。キリストがこの御自分の最初の受難予告の前に祈られたのは理由があってのことです！　今や続けて語られる御言葉から、イエスが完全に人間を知っておられること、イエスが最初から人間のあらゆる弱さを考慮に入れてくださっていること、妨げがどのようなものであり、信仰を告白する者には、どれほど大きな困難が立ちはだかることになるのかをイエスが深い愛と憐れみをもって知っておられることが明らかになります。しかし、それらすべてにもかかわらず、イエスは御自分の者たちに勝利と克服を約束されます。主がこの受難予告の直後に、御自分の弟子たちに信仰を告白することを要求されるということがこの瞬間の驚くべき申し出なのです。

初めにイエスは苦しみに対する人間の恐れに言及されます。十字架の苦しみに対して、本性は激しく抵抗します。信仰を告白して苦しみを受ける結果とならざるを得ない場合には、自我、すなわち心の奥底にあるものが克服されなければならず、「自分を捨て」なければなりません。私たちが日々十字架を投げ捨ててしまうこと、それゆえに日々新たに十字架を背負うことが必要となることをイエスは考慮に入れておられます。しかし、イエスが日ごとに糧を与えることを望んでおられるように、イエスは御自分の十字架と復活に基づいて、十字架に同意し、それを背負う力を日々新たに授けることを望んでおられます。「それから、イエスは皆に言われた。『わたしについて来たい者は、自分を捨て、日々、自分の十字架を背負って、わたしに従いなさい』」（二三節）。

主は、生まれ持った自己保存本能を第二の妨げと見なされます。キリストに対する信仰を告白することは危険なことなのです。それは不利益をもたらしうるのです。人はそれによって、どうしても必要な二つの人生の宝である生活の糧と自由を失いうるのです。そうです、危険なことなのです！　しかし――信仰を告白しないことには危険が伴わないとでもいうのでしょうか。キリスト教会が沈黙し、この世の事柄を成り行きに任せておけば、危険がないのでしょうか。教会が「御言葉の教会」であるのは理由のないことなのでしょうか。教会が語るべきところで教会が沈黙するならば、それは途方もなく意味深長な沈黙であり、否認する沈黙なのです。そして、このように信仰を告白しないことは、単に生命に関わることではなく、それ以上のことなのです。信仰を告白することによって、人は最悪の場合、この世の命を失うかもしれませんが、否認することによって、人はこの世の命と将来の命を失うのです。危険なことなのです、そうです、危険なことなのです！　まさに私たちが何を危険なことと見なすか、すなわちこの世の命を失うことか、それとも将来の命を失うことを危険なことと見なすかが重要なことなのです。「なぜなら、自分の命を救いたいと思う者は、それを失うが、わたしのために命を失う者は、それを救うからである。人は、たとえ全世界を手に入れても、自分の身を滅ぼしたり、失ったりしては、何の得があろうか」（二四、二五節〔による〕）。

信仰を告白することを邪魔しようとする第三の妨げとして、イエスは名誉や名声を失うことへの不安に言及されます。この主に対する信仰を告白する人は、同胞の目から見れば、「悪い連中の仲間」になりうるのです。というのは、「主は、彼らを兄弟と呼ぶことを恥とされなかった」〔ヘブライ人への手紙二章一一節による〕からです。従って、イエスは初めから、私たちのような悪い仲間を愛され、追い求められたのです。イエスが「徴税人や罪人たち」と共に食卓に着かれて以来、イエスには、受けずに済むいかなる嫌疑ももはやありませんでした。人は「イエスを恥とする」ことがありえますし、「そんな人は知らない」〔マタイによる福音書二六章七四節〕と言いうるのです。

ここ数十年、行儀の良いキリスト教徒たちには、恥とすることが浸透しています。市民としての栄誉という私たちの概念は徴税人や娼婦たちの福音よりも私たちにとって重要になりました。そうです、この十字架に架けられた王に近づく人は、最終的に、自ら医者を必要とする貧しい罪人であるという疑いをさえかけられます。そして、行儀の良いすべての人々は、あなたがそのような者であることを決して許しません。あらゆる良い交わりとより良い交わりにおいては、救い主や救世主を必要とすることは、結局は悪趣味なことなのです。しかし、注意してください！　そのように恥とすることもまた危険なことです。あなたがキリストを信じると告白するならば、この地上では、同胞たちの間でただでは済まないとしても、一つのことは確実です。すなわち、あなたを恥とされなかった方をあなたが恥とするならば、天の御使いたちのもとでただでは済まないということです。「わたしとわたしの言葉を恥じる者は、人の子も、自分と父と聖なる天使たちとの栄光に輝いて来るときに、その者を恥じる」（二六節）。

そして最後に、ここには、さらにとても謎めいた御言葉が書いてあります。「確かに言っておく。ここに一緒にいる人々の中には、神の国を見るまでは決して死なない者がいる」（二七節）。これは理解しがたい御言葉です。すべてのことを説明しようとする必要があるでしょうか。いずれにせよ、ここで人はある重要なことを理解することができます。そして、さしあたり、それで十分なのです。すなわち、信仰を告白する者が獲得し、あるいは失わなければならないものを、主はここで御自分の者たちにもう一度はっきり示されるのです。「死なない者がいる」！　それは、後にパウロが「わたしは何とかしてそれを捕らえようと努めているのです」〔フィリピの信徒への手紙三章一二節による〕と語っているあの「賞」〔コリントの信徒への手紙一　九章二四節〕のことです。神のメシアの家政においては、収益と損失の計算には特別な意味があるのです。

51　山上の変容　9章28—36節

28この話をしてから八日ほどたったとき、イエスは、ペトロ、ヨハネ、およびヤコブを連れ
て、祈るために山に登られた。29祈っておられるうちに、イエスの顔の様子が変わり、服は
真っ白に輝いた。30見ると、二人の人がイエスと語り合っていた。モーセとエリヤである。31
二人は栄光に包まれて現れ、イエスがエルサレムで遂げようとしておられる最期について
話していた。32ペトロと仲間は、ひどく眠かったが、じっとこらえていると、栄光に輝くイ
エスと、そばに立っている二人の人が見えた。33その二人がイエスから離れようとしたとき、
ペトロがイエスに言った。「先生、わたしたちがここにいるのは、すばらしいことです。仮小
屋を三つ建てましょう。一つはあなたのため、一つはモーセのため、もう一つはエリヤのた
めです。」ペトロは、自分でも何を言っているのか、分からなかったのである。34ペトロがこ
う言っていると、雲が現れて彼らを覆った。彼らが雲の中に包まれていくので、弟子たちは
恐れた。35すると、「これはわたしの子、選ばれた者。これに聞け」と言う声が雲の中から聞

こえた。36その声がしたとき、そこにはイエスだけがおられた。弟子たちは沈黙を守り、見たことを当時だれにも話さなかった。

弟子たちは八日前から、この地上における主の使命がさしあたりこのような結末を迎えることになるのを知っています。「この話をしてから八日ほどたったとき」――彼らは今やすでに八日間もこの重荷を負っています。そして、彼らの重荷はイエスの重荷でもあります。イエスは今や、御自分と最も近い関係にある人々が十字架をどの程度理解しているのかを御覧になりました。生木でさえそうであるならば、まして枯れ木はどうなることでしょう!〔ルカによる福音書二三章三一節参照〕。それゆえに、イエスは弟子たちのため、御自分の民のため、すべての人々のために苦しみを担われます。それは真の救い主の苦しみです。私たちは、イエスがここでそのような苦しみの中に置かれているのを見ます。このような状況において、イエスは祈るために、再び人里離れた場所を探し求められます。イエスがそこで明らかに何か特別なことを予期しておられるがゆえに、イエスは証人たちを連れて行かれるのです。イエスはこれらの人々を意図的に選び出されます。これらの人々が、ヤイロの娘の甦りの時に連れて行ったのと同じ三人であることは注意を引きます。彼らが赴く場所は、地理的には私たちには知られていません。私たちはすべての福音書記者を通して、それが山であるということしか聞きません。山は当時、普段は人々によって足を踏み入れられることはなく、むしろ人々から恐れられ、避けられていました。それゆえに、山の上では、邪魔されずに一人でいられるある程度の保証があります。それはエズレル平原から険しく壮大にそびえ立っている五六二メートルの高さのタボル山であったというのは推測です。時間に関しても、場所に関するのと似たような事情です。ここでは、夜の出来事が問題となっていると人は推測します。弟子たちの眠気、同様に周囲の暗さと対照的な明るさ、しかし、とりわけキリストが祈るためにしばしば夜の時間をお選びになるという事実がそのような推測に有利な証拠を提供するでしょう。

ところで、彼らが見ているものはいったい何なのでしょうか。後になって彼らが叙述している様子から、言葉で再現するのに彼らがいささか苦労していることが分かります。ここでは通常の枠組みが粉砕されており、それどころか、そもそも経験可能な事柄の枠組みが粉砕されています。イエスが祈っておられる間、最初にイエスの顔の様子が「変わり」ます。彼らはまず初めにイエスの顔の変化に気づきます。ひょっとしたら、エジプトから脱出した当時のあの短い記事が彼らと私たちの理解を助けてくれるかもしれません。神がモーセと語られたことによって、モーセの顔はその都度輝いたと言われています。シェキナー[70]、神の光の輝きは人間の顔において、ある種の照り返しを生じさせます。果たして、それがこのような光の輝きであるのかどうか、私たちには分かりません。イエスは理屈抜きに「変わった」のです。その後、この変化はイエスの御姿全体に及び、イエスの服装に及びました。すなわち、「服は真っ白に輝いた」（二九節）のです。

すると突然、イエスはもはや一人ではなくなります。今やさらに別の二人の人物たちがイエスと共にいます。これらの人物たちは天に属する者の姿をしています。ルカは彼らを天使と呼ぶことができるでしょう。しかし、ルカは彼らの名前を挙げます。一人はエリヤといい、もう一人はモーセといいます。人は彼らをどこで見分けるのでしょうか。彼らが誰であったのかを、後にイエスが彼らに伝えられるのでしょうか。モーセとエリヤは二人とも旧約聖書においてメシアを指し示す主要な証人たちです。「あなたの神、主はあなたの中から、あなたの同胞の中から、わたしのような預言者を立てられる。あなたたちは彼に聞き従わねばならない」（申命記一八章一五節）。「見よ、わたしは大いなる恐るべき主の日が来る前に、預言者エリヤをあなたたちに遣わす」（マラキ書三章二三節）。

この二人は「栄光に包まれて」現れます。彼らもあの輝きを溢れるほどに注がれていました。重要なのは彼らの会話の内容です。それはたった一行の簡潔な文章で示されています。「彼らはイエスがエルサレムで遂げようとしておられる最期について話していた」（三〇節）。従って、間近に迫っている十字架、イエスの復活と高挙について、彼らはイエスと話しているのです。彼らがまた、御自分の者たちに関する心配をイエスから取り除くということが考えられます。それらすべてにもかかわらず、それを理解する弟子たちがいるという意味で、またイエスが彼らのために死に、甦られたことによって生きる教会が存在するという意味で、エルサレムにおける最期は良い結果に終わることになります。私たちはそれ以上、何のためにこの三人の会話の秘密を突きとめようとするのでしょうか。

弟子たちの態度は不可解です。彼ら、とりわけペトロは「ひどく眠かった」と言われています（三二節）。このようにその場に居合わせ、このような経験をするならば、私たちの眠気は吹っ飛んでしまうだろうと私たちは考えるかもしれません。それは、後のゲッセマネでの夜の経験と同じ奇妙な経験です。決定的に重要な出来事が起こっている間にこのように眠ってしまうことは、すでに旧約聖書においても報告されています。私たちは、サムエルの預言者としての召命を思い起こします。人はまた詩編一二七編を思い起こすことが許されるでしょうか。「主は愛する者に眠りをお与えになるのだから」（詩編一二七編二節）。それによって、まったく理屈抜きに、人間特有の弱さがはっきりと示されているのでしょうか。あるいは、そこでは古くからの邪悪な敵の戦闘行為が問題とされているのでしょうか。このような時にこのような眠気が生じるだけでも奇妙なことです。「しかし、彼らがじっとこらえていると」——彼らがその間、目を覚ましていると、天から来た二人の者たちがイエスと共に立っているのを彼らは見ます。イエスの栄光に包まれて、この二人の者たちが輝いているのを弟子たちは見ます。そして、今やペトロが思い切って語るということも驚くべきことです。そのために、まさにペトロのような人が必要なのだと人は言うかもしれません！　しかし、ペトロ自身は、彼の身に何が起こっているのか分かっていないように思われます。彼がどもりながら語ることは、特に世界を揺るがすほどのことでもありません。「ここはすばらしい、とてもすばらしいので、私は幕屋を三つ建てましょう。一つはあなたのため、一つはエリヤのため、もう一つはモーセのために」とペトロは言います。いずれにせよ、ペトロは、天に属する者たちが近くにいることを喜ばしいと感じます。居心地がよくなります。ペトロは「ある瞬間に対して、留まれ、お前はいかにも美しい、と言い[71]たいのではないでしょうか。しかし、ひょっとしたら、今回は、私たちがペトロに不当な評価を下しているかもしれません。「幕屋を建てる、神の幕屋を人の間に」[72]——神の最もすばらしい約束はそのような内容ではないでしょうか。

　するとその後、雲が彼らを覆ったと書いてあります。雲は神の威厳と臨在のしるしです。雲は神を覆い隠すと同時に、神を啓示します。エジプトからの脱出の際、このような雲がしばしば目にされ、夜には雲が輝いていたと書いてあります。昇天の際、雲が現れ、イエスを包み込みます。最後に、すべての約束が実現される時、「人の子が雲に乗って来るであろう」〔ルカによる福音書二一章二七節による〕。ところが今や、神御自身との出会いに至ると——その時まで彼らは神の僕（しもべ）〔信仰篤き者〕でした——「彼らは恐れた」のです。このように恐れることは天からの賜物と見なされるべきです。今や彼らは眠りから目覚めさせられます。今や突然すべてのことが、単に気持ちを高揚させ、深遠で、謎に満ちたものであるのをやめます。今や彼らはもはや単なる見物人ではなく、むしろ関与者であり、神の御前に立たされていることに気づきます。彼らは語りかけられます。「これはわたしの愛する子、あなたがたはこれに聞け」（三五節〔による〕）。この義務を課す御言葉は神との現実の出会いのしるしです。それは、前述のペトロの信仰告白に対して、「彼こそがその人である」と確証を与える神からの答えのようなものです。そして、たとえこの方が十字架に架からなければならないとしても、この方がメシアであられるのです。

彼らが思い切って目を上げると、彼らは「イエスだけ」を見ます。彼らが、見たことや経験したことについてさしあたり語らないのは、あまりにもよく理解できることです。ずっと後になって初めてヨハネが口を開きます。「わたしたちはその栄光を見た、父の独り子の栄光を」（ヨハネによる福音書一章一四節による）と。

52　癲癇の少年の癒し　9章37―45節

37翌日、一同が山を下りると、大勢の群衆がイエスを出迎えた。38そのとき、一人の男が群
衆の中から大声で言った。「先生、どうかわたしの子を見てやってください。一人息子です。
39悪霊が取りつくと、この子は突然叫びだします。悪霊はこの子にけいれんを起こさせて泡
を吹かせ、さんざん苦しめて、なかなか離れません。40この霊を追い出してくださるように
お弟子たちに頼みましたが、できませんでした。」41イエスはお答えになった。「なんと信仰

のない、よこしまな時代なのか。いつまでわたしは、あなたがたと共にいて、あなたがたに
我慢しなければならないのか。あなたの子供をここに連れて来なさい。」42その子が来る途中
でも、悪霊は投げ倒し、引きつけさせた。イエスは汚れた霊を叱り、子供をいやして父親に
お返しになった。43人々は皆、神の偉大さに心を打たれた。
イエスがなさったすべてのことに、皆が驚いていると、イエスは弟子たちに言われた。44
「この言葉をよく耳に入れておきなさい。人の子は人々の手に引き渡されようとしている。」
45弟子たちはその言葉が分からなかった。彼らには理解できないように隠されていたのであ
る。彼らは、怖くてその言葉について尋ねられなかった。

主と一緒に山に登ることを許される三人の弟子たちのみならず、谷間の平地に取り残された九人の弟子たちも、その間にある体験をします。ある父親が病気の息子と一緒に彼らのもとにやって来ました。「そのとき、一人の男が群衆の中から大声で言った。『先生、どうかわたしの子を見てやってください。一人息子です』」（三八節）。その病気はその父によって次のように説明されます。「悪霊が取りつくと、この子は突然叫びだします。悪霊はこの子にけいれんを起こさせて泡を吹かせ、さんざん苦しめて、なかなか離れません」（三九節）。多分それは、中世の人々が「聖なる病」と呼び、今日では癲癇として私たちに知られているあの病気のことです。今日では、小さなスイスに約二万人の癲癇患者がいます。その病因とその克服に関する知識は今なお非常に謎に包まれています。しかるに、癲癇患者の看護においては、ボーデルシュヴィング[73]の時代から絶えず進歩を遂げてきました。

ある病気の霊のようなものが周りに広がり、周囲に対して伝染性の恐怖をもたらす働きをするとい

うことが、この病気の特徴の一つに数えられます。ある癲癇患者を泊めた家族が娘の変化を経験します。新しいお手伝いの女性、たくましい農夫の娘は発作を見て、恐怖に捕らわれ、恐れや不安に捕らわれます。それにとどまらず、不安の霊が今やこの家政婦から家のすべての子どもたちに飛び移り、しまいには、この家の妻をさえも圧倒しそうになります。この病気の特別な苦しみは耐えがたいものです。「この霊を追い出してくださるようにお弟子たちに頼みましたが、できませんでした」（四〇節）という言葉でぶちまけられたこのような苦悩を、そこで弟子たちに助けを求めるこの父親から、人はいくらか感じ取ります。

「ところが、彼らはできませんでした。」主が弟子たちを遣わされたとき、主は彼らに全権をお与えになったはずです！　ところが彼らはできないのです。彼ら自身の意志が彼らの邪魔をしているのでしょうか。この息子の父親はその他の点ですでに十分打ちのめされており、失望が増すほど、希望は薄れます。それに加えて、そこには大勢の人々がいます。癲癇が公衆の面前で姿を現すと、この出来事は驚嘆を引き起こし、非常な驚嘆を引き起こしました。野次馬がやって来て、大騒ぎになります。しかし、それと同時に弟子たちの無能さも公衆の面前にさらされることになりました。侮辱の矛先はすでにイエス御自身に向けられています。「翌日、一同が山を下りると、大勢の群衆がイエスを出迎えた」（三七節）。

そうです、なぜ弟子たちは彼を癒すことができないのでしょうか。この病気の特別な性質が彼らの無能さの理由なのでしょうか。イエスの説明は明確であり、厳しいものです。「なんと信仰のない、よこしまな時代なのか。いつまでわたしは、あなたがたと共にいて、あなたがたに我慢しなければならないのか」（四一節）。それによって、物見高い見物人たちのことだけが言われているのではなく、いわんやその子の父親のことだけが言われているのでもありません。そうではなく、弟子たちのことも言われており、それどころか、初めに弟子たちのことが言われているということがマタイにおいて明らかになります。そこでは、これに関する弟子たちの質問に対して、イエスは弟子たちに向かって直接、「あなたがたの不信仰のゆえだ」〔マタイによる福音書一七章二〇節〕とお答えになります。従って、イエスは最後まで弟子たちの不信仰に手こずっておられるのです。復活なされた主はなおも「彼らの不信仰をおとがめになる」〔マルコによる福音書一六章一四節による〕のです。癲癇の少年に対する弟子たちの不信仰ゆえの無能さは次のこと、すなわちある種の競争や、優遇された三人の弟子たちの背後で、谷間の平地に取り残された九人の弟子たちが冷遇されていると感じていることへの憤慨と関係があるかどうかということは、確信をもって断言することはできません。事実、イエスはこの九人に怒っておられますし、イエスはほとんど不満の念を抱かれ、その父に「あなたの子供をここに連れて来なさい！」と命じられます。そしてその後、あたかも医者が近くにいることに感づいたかのように、病気の霊が再び活動し始めます。そして、発作が起こっている最中に、主はその少年を治して健康を回復させ、高価な戦利品のように、この少年を病気から救い出され、「子供を父親にお返しになった」〔四二節〕のです。

ラファエロは「キリストの変容」という彼の有名な絵画において、先行する山上での変容と谷間の平地におけるこの少年の癒しを、まことに当然のことながら一まとめにして表現しました。これらの二つの出来事は実際に深く結び合っています。では、どのように結び合っているのでしょうか。この芸術家はとりわけその対立を見て取り、その対比効果を表現しました。すなわち、上には天、下には地、上には祝福に満ちた光景、下には厳しい現実。その後、キリスト者の仲間内で、休暇を過ごす場所や保養地が例えば「タボル」と呼ばれることによって、人は平凡なことに至るまで、このような対比させる見方を誇張しました。しかし、聖書の視点から見るならば、「タボル」は休暇を過ごす場所でもなければ（なにしろ、幕屋を建てることはペトロに禁じられたのですから！）、この癩病患者を取り巻く苦境は、神に見捨てられた現実でもありません。ルカはここで、よりにもよって低い谷間の平地での出来事に目を向け、神の栄光について語ります。山上の人里離れた場所での変容におけるのに劣らず、ここで、すなわち一人の癩病患者の苦しみと癒しにおいて、神の栄光は明らかになります。神の現実の臨在は、山上で荒々しいのと同じくらい、低い谷間の平地で栄光に輝いています。従って、山上の変容の出来事と谷間の平地での癒しの奇跡は深く結び合っているのです。両方とも、それぞれのやり方で神の栄光について語り、両方の場所において、弟子たちには、そのことに驚愕するのに十分な理由があります。「人々は皆、神の偉大さに心を打たれた」（四三節）。

ここで、すなわち弟子たちの無能さの只中で、神の栄光が明らかになります。弟子たちは皆、無能です。山上にいる三人は優遇された者たちです。彼らは見、そして、その場に居合わせることを許されます。しかし、彼らははっきり分かっておらず、この大いなる瞬間にまったく対処できません。そして、その直後に、ペトロは、あたかも彼が見ず、その場に居合わせなかったかのように否認してしまいます。低い谷間の平地にいる九人のグループは、イエスが不在の間に、自分たちの力で、全権なしに、何かあることを成し遂げようとします。山上では、彼らは幕屋を建てようとし、谷間の平地では、塔を建てようとします。あちらでは霊的な体験と深い洞察があり、こちらには行為に重点を置くキリスト教があります。その少年が弟子たちの真ん中でのたうち回り、九人の弟子たちは助けることができず、三人の弟子たちがまさに彼らの深い宗教的体験からこちらへ来るこの瞬間について、人はほとんど次のように言いたいくらいです。すなわち、「三人の神学者たちと九人の医者たちがいるのに、患者は今まさに発作を起こし、地をのたうち回っています」と。人は今や彼らの不信仰に対するイエスの怒りを理解します。

しかし、いつまでも怒ったままでいません。よりにもよって、人間の一切の苦しみがそれほどに明らかになる瞬間に、イエスの口から受難予告が発せられるということ、しかも今やすでに二度目の受難予告であるということは注意を引くことであり、偶然ではありません。神の栄光は十字架において、いずれまったく異なる形で明らかになります。そこでは、私たちすべての者たち、すなわち、この少年、その父親、それから三人の弟子たちや九人の弟子たちや民衆も神の憐れみの中に受け入れられています。「この言葉をよく耳に入れておきなさい。人の子は人々の手に引き渡されようとしている」（四四節）。しかし、すでにこの少年の癒しについて、「人々は皆、神の栄光に心を打たれた」と言われているならば、あの栄光についての驚きはなおさら、どれほど大きなものになることでしょうか！　十二人すべての弟子たちはこの受難予告に対して完全に心を閉ざし、途方に暮れたままであると書いてあります。「弟子たちはその言葉が分からなかった。彼らには理解できないように隠されていたのである。彼らは、怖くてその言葉について尋ねられなかった」（四五節）。

53　弟子たちの間での順位争い　9章46—48節

46弟子たちの間で、自分たちのうちだれがいちばん偉いかという議論が起きた。47イエスは

彼らの心の内を見抜き、一人の子供の手を取り、御自分のそばに立たせて、
48言われた。「わたしの名のためにこの子供を受け入れる者は、わたしを受け入れるのである。わたしを受け入れる者は、わたしをお遣わしになった方を受け入れるのである。あなたがた皆の中で最も小さい者こそ、最も偉い者である。」

「さらに弟子たちの間である考えが浮かんだ」[74]――。従って、ヤイロの娘の甦りの機会や山上での変容の際に、三人の弟子たちを優遇したことが弟子たちを惑わせ、互いに対して妬みを抱かせたのではないかと私たちが推測したことは根拠のないことではありませんでした。従って、まさにこの時、「弟子たちの間である考えが浮ぶ」のは、実際に偶然ではありません。それは「自分たちのうちだれがいちばん偉いか」という考えです。まさに御自分の十字架への思いが至るところで主の心を揺り動かしていたあの時に、弟子たちのもとでこのような考えがとりわけはっきり現れることは、人を驚愕させるかもしれません。しかし、それは恐らく「弟子たちの間で」浮かぶすべての考えの中でも、最も人間的な考えでしょう。私たちはこのような「考え」をもう少し詳しく見てみましょう。

ある年老いたキリスト者がかつて次のような趣旨の発言をしました。「人は若い頃は、世界は果てしなく大きいという幻想にふけります（「私たちは若く、世界は開かれている」[75]）。しかし、経験を重ねていくうちに、人はあらゆる方面ですぐに限界にぶつかることに気づきます。人は自分の周りの壁が狭まるのを感じ、最後には老人の小部屋となり、さらに本当の最後には、六枚の板から成る箱になります。」それから、彼はさらに次のように続けました。「しかし、人がすぐにあらゆる方面で自分の限界を悟り、上に向かって出て行くこともできないことに気づくとしても――ある方向に、ただ一つの

方向にのみ、道はなお最後まで開かれており、そこには本当に無限の可能性があります。すなわち――下方へ、下へ向かう道です。人が下り坂を駆け下りるのはそんなに容易なことではないでしょう。そこでは、人はただ勇ましく大股で前進しなければなりません。ここにのみ世界は開かれており、本当に自由な道があります。」

このような考えがとても意外であり、機知に富んでいるとしても――実際はどうでしょうか。下へ向かって道は開かれているというのは本当でしょうか。まさに下へ向かう道にこそ、あらゆる障害の中でも最も巨大な障害が立ちはだかるのではないでしょうか。いかなるダビデの石投げも未だ命中したことがなく、いかなる剣もその首をはねたことのない、あらゆるゴリアテの中でも最も大きなゴリアテが立ちはだかるのではないでしょうか。そして、それは自分自身の本性、すなわち自我ではないでしょうか。まさにそれこそが私たちの本来の困窮ではないでしょうか。私たちの人生のほとんどすべての困難は、まさに私たちが下に向かって道を歩むことができないことに由来しているのではないでしょうか。それ、すなわち、高慢が私たちの本来の罪ではないでしょうか。高慢がまさに私たちの本性ではないでしょうか。下方へ流れるのが水の性質であるように、ひたすら上に向かって進むのが私たちの人間本性です。人は自分の本性と戦うことができますが、それは偽りのへりくだりとして裏口から再び入ってきます。人はそれを溺れさせることができますが、人が水中で放すやいなやコルク栓のように、それは再び浮かび上がります。私たちの本性は救い主を必要としているということに、私たちがある場所で気づくことができるとすれば、まさにこの場所です。すなわち、「弟子たちの間で、自分たちのうちだれがいちばん偉いかという考えが浮かぶ」この場所です。

イエスはこの困窮の深刻さをすべてご存じであり、御自分の全き憐れみをもって、それに立ち向かわれます。イエスは子どもの手を取り、御自分のそばに立たせられます。イエスと子ども、この両者は深く結び合っています。誰でもキリストの名のためにそのような子どもを受け入れる人は、イエス御自身を受け入れるのです。イエス御自身が子どもになられるほどに、イエスと子どもは深く結び合っています。「キリストは自分を無にされた――」(フィリピの信徒への手紙二章〔七節による〕)。私たちの本性ができないこと、まさにそれをイエスはなされたのです。イエスは下方へ向かう道を歩まれました。イエスは、この方向にいかなる限界もなかった唯一の方です。この方には、墓に至るまで、陰府に至るまで、下へ向かう行動の自由がありました。私たちは「上を」目指し、イエスは「下を」目指されます。

「わたしの名のためにこの子供を受け入れる者は、わたしを受け入れるのである。わたしを受け入れる者は、わたしをお遣わしになった方を受け入れるのである」(四八節)。それゆえに――イエスを受け入れること――救い主を受け入れることが重要であり、道であられる方、下へ向かう道、十字架へ向かう道であられる方を受け入れることが重要なのです。ヨハネが非常にしばしば「キリストの中にあること」について語り、「私たちの中におられるキリスト」について語るとき、ヨハネもやはりそのことを言おうとしているのでしょう。「わたしの中に留まりなさい。わたしもあなたがたの中に留まる。わたしを離れては、あなたがたは何もできないからである」〔ヨハネによる福音書一五章四―五節による〕。パウロが、自分はキリストと共に死に、キリストと共に葬られた人間――もちろん、その後にまたキリストと共に復活した人間――であると言うとき、パウロも明らかにそのことを言おうとしています。それゆえに、パウロは大胆にも、自分はイエス・キリストの僕(しもべ)であり、奴隷であると言うのです。

キリストを受け入れ、キリストと共に死に、そして復活すること、人はただ信仰によってのみ、そうすることができます。小さな人間となり、仕え、下って行くこと、人はただ信仰によってのみ、そうすることができます。キリストを離れては、私たちは何もできません。とりわけへりくだることはできません。キリストから離されたへりくだりは、最も質の悪いへりくだりに必ず変わります。そして、それは宗教的高慢です。しかし、私たちが「ただ信仰によってのみ」と言う場合、それは次のように言おうとしているのではありません。すなわち、「このようなへりくだりは非現実的なものに過ぎず、いわば想像上の、あるいは象徴的なものにすぎない」と。否、それどころか、キリストを信じる信仰から生まれるこのようなへりくだりは奉仕において現れ、具体的な形を取ります。「わたしの名のためにこの子供を受け入れる者」――子どもは本当に受け入れられなければなりません。しかし、イエスがよく語られる奉仕はいかに見栄えがせず、隠れたものであるかは注意を引きます。ここには、スプーンを山盛りにして取ることに対する遠慮のようなものがあります。子どもは受け入れられます。病人は世話をされ、囚人は訪問を受け、空腹の人は食べ物を与えられ、瀕死の人は道端で見出され連れ帰られます。そして、その人が健康を回復するまで食事を供するために、その人のために僅かばかりのスイス・フランが置いて行かれます。「わたしの兄弟であるこの最も小さい者の」〔マタイによる福音書二五章四〇節〕一人に、「冷たい水一杯」〔マタイによる福音書一〇章四二節〕が差し出されます。これらの奉仕はそれほどに目立たないものです。しかし、それらはキリストを指し示すものとして、キリストの御名の栄光をたたえるために、信仰に基づいてなされます。それゆえに、人々があなたがたの善い業を見て、あなたがたの天の父をほめたたえるように、あなたがたの光を輝かせなさい。「さらに弟子たちの間である考えが浮かんだ」――「すると、イエスは彼らの心の内を見抜き、一人の子供の手を取り、御自分のそばに立たせた。」

54　見知らぬ悪魔祓い師　9章49―50節

49そこで、ヨハネが言った。「先生、お名前を使って悪霊を追い出している者を見ましたが、
わたしたちと一緒にあなたに従わないので、やめさせようとしました。」50イエスは言われた。
「やめさせてはならない。あなたがたに逆らわない者は、あなたがたの味方なのである。」

弟子のヨハネはここである人について主に報告します。彼らは、その人が悪霊を追い出しているのを見ました。しかも、彼は弟子の仲間の一人でもないのに、イエスの御名を使っていました。「わたしたちは、彼にそれをやめさせようとしました」（四九節〔による〕）。妬みが一役買っているのでしょうか。彼らはその点に「不正競争」のようなものを感じたのでしょうか。本当に心配しているのでしょうか。なにしろ、彼らは、癲癇の少年に関する彼らの最近の経験から、このような事柄においては、イエスと関係を保ち、イエスの監督下に置かれ、イエスの全権を委任されて行動することがどれほど重要であるかを知っているのですから！　ヨハネは明らかに、自分たちが彼にそうするのをやめさせようとしたことで正しいことをしたと思っているようです。ヨハネはイエスから褒められるとは言わないまでも、後から師に同意していただけると確信して、この小さな出来事をイエスに伝えます。それだけにヨハネはイエスのお答えに驚いています。事実、この答えは驚くべきものです。「やめさせ

てはならない。あなたがたに逆らわない者は、あなたがたの味方なのである」（五〇節）。

従って、人はこの見知らぬ悪魔祓い師のやりたいようにやらせるべきなのです。それどころか、その人に対してだけではありません。イエスはこのような個々の具体的な事例を考慮に入れ、「あなたがたに逆らわない者は、あなたがたの味方なのである」と普遍的な基準を立てられます。「まだ不確かなうちは、人はそれを侮ってはならない。不確かな事柄においても、決定が下される日が来るだろうから。」極めて寛大な基準です。イエスがじっと待ち続け、倦むことなく、道の途上にある人間に忍耐されることを示す証拠です。イエスは強要なさいません。むしろ、ある程度の発達と成長の可能性を認められます。その他の場合にも、聖書は信仰の幼少年期の段階や信仰の成熟した状態を知っています。人はとりわけ若い人たちに接するとき、イエスの勧告をいくら肝に銘じても、それで十分ということはありません。たとえ、ある人がまだイエスに同意していなかったとしても、それは、その人がイエスを拒否することを意味しません。この関連でルドルフ・フォン・ターベル[76]の主張はある程度正しいことが認められます。「あるベルンの農夫が頭から帽子を取るならば、それはすでに祈りが捧げられたに等しいのです。」「あなたがたに逆らわない者は、あなたがたの味方なのである。」

イエスのもとには、明らかに信仰の寛容のための余地があります。信仰の枠内では、イエスは、あらゆる強制的な無差別主義に反対されます。確かに、ただ一つの狭い祝福の道があるだけです。しかし、聖霊は創意に富んでおられます。聖霊は私たちをキリストのもとに連れて行くためのさまざまな道を知っておられます。ただ一人の仲保者がおられるだけです。しかし、聖霊は、キリストに対して私たちを目覚めさせるための多くの手段を持っておられます。ただ信仰だけが祝福を与えます。しかし、祝福を与える唯一の方法があるわけではありません。私たちはキリストのただ一つの教会を信じています。しかし、「わたしの父の家には住む所がたくさんある」〔ヨハネによる福音書一四章二節〕のであり、それらはただ一つの土台の上に建てられ、同じ屋根の下で一つとされているのです。それゆえ、この御言葉はすべての頑固な州教会にとっても、すぐに断罪するあらゆる分派主義にとっても、変わることのないつまずきなのです。

「あなたがたに逆らわない者は、あなたがたの味方なのである。」ただし、この御言葉の三重の乱用があります。

不信仰は不当にもこの御言葉を引き合いに出します。「人が信じているかどうか、また何を信じているかということは、そもそもどうでもよいことなのです。『各人は自分なりの流儀で生活をすべきである』[77]」と言います。不信仰も寛容について語ります。しかし、不信仰の寛容が大抵の場合、不寛容であることを経験は教えています。不信仰の寛容は不信仰を守り、養い、肯定し、促進しますが、信仰に対しては、この見せかけの寛容は情け容赦なく振る舞います。そのように人は、二言目には「寛容」を口にする人々が信仰に対しては不公平で、敵意に満ち、横暴になるのをよく経験します。それはイエスの御言葉の不信仰な乱用です。

しかし、信者たちの中にも乱用があります。キリストが例外的に「羊小屋」の外にいる悪霊払い師にもやりたいようにやらせられることから、ある信者たちは次のように推論します。「そもそもいかなる『羊小屋』も存在してはなりません。ただ組織の外で起こることだけが正しく善いことなのです。」あらゆる組織の中にあるものはすべて、どっちみち取るに足らないことなのです。ただ組織のこのような軽視は、キリストによりどころを求めることはできません。固くつなぎ合わされた使徒たちのグループの存在だけでもすでに組織を指し示しています。

しかし、もしそのことから、キリストはここでは、はっきりしない態度や宗教無差別主義を弁護しておられるのだという結論を引き出そうとするならば、それはあの御言葉の最も馬鹿げた乱用です。確かにキリストは、まだ決断していない人々に対して寛大です。しかし、それは、キリストが優柔不断な態度をより好まれ、「決断しないキリスト教」を弁護しておられるということを意味しません。

このようなイエスの寛大な御言葉の三重の乱用に対して、さしあたり次のことが語られなければなりません。すなわち、この見知らぬ悪魔祓い師はいずれにせよイエスを信じていることでしょう。なにしろ、彼は「イエスの御名を使って」それを行っているのですから。もし邪説を唱える教師や偽預言者が問題となっているのであれば、キリストはその人について別の言い方をされたことでしょう。しかし、もしそうであるならば、ここではとりわけ一一章二三節の御言葉が思い起こされなければなりません。「わたしに味方しない者はわたしに敵対し、わたしと一緒に集めない者は散らしている。」この両方の御言葉は互いに甚だしく矛盾しています。ここでは、人がそのまま並べて置くことしかできないあの逆説が問題となっています。互いに矛盾する二つの発言が合わさって現実全体を包括しています。聖書はこのような矛盾する二重の発言を喜んで用います。私たちはとりわけ逆説の本質に関する多くの洞察をセーレン・キェルケゴールに負っています。

この二つの発言がなされた状況はまさに双方の箇所とも異なります。「あなたがたに逆らわない者は、あなたがたの味方なのである」という御言葉の場合には、いずれにせよ、イエスの御名を使って行動しようとするある部外者が問題となっています。しかし、「わたしに味方しない者はわたしに敵対している」という御言葉の場合には、イエスは極めて激しい攻撃を受けています。そこでは、人々はまさにイエスについて、「この人は悪魔と結託している」と言っています。このような状況において、イエスはその場に居合わせている人々に二者択一の選択を迫られるのです。このような状況の相違から、上辺は矛盾しているように見える二つの御言葉は説明がつきます。聖書においては、しばしば事情はそのようであり、しかもそれは良いことなのです。このような対立する対句は、振り子が左右に振れるのと同様に必要なものなのです。

不信仰はイエスの御言葉を引き合いに出すことはできません。というのは、イエスはここで「わたしに味方しない者はわたしに敵対している」と明確に語っておられるからです。

無秩序でも、分裂でも、偏屈でもありません。というのは、「わたしと一緒に集めない者は散らしている」からです。

ここでは、優柔不断も宗教的無関心もあらゆる根を絶たれています。というのは、イエスは決断を期待しておられるからです。人はイエスに味方するか、さもなければイエスに敵対するかのいずれかなのです。

パウロはこの点でも、彼の主を理解していました。パウロは、危険を冒すガラテヤの人々に正しい信仰を捨てないように書き送ります。「わたしたちがあなたがたに告げ知らせたものに反する福音を告げ知らせようとするならば、呪われるがよい！」〔ガラテヤの信徒への手紙一章八節による〕。しかし、キリストを信頼し切ったフィリピの人々には、パウロは次のように書き送ります。「口実であれ、真実であれ、とにかく、キリストが告げ知らされているのですから、わたしはそれを喜んでいます。これからも喜びます」〔フィリピの信徒への手紙一章一八節〕。

55　天からの火？　9章51―56節

51イエスは、天に上げられる時期が近づくと、エルサレムに向かう決意を固められた。52そ
して、先に使いの者を出された。彼らは行って、イエスのために準備しようと、サマリア人
の村に入った。53しかし、村人はイエスを歓迎しなかった。イエスがエルサレムを目指して
進んでおられたからである。54弟子のヤコブとヨハネはそれを見て、「主よ、お望みなら、天
から火を降らせて、彼らを焼き滅ぼしましょうか」と言った。55イエスは振り向いて二人を
戒められた。56そして、一行は別の村に行った。

ここではまず初めに、ユダヤ人とサマリア人との関係について一言必要です。サマリア人はもともと、信仰という点でも血筋という点でもユダヤ人ですが、周辺の異教徒たちと激しく混ざり合っていました。サマリア人たちはエルサレム神殿を唯一の中心聖所と認めません。キリストの誕生の一二八年前に、サマリア人たちの礼拝地は破壊されたにもかかわらず、彼らはゲリジム山で礼拝します。「わたしどもの先祖はこの山で礼拝しましたが、あなたがたは、礼拝すべき場所はエルサレムにあると言っています」（ヤコブの井戸辺でのサマリアの女とのイエスの対話から）〔ヨハネによる福音書四章二〇節〕。サマリア人たちは彼らのメシア待望においても独自の道を歩んできたように思われます。「女が言った。『わたしは、キリストと呼ばれるメシアが来られることは知っています。その方が来られるとき、わたしたち（わたしたちサマリア人）に一切のことを知らせてくださいます』」〔同上、ヨハネに

よる福音書四章〔二五節〕）。サマリア人たちが外国の占領国に対して、より友好的な態度を取ったことによって、この対立はローマ時代にはさらに先鋭化しました。互いに憎み合い、軽蔑し合いましたが、より激しかったのはユダヤ人の側でした。このような憎しみがどの程度まで高まったかということは、当時用いることのできた最も激しいののしりの言葉をイエスに浴びせたあの叫び声から明らかになります。「あなたはサマリア人で悪霊に取りつかれていると、我々が言うのも当然ではないか」（ヨハネによる福音書八章〔四八節〕）。悪霊に取りつかれていることとサマリア人であることとは、明らかに同一のことのようです。従って、サマリア人はユダヤ人のもとでは、徴税人たちと同様に軽蔑されています。ユダヤから、北に位置するガリラヤへと向かい、最短の道でサマリア人の土地を横断しなければならなかったユダヤ人が、大きく迂回してサマリアを避けて通ったという点に、このような軽蔑の憎悪は表面上現れました。ところで、イエスがこのような回り道をお選びにならないことは注意を引きます。イエスはそもそもサマリア人に対する憎しみや中傷を共有されません。サマリア人のたとえにおいては、災難に見舞われた人の面倒を見るのは、よりにもよって一人のサマリア人であるのにひきかえ、正統派のユダヤ人たちは災難に見舞われた人の傍らを通り過ぎるというひどく腹立たしい状況について述べられています。癒された一〇人の重い皮膚病の患者のうち、帰って来て、神に栄光を帰する唯一の人も同様にサマリア人です〔ルカによる福音書一七章一一―一九節〕。

ところで私たちは、ここでイエスがガリラヤから南に向かう道の途上におられるのを見ます。イエスはその際、いつものように最短距離をお選びになります。宿探しに遣わされたヤコブとヨハネはサマリア人の村で拒絶されます。その際、客を親切にもてなすのを拒絶することがオリエントにおいて何を意味するかが考慮に入れられなければなりません。弟子たちは、よりにもよって彼らの師がサマリア人の側からそのような扱いを受けるいわれはないことを知っています。彼らは感情を傷つけられ、胸が痛みます。彼らは恨みを抱き、「もしあなたが同意してくださるならば」――そのように彼らは言おうとしたのです――「エリヤがしたように、天から火を降らせて、彼らを焼き滅ぼしましょうか」と主に提案します。しかし、イエスは次のような御言葉で彼らを「戒められます。」「あなたがたは自分たちが、どのような御霊を受けているかを知らないのだ。人の子は人びとの魂を滅ぼしにきたのではなく、救うためにきたのである」（五六節）。[78] ルカは福音書記者たちの中でこの出来事を伝えている唯一の人です。マルコにおいて、ヤコブとヨハネは「ボアネルゲス」、すなわち「雷の子ら」という異名を持っていたという短い記事を私たちが読むとき、恐らくこの出来事を思い起こすことでしょう。

もっとも、この二人の「雷の子ら」の無理な要求はまったく的外れというわけではありません。イエスの面前では、人は激しい気性を持ってはならないというわけでは決してありません。この時のように、それが当然の怒りであったならば、怒ることはイエスのそばで十分にありうることでした。さらに彼らはエリヤを引き合いに出すことができます。このエリヤがかの地の山上で、主の変貌の際、彼らの主と話しているのを彼らが見たのは、つい最近のことです。彼らの師はエリヤに劣りません。神の怒りと神の裁きが実際にあるということも彼らは知っており、彼らはそれをイエス御自身から幾度も聞いていました。彼らはある時は、イエスが手に鞭を持っておられる姿を見ます。裁きの真剣さという点で、この二人の弟子たちの提案に決して劣らない御言葉を、イエスが湖畔の町々に関して語られるのを彼らは耳にします。すなわち、裁きの日には、これらの町々は「ソドムやゴモラよりもひどい目に遭う」〔マタイによる福音書一〇章一五節による〕と。エルサレムに関しては、「一つの石も他の石の上に残ることはない」〔マタイによる福音書二四章二節による〕〔と語られます〕。それゆえ、裁きのない恵みの福音、まして軟弱で正義を欠いたお人好しはこのイエスの御言葉を引き合いに出すことは恐らくできないでしょう。しかし、どうしてイエスはここで彼らに正当な裁きを禁じられるのでしょうか。私たちが見ることができる限り、三つの理由があります。

一、イエス御自身のゆえに。「イエスは、天に上げられる時期が近づくと」、その時「エルサレムに向かう決意を固められた。」今や間もなくすると、イエスは「天に上げられる」ことになります。御自分の十字架への思いは一瞬たりとも主の頭から離れません。十字架は言わば絶えず目前に迫っています。イエスのここでの振る舞い方や態度の表明の仕方は今や完全に十字架によって規定されています。しかし、弟子たちの提案は主にとって、御父が御自分に行けと命じておられない道を行くように促すことになるでしょう。主は今や、かの地で十字架に架かって死ぬためにエルサレムに行かなければならないのです。ルターが卓越した仕方で翻訳しているように、主はこの道を「まっすぐに」行かなければなりません。しかし、弟子たちの無理な要求は誤った道であり、誘惑であるでしょう。このような誘惑を主はここで退けられるのです。主がそうなさる際の激しさからも、そのことは明らかになります。主は弟子たちを戒め、叱られます。誘惑者〔サタン〕が主を十字架の服従の道から逸らそうとする場合には、主はいつでも激情に駆られます。主は十字架へ向かおうと固く心に決めておられますが、主がエルサレムを目指して進まれるや否や、悪魔はイエスの前に立ちはだかります。しかも、イエスの愛弟子たちの姿で、その上、非常に正当な願い事を携えて。悪魔はずる賢いのです。しかし、それがどんなに巧みであっても、主は悪魔の偽装を見破られます。

二、弟子たちのゆえに。エリヤはとりわけ、彼の敵に対して暴力によって勝利を収め、勝利を勝ち取る者として、弟子たちの関心を引きます。山上での出会い以来、彼らの念頭に浮かんでいるのは、イゼベルから逃れて荒れ野に行く、死ぬほど惨めなエリヤ〔列王記上一九章一節以下〕ではなく、むしろ、暴君との戦いにおいて、天から火を降らせ、四五〇人のバアルの祭司たちの首をはねる、強大な力を持つ神の人です〔列王記上一八章一節以下〕。そのほかに、イエスの弟子たちが十字架への歩みを心の底から理解していないということを示すしるしがあります。サマリア人たちが彼らのために宿を提供するのを拒むだけでも、彼らが我慢ならないのであれば、エルサレムでユダヤ人たちがイエスを神の民（ゲマインデ）から追放し、異邦人の手に引き渡すとき、エルサレムでは、なおさらどうなることでしょうか！　ゲッセマネでの逮捕の際、ペトロが剣に手を伸ばしてつかんだ時に、ペトロが目論んだのと非常に似て見えることを、弟子たちはここで実際はしようとしているのです。彼らは、イエスが十字架に架からずに済むように、暴力によってイエスのために尽くそうとします。確かに、天から来る暴力によりますが、やはり暴力によってイエスのために尽くそうとします。このような親切な助力は善意によることとかもしれませんが、主はそれを拒絶されます。なぜなら、それは人間の思いによるものであり、神の御心によるものではないからです。

三、サマリア人のゆえに。ああ、サマリア人よ！　サマリア人の村に対するこのような罰としての不思議な御業は、この瞬間にはなおさら、「サマリア人こそ、主の真の敵である」という完全に間違った印象を与えることになるでしょう。それはどれほど見当違いなことでしょうか！　なにしろ、敵はまったく別の場所にいるのですから！　しかしまさに、私たちが畑の雑草を抜き取ろうとする時には、そのようなことが起こり、進行するのです！　その場合には、私たちは小麦を引き抜き、雑草をそのままにしてしまうのです。それゆえに、私たちの怒りがどんなに正しいとしても、自分で裁くことから手を引きなさい。

確かに、神の報復の火が人間の居住地を襲うということが起こりえます。七〇年から七一年にかけてローマによる征服の際に、サマリア人の村ではなく、エルサレムがこのような裁きの火に飲み込まれ、廃墟と化しました。しかし、天は人間を滅ぼすためではなく、人間を守り、救うために燃えるのです。それゆえに、神は初めに別の火を天から降らせられます。聖金曜日には、愛と義の火が天から降ります。それによって、私たちの代わりにイエスの頭が打たれます。数週間後にもう一度、天から火が降りました。しかし、またしても報復の火ではなく、聖霊の火であり、和解の火でした。どうか、このような天からの火が私たちの頭上に、私たちの心の中に、私たちの家に、私たちの村や町に降り注ぎますように――このような願いはイエスの弟子たちに禁じられていないのみならず、命じられているのです。

56　三人の従う者たち　9章57―62節

57一行が道を進んで行くと、イエスに対して、「あなたがおいでになる所なら、どこへでも
従って参ります」と言う人がいた。58イエスは言われた。「狐には穴があり、空の鳥には巣が
ある。だが、人の子には枕する所もない。」59そして別の人に、「わたしに従いなさい」と言
われたが、その人は、「主よ、まず、父を葬りに行かせてください」と言った。60イエスは言
われた。「死んでいる者たちに、自分たちの死者を葬らせなさい。あなたは行って、神の国を

言い広めなさい。」61また、別の人も言った。「主よ、あなたに従います。しかし、まず家族
にいとまごいに行かせてください。」62イエスはその人に、「鋤に手をかけてから後ろを顧み
る者は、神の国にふさわしくない」と言われた。

ある人が主イエス御自身に申し出ます。その人の職業は律法学者であるとマタイは伝えています。その人にとって重大な結果を生む決断です！　彼は「あなたがおいでになる所なら、どこへでも従って参ります」（五七節）と力を込めて意志を強調する言葉で申し述べます。とんでもない！　彼はイエスがどこに行かれるのか分かっているのでしょうか。主はそのお答えにおいて、御自分を野や森や荒れ野の動物と比較しておられます。これらの動物には穴があり、巣があります。しかし、イエスが持っておられるものは動物よりも少ないのです。この方からは何ももらえません。名誉も利得も、あるいは何らかの利益も得られません。イエスのこのような突き放す御言葉は、「わたしのもとに来る人を、わたしは決して追い出さない」（ヨハネによる福音書六章三七節）、「あなたがた疲れた者、重荷を負う者は、だれでもわたしのもとに来なさい。わたしはあなたがたを休ませてあげよう」（マタイによる福音書一一章二八節による）と主が招き、呼び寄せられる時に語られる他の御言葉と矛盾すると人は言いました。果たして、この向う見ずな律法学者はここで「疲れた者、重荷を負う者」なのでしょうか。事実イエスはこの人に歓迎の意を表わされず、むしろ、彼に思い留まるように忠告されるということが起こります。今やこれらのグループの中からも弟子を持つことを喜ぶ代わりに、イエスは異議を唱えられます。御自分の事柄のために「鍵となる人」、「重要人物」を獲得したことを祝う代わりに、イエスは控え目な態度を取られるのです！

イエスはここで御自分のことを「人の子」（五八節）と呼んでおられます。詩編八編に書いてあるように、それはもともと単純に「人間」、「人間の子ども」を意味します。従って、イエスはここで、「私はあらゆる窮乏や弱さ、人間の運命全体を引き受ける人類の一人である」と言っておられるのです。しかし、同時に旧約聖書における「人の子」は威厳のある呼称です。ダニエルが「わたしは人の子のような者を見た」（ダニエル書七章一三節による）と語るとき、彼はその言葉で、最後の審判の日に来られるメシアのことを言っています。イエスにおいてもこの表現はこのような二重の意味を持っています。イエスが御自分の受肉について、卑しい姿での到来について語られるとき、しかしまた、イエスが裁きのために雲に乗り、栄光の御姿で来られる第二の到来を予告されるときにも、イエスは御自分のことを「人の子」と呼ばれます。

二番目の人は自分から申し出るのではなく、イエスから御自分に従うように招かれます。この人が誰であるのかは分かりません。人はその人の背後に生真面目なトマスを想定しました。この人が誰であれ、今やこの人はまさに悲しみに陥っていたのであり、身内の不幸、すなわち、彼の父が亡くなったのです。ひょっとしたら、まさにそのことがまた、まさに今この時にイエスが彼を服従へと招かれる理由であり、あるいは少なくともその動機であるかもしれません。そして今や、この人は従う覚悟があると表明します。しかし、彼はまだ間に合ううちに、何よりもまず畏敬の念を持って死者を葬る義務を果たしたいのです。イエス御自身が、あるとき十戒の第五戒を怠ることを厳しくお叱りになります（マルコによる福音書七章一〇―一四節）。しかし、ここでイエスはこの呼び寄せられた人に、「死んでいる者たちに、自分たちの死者を葬らせなさい」とお答えになります。キリストに従う人は永遠の命に入れられ、復活にあずかり、それによって命の使者また奉仕者となります。しかし、人はキリストを信じなくても、死者を埋葬することができます。復活であり、命であられる方に従う者としてのみ、人は神の国を宣べ伝えることができます。果たして、そんなにそっけなく扱われた人が従ったのか、それとも従わなかったのか、私たちには分かりません。彼は父の埋葬には行かなかったと考えられます。

三番目の人も同様に自分から申し出ます。にもかかわらず、全面的にではなく、彼は条件を付け加えます。彼は「しかし」と制限を設けます。「主よ、あなたに従います。しかし、まず家族にいとまごいに行かせてください」(六一節)。いったいなぜ、そうしてはいけないのでしょうか。主は、他の人にはそうすることを許されただけではなく、主御自身が当時、別れの食事の席に着かれました。しかし、ここでは、主はお許しになりません。一度鋤に手をかけたなら、後ろを振り返ってはならない、さもなければ、あなたは「神の国にふさわしくない」(六二節)。農業のたとえです。現代では、鋤は一度きちんとセットすれば、つかんでいなくても畝間を走り抜けます。しかし、自動制御の鋤が導入される以前の時代には、人は二本の鋤の柄を両手でしっかり握り、鋤を操作しなければなりませんでした。ぼんやりしている人や、それどころか、後ろを振り向く人には、確実に畝が曲がってしまうということが起こりました。

生まれつきの人間には、これらの三人の男たちに対する主の態度は前代未聞であるだけでなく、不適当と判断するほかありません。それゆえ、注解書において、この点に関して、「厳しい」、「そっけない」、「冷酷だ」というような言葉が発せられること、それどころか、非人間的であると非難を受けないわけにはいかないとしても、決して驚きません。それにもかかわらず、私たちにはどうしても次のように思われます。すなわち、ひょっとしたら、イエスの牧会者としての配慮と人が呼ぶことが許されるものがこの箇所ほど明らかになる福音書の箇所はほとんどないと。ここで御国の視点を持ち続け、このような視点から物事を判断する人は、まさにこれらの三人の男たちに接する際に、イエスにおいて明らかになる思いやりに満ちた配慮、優しさ、感情移入に驚くことでしょう。とりわけ、イエスがこれらの三人の男たちの人間的な弱さをご存じであるだけでなく、状況に応じて考慮に入れ、御自分の忠告や決定に際して考慮しておられることは人の注意を引くに違いありません。

そのように、イエスは彼らのうちの最初の男の無知に注意を払われます。イエスは、幻滅が生じることを見抜いておられ、必ず彼に生じることになる失望をご存じなのです。彼は自分の魂を損なうことになるでしょう。主は彼をそういう目に遭わせたくないのです。ただ彼の魂への配慮のゆえに、主は彼を拒まれます。私たちが冷酷と感じることが、保護する憐れみなのです。

次に二番目の男。キリストは、生まれ持った絆が固いことをご存じであり、家族の伝統の力や血の支配力をご存じです。そして、死が家族の内輪に侵入するとき、家族は最も積極的に家族になります。ただ身内の不幸だけが結び合わせることのできる遠縁の親戚が国中到る所にいます。そして今や、まさにこのような喪中の人の魂に服従への招きが発せられたのです。そして、このようなまだ新しい招きを心に携えて、今や彼は「墓場」の状況に足を踏み入れようとするのです！　大火災のときに、人が家畜を火事からかろうじて救い出した後、それらの家畜がやみくもに、燃えている家の中に大急ぎで引き返し、哀れにも死んでしまうのは、ある特定の家畜の不思議な特性です。この喪中の人はまさにそれと同じことをしようとしているのです。彼はそこで彼の家族を見出すと同時に――御国を失うことになるかもしれません。主は、彼がこのような極めて誘惑に満ちた状況に陥らないようにされます。非人間的に思われることが、ここでも保護する憐れみなのです。

その次に、後ろを振り返ること！　「鋤に手をかけてから後ろを顧みる者」――！　後ろを振り返ることには、神の国において特別な事情があります。ロトの妻は、後ろを振り返り、滅びゆく町を見ることを禁じられましたが、彼女は聞き従わず、固まって塩の柱になってしまったと彼女について言われています。イスラエルの子らは約束の地への途上で、彼らの前に困難が立ちはだかるたびに、エジプトの肉鍋を懐かしみ、それゆえに、荒れ野で死ななければなりませんでした。使徒〔パウロ〕が、「わたしは後ろのものを忘れ、前のものに全身を向けつつ、目標を目指してひたすら走ります」〔フィリピの信徒への手紙三章一三―一四節による〕と語るのを私たちが耳にするとき、この使徒も後ろを見ることの危険性を知っているのです。従って、神の国においては、古くから慣れ親しんだものから離れ、一歩一歩、多くの場合小さく一歩ずつ新しい領域に足を踏み入れることが重要なのです。それゆえに、出発の最中に後ろを振り返ることは苦しみになり、誘惑になり、最終的には罪になります。後ろを振り返ることから、引き返すことが生じ、最終的には離反が生じます。ここでキリストはこれらの三人の弟子たちをそのことから守られるのです。確かに、前々からそうでしたが、来るべき数十年の間に、キリスト教徒たちにとって、彼らが後ろを振り返るという罪に屈しないことがとりわけ重要になるでしょう。前を見ることが今この時のように耐えがたいことになるならば、後ろを振り返ることと以上に自然なことがあるでしょうか！　しかし、「上にあるものに心を留めなさい」〔コロサイの信徒への手紙三章二節による〕と勧告されているように、私たちはここで、「神の国にふさわしい者となるために」、一度鋤に手をかけてから後ろを振り返らないように勧告されているのです。

57　七十人の派遣　10章1―16節

1その後、主はほかに七十二人[79]を任命し、御自分が行くつもりのすべての町や村に二人ずつ
先に遣わされた。2そして、彼らに言われた。「収穫は多いが、働き手が少ない。だから、収
穫のために働き手を送ってくださるように、収穫の主に願いなさい。3行きなさい。わたし
はあなたがたを遣わす。それは、狼の群れに小羊を送り込むようなものだ。4財布も袋も履
物も持って行くな。途中でだれにも挨拶をするな。5どこかの家に入ったら、まず、『この家
に平和があるように』と言いなさい。6平和の子がそこにいるなら、あなたがたの願う平和
はその人にとどまる。もし、いなければ、その平和はあなたがたに戻ってくる。7その家に
泊まって、そこで出される物を食べ、また飲みなさい。働く者が報酬を受けるのは当然だか
らである。家から家へと渡り歩くな。8どこかの町に入り、迎え入れられたら、出される物
を食べ、9その町の病人をいやし、また、『神の国はあなたがたに近づいた』と言いなさい。
10しかし、町に入っても、迎え入れられなければ、広場に出てこう言いなさい。11『足につい
たこの町の埃さえも払い落として、あなたがたに返す。しかし、神の国が近づいたことを知
れ』と。12言っておくが、かの日には、その町よりまだソドムの方が軽い罰で済む。」
13「コラジン、お前は不幸だ。ベトサイダ、お前は不幸だ。お前たちのところでなされた奇
跡がティルスやシドンで行われていれば、これらの町はとうの昔に粗布をまとい、灰の中に
座って悔い改めたにちがいない。14しかし、裁きの時には、お前たちよりまだティルスやシ

ドンの方が軽い罰で済む。15また、カファルナウム、お前は、
天にまで上げられるとでも思っているのか。
陰府にまで落とされるのだ。
16あなたがたに耳を傾ける者は、わたしに耳を傾け、あなたがたを拒む者は、わたしを拒む
のである。わたしを拒む者は、わたしを遣わされた方を拒むのである。」

「収穫は多い」（二節）という強い光を放つ御言葉を主が語られるのを私たちが耳にするのは、七十人の弟子たちの派遣の際です。人はここでは、どちらかと言うと次のように予想するでしょう。すなわち、主は、見渡すことのできない広大な世界の畑を指し示し、これまでごくわずかな種が落ちた小さな畑はごく限られていること、そして、休閑地のみならず、これから開墾されなければならない草原や荒れ野は気が滅入るほどに大きいことを弟子たちに思い起こさせ、そして今や、主は弟子たちを「栽培戦争」[80]に召集され、彼らに「栽培計画」を提示されると予想するでしょう。主は確かにそれらすべてのことをも望んでおられます。主が今や遣わされるのが弟子たちのうちの七十人であるという点にすでに、ある種の計画のようなものが含まれているように思われます。その数は偶然ではありません。なにしろ、昔のユダヤ教の見方によれば、ユダヤ人ではない民族の総数は七十であると見なされていたのですから。そして、道の途上で人々に挨拶しないように、主が彼らに忠告されるとき（四節）、それは無礼な態度を取るようにとの指示というよりも、むしろ、急ぐようにとの指示です。あまりに面倒な支度も彼らの進路を阻んではなりません。このような理由で、主は最初の派遣の際と同じように、ここでも、人が生涯の間ずっと一緒に持って行くすべての旅行手荷物の中でも恐らく最も

重い荷物である不安を彼らから取り除かれるのです。「財布も袋も履物も持って行くな。」ところで、もちろんそれは、主が彼らを手ぶらで、何も持たずに街道に追い立てられるということを決して意味せず、主は彼らのために配慮しようとしておられるということを意味します。彼らは生計や暮らしに関する不安を、安心して主に委ねることができるほどに、彼らを遣わされる方に無条件に信頼すべきなのです。そして、空の手に関して言えば、彼らが足を踏み入れるすべての家に、王らしい贈り物として携えて来る平和を、主は彼らに持たせておやりになります（五節）。「その町の病人をいやし、また、『神の国はあなたがたに近づいた』と言いなさい」（九節）。それは「空の手」のように見えません。恐らくいかなる王もそれほど豊かに自分の僕（しもべ）たちの身支度を整えたうえで、僕（しもべ）たちを遣わしたことはこれまで一度もなかったことでしょう。しかし、主が彼らにもたせておやりになる最大のものは、なんといっても「収穫は多い」という極めて意義深い保証です。

それによって、主は何を言おうとしておられるのでしょうか。ここでは、御父がそれまでに着手されたすべてのことを、主は完全に実現されるということが明らかに考慮に入れられるべきです。そもその最初から、神が御自分の畑を耕され、御自分の庭、御自分のぶどう畑を開墾されたのです。かつてアブラハムやモーセやサムエルやダビデといった人が、またエリヤやアモスといった人が、エレミヤやエゼキエルといった人が植え、蒔いたものは無駄ではなかったのです。神がすでに着手されたすべてのことに従って判断するならば、耕されていない畑について語ることは神を侮辱することになるでしょう。そして、栽培計画もあらゆる点で存在しています。もっともその際、神の国においては、種蒔きと収穫との間の時間の間隔は自然界におけるのとは異なるということが考慮に入れられなければなりません。畑を耕す際に、人は、自分が蒔いたものを収穫することを当てにすることが許されます。しかし、神の国においては、成長期間は異なります。それが人の一生涯の通常の長さと一致することもかなりの頻度であります。一人の人が種を蒔き、別の人が手入れをし、三人目がようやく収穫するということも特別なことではなく、ごく普通のことです。昔の信仰の父祖たちが種を蒔いたのは、彼らが将来の「某日」に向けて、すなわちキリストの日に向けてしたことなのです。そして、今やこの日が到来したのです。それは聖金曜日であり、イースターであり、聖霊降臨日であり、それと共に、前例のない収穫の時が間近に迫っています。収穫は多いのです。弟子たちがそれを把握しうるよりも多いのです。主はサマリア人の女性に対して、それをどのように語っておられるでしょうか。「畑は色づいて刈り入れを待っている」〔ヨハネによる福音書四章三五節〕。そして、弟子たちが主に食事を差し出したとき、主は感謝と喜びのあまり、一口も食べようとされませんでした。

聖書では、収穫という言葉には終末的な響きがあります。聖書では、収穫はいつでも終わりであり、目標です。麦の中の毒麦のたとえにおいて、まさにそのように言われています。「刈り入れは世の終わりのことである」〔マタイによる福音書一三章三九節による〕と。聖金曜日とイースターの出来事と共に事実、古い地の終わりと新しい世の始まりが明らかになりました。私たちはこのような世の終わりの時の中で、キリストの再臨の中で生きるようになったのです。それ以来、両方のこと、すなわち、過ぎ去り行く時と来るべき世、古い地と新しい地が互いに溶け合い、互いに絡み合っています。それゆえに、今や両方のことが同時に進行します。すなわち、まだ種が蒔かれなければなりませんが、すでに収穫も行われるのです。種蒔きと収穫期は手を取り合って進みます。今やすでに収穫において存在しているものを、人は早生(わせ)の果物、走りの野菜、初物の穀物の束にたとえることができるでしょう。つまり、初穂について語るのがより賢明でしょう。そして、主は弟子たちに「収穫は多い」という保証を与えられるのです。

当時、実際には、この収穫がわずかしか目に見えなかったことを人が考慮に入れるならば、七十人に対する主のこのような約束はなおさら驚くべきものです。この七十人には、当時、地表の圧倒的大部分はそもそもまだ知られていません。彼らに知られていた部分はローマの軍団の行進のために揺れています。そして、イスラエルの民においてさえ——主が彼らに「収穫は多い」と語られる瞬間、いったいイスラエルの民はどのような状況に置かれているのでしょうか。私たちがごく月並みな言葉で語るならば、主は成功を収められるのでしょうか。主はこれまでガリラヤを、特に御自身のお気に入りの耕地と見なされていました。今や主はまさにガリラヤを去ろうとしておられます。主はガリラヤにおいて何を成し遂げられたのでしょうか。湖畔の町々の人々が頑固で、心が頑なであるがゆえに、主はそれらの町々をお叱りになります。それ以前の時代の、神を畏れぬ町々の中で最も悪名高い実例よりも、これらの湖畔の町々はもっと耳を貸そうとしませんでした。主はティルスを挙げ、それどころかソドムやゴモラさえも挙げられます〔一三—一五節〕。かつて主がまさに「御自分の町」と呼ばれたカファルナウムは天にまで高められましたが、イエスをわきへ追いやりました。カファルナウムは地獄にまで落ちなければなりません。というのは、最も多くの御業を見たカファルナウムが福音に心を閉ざし続けたからです。ガリラヤに別れを告げる際、主の成果はそのようなありさまなのです。そして今や、主は「エルサレムにまっすぐに顔」〔ルカによる福音書九章五三節による〕を向けられます。そこには、成功が待ち受けているのでしょうか。そこには、十字架が主を待ちかまえているのです。主は弟子たちにすでに二度そのことを打ち明けられました。ルカにおいては、早くからこの受難予告がなされることは注意を引きます。御自分の後ろにも前にも失敗。それにもかかわらず「収穫は多い」のです。
そして、主は七十人を務めに遣わされる際に、これまでの御自分の失敗を思い起こさせるのです！　主は、例えば彼らに成功を約束するつもりはまったくありません。反対に主は彼らにも闘いと苦難を約束されます。かつて、ある経営者が自分の従業員を、あるいは、ある征服者が自分の兵士たちを、そのような告白と共に遣わしたことがあったでしょうか。不思議なことに、主はここでも、ほかに比較する対象がない唯一の主であられます。「見よ、わたしがあなたがたを遣わすのは、狼の群れに小羊を送り込むようなものだ」（三節〔による〕）。家々が、村落が、それどころか地域全体が彼らに心を閉ざすことに対して、主は彼らに心の準備をさせられます。それにもかかわらず、「収穫は多い」のです。

そして、なおさら――その時以来経過した二千年に目を向けるならば、どのような進歩と成果が書き留められうるでしょうか。草刈り人夫として、草刈り鎌を手に持ってさっそうと歩く死は、害を及ぼすこともなく時代遅れとなったイメージです。死と悪魔はそれ以来、その収穫の可能性を千倍にしました。もはや手によるのではなく、機械化され、刈り取り機を使って、死はその収穫物を切り倒します。死はバインダーを使って諸国民の間を走り抜けます。それが二千年間のキリスト教の種蒔きと収穫の仕事の成果なのでしょうか。『ユダヤ人とキリスト者とドイツ人』という作品集の中で、いろいろな人がいるなかで、同時代のユダヤ人の中で最も気高い代表者の一人であるシャローム・ベン・コーリン[81]も発言しています。なぜ、彼にとってキリスト者の信仰が馴染めないものであり続けたのかということの理由の一つとして、彼はまさに次の事実を挙げています。「この世はキリスト教の二千年の間、より良いものとはならず、より幸福にはなりませんでした。この世は今日、以前よりも堕落し、失われているように見えます。私はナザレのイエスを愛し、尊敬しています。しかし、この人がイスラエルの民のメシアであり、諸国民の救い主であるということに対しては、この世のありさまが反対しています。」

人はシャローム・ベン・コーリンの痛みを、すなわち、私たちが依然として古い地に生きていることについての痛みを理解し、共有するだけに、主の最初の到来以来経過した二千年が無価値で、何の役にも立たないものだと宣言するすべての人々から私たちが距離を置く理由を、私たちは十字架と復活の勝利の果実を信じる信仰の中に持つのです。あの時以来、神の御言葉が何の実りもないままであり続けた年は一年としてありませんでした。「良い土地に落ちたのは、立派な善い心で御言葉を聞き、よく守り、忍耐して実を結ぶ人たちである」〔ルカによる福音書八章〔一五節〕〕。主が多くの収穫について語られるとき、主は「忍耐による実」を念頭に置いておられます。私たちがやがて、今私たちが信じていること、すなわち「収穫は多い」ということを見ることになる万物の最後の秋を迎えるまで待つこと、忍耐して辛抱強く待ち続けることが多くの収穫と結びついているということが神の国の秘義の一つなのです。

このような収穫において働くということは信じることを意味し、人が普通、収穫と結びつける尺度やイメージを放棄することです。収穫することは普通、心を喜ばせ、目に輝きを与える行為です。収穫すること、それは際立ってすばらしいことです。しかし、神の国においては、収穫はそれとは異なる姿をしています。すなわち、そこでは、「見るべき面影はなく、輝かしい風格も、好ましい容姿もない」〔イザヤ書五三章二節〕のです。私たちはマタイにおいて次のような御言葉を読みます。「イエスは、群衆が飼い主のいない羊のように弱り果て、打ちひしがれているのを見て、深く憐れまれた」

〔マタイによる福音書九章三六節による〕。そして、ここで、このような文脈において、主は「収穫は多い」という御言葉を語られたとマタイは伝えています。民は弱り果て、打ちひしがれ、道に迷い、間違った道に導かれている、イエスが御自分の収穫を得られるところでは、人々はそのような姿をしているのです。目標に到達することなく、いやそれどころか、目標から遠く離れたところで、また幸福な自己発展の高台の上ではなく、むしろ苦しみと不能のどん底にイエスは収穫を見ておられます。人間に救いの機が熟し、神の介入の機が熟しているところに、イエスは、「畑が色づいて刈り入れを待っている」〔ヨハネによる福音書四章三五節による〕のを御覧になります。そして、この収穫は多いのです。当時、収穫は多かったのであり、今日、収穫は多く、そして収穫はますます多くなります。収穫の機が熟するとは、今すぐにイエスを必要としているということなのです。

「しかし、働き手が少ない。」働き手が少ないことは驚くべきことでしょうか。いったい、このような収穫を取り込む際、その場に居合わせることを誰が望んだでしょうか。そして、イエスは今や決して喜び勇んで弟子たちを収穫へと送り出さず、「さあ、仕事にかかりなさい！」と続けて語られず、むしろ――「願いなさい、収穫のために働き手を送ってくださるように、収穫の主に願いなさい」と続けて語られるのはなぜかをご存じです。できるだけ多くの働き手が必要なのではなく、できるだけ有能な働き手が必要なのでもありませんが――このような収穫においては、祝福され、召命を受けた働き手が必要なのです。成果だけを追求する考え方の束縛から自由にされ、いかなる後退や失敗によっても信仰を譲らない信仰深い働き手が必要なのです。「収穫は多い。」

58　七十人の帰還　10章17―20節

17 七十二人[82]は喜んで帰って来て、こう言った。「主よ、お名前を使うと、悪霊さえもわた
したちに屈服します。」18イエスは言われた。「わたしは、サタンが稲妻のように天から落ち
るのを見ていた。19蛇やさそりを踏みつけ、敵のあらゆる力に打ち勝つ権威を、わたしはあ
なたがたに授けた。だから、あなたがたに害を加えるものは何一つない。20しかし、悪霊が
あなたがたに服従するからといって、喜んではならない。むしろ、あなたがたの名が天に書
き記されていることを喜びなさい。」

三十五組の弟子たちがどのくらい旅に出ていたのか、またそもそも彼らの任務が彼らをどこへ導いたのかということを私たちは知りません。いずれにせよ、彼らの公務出張旅行は数日間だけのことではなかったでしょう。私たちが数週間を予想するとき、私たちはそれほど間違ってはいないでしょう。そして今や、ここで彼らの帰還が報告されています。彼らの帰還はまったく驚くべきことです。主は、彼らが万一の場合や最悪の場合を覚悟していなければならないことをあらかじめ告げられた上で、彼らを送り出されました。「狼の群れに小羊を送り込むように」（ルカによる福音書一〇章三節による）主は彼らを遣わされました。人は今や、彼らがさまざまな容易ならぬ経験を報告するだろうと予想します。その代わりに、彼らは喜びにあふれて帰って来ます。それどころか、まさに感激して帰って来ます。不平は一言も口にされず、賛美と感謝だけが口にされます。「七十人は喜んで帰って来た」（一七

節〔による〕）。

彼らが報告しうるすべてのことの中で、一つのことが最初に書いてあります。それは彼ら自身にとって、とりわけ予期せぬ出来事となったように思われます。「主よ、お名前を使うと、悪霊さえもわたしたちに屈服します」（一七節）。主は、神の国を告げ知らせ、病人を癒すために彼らを遣わされ、そうする力を与えられ、さらに主は「もろもろの霊に対する力」を彼らに与えられました。そして、それは今や彼らにとって、彼らの素晴らしい経験の頂点であり、この上ない体験となったように思われます。「お名前を使うと、悪霊さえもわたしたちに屈服します。」悪霊は神の国の真の敵です。悪霊は、人間を支配する力を病気に授けます――ところが今や、彼らは病気を癒しただけではなく、悪霊さえも追い出したのです！

なぜ彼らがこのような喜ばしい経験をすることが許されたのかを忘れぬように、イエスは彼らに注意を喚起します。「わたしは、サタンが稲妻のように天から落ちるのを見ていた」（一八節）。それがいつ起こったのか、私たちには分かりません。恐らく七十人の伝道旅行の間に初めて起こったのではないでしょう。恐らく誘惑者〔悪魔〕が、悪魔に対抗できるただ一人の方を見出した荒れ野において、非常に高い山の上で、そして神殿の塔の上で起こったのでしょう。注意を引くのは稲妻との比較です。サタンはそれ自体として、何か輝きのあるものを持っていますが、それは稲妻の破壊的な輝きです。主がその際、旧約聖書に記されたバビロンの王の破滅に対する勝利の歌を念頭に置いておられるということは考えられなくはありません。そこでは、かつての絶対権力者について次のように言われます。「ああ、お前は天から落ちた／明けの明星、曙の子よ！　お前は地に投げ落とされた／もろもろの国を倒した者よ！」（イザヤ書一四章一二節〔による〕）。

今やサタンは退位させられ、破滅させられたのであり、失脚させられた権威者なのです。弟子たちに対するサタンの権力、教会に対するサタンの権力は打ち破られました。従って、キリストは狼についてさえも（「狼の群れに小羊を送り込むように、わたしはあなたがたを遣わす！」）「良い羊飼いはサタンより勝っており、サタンの怒り狂った襲撃から羊たちを守ることができる」と語られます。「羊を奪い、また追い散らす」（ヨハネによる福音書一〇章一二節）狼は、もはや羊に対していかなる力も持っていません。「彼らは決して滅びず、だれも彼らをわたしの手から奪うことはできない」（ヨハネによる福音書一〇章二八節）。マタイも約束の御言葉を教会に語りかけるとき、「陰府の門もこれに打ち勝つことはない」（マタイによる福音書一六章一八節〔『聖書協会共同訳』〕）という似たような御言葉でサタンの破滅を確証します。

サタンの破滅についての報告に引き続き、ルカはある御言葉を伝えています。その御言葉は、それを受け入れるためだけにも聖霊の全面的な助力を必要とするほどに、その大胆さや豊かさにおいて想像を絶しています。キリストがここで、信仰を持ってキリストに仕える職務に就く人々に約束されることは、まさしく傷つけることも打ち破ることもできないということに他なりません。「見よ、蛇やさそりを踏みつけ、敵のあらゆる力に打ち勝つ権威を、わたしはあなたがたに授けた。だから、あなたがたに害を加えるものは何一つない」（一九節〔による〕）。似たような御言葉がマルコによる福音書の結びに保存されています。「信じる者には次のようなしるしが伴う。彼らはわたしの名によって悪霊を追い出す。また、毒を飲んでも決して害を受けず、病人に手を置けば治る」（マルコによる福音書一六章〔一七―〕一八節〔による〕）。キリスト教会にとって重大な時代に、すなわち極限の誘惑と困窮の日々に、彼らの主のご委託を受けて、自分たちの職務に忠実である信者たちは、このような教会の主の具体的な救出の体験をすることが許されました。人はパウロのことを思い起こします。彼はローマへの囚人の移送中に海難事故に遭います。岸辺でかろうじて幸いにも助けられた一匹の毒蛇が彼を噛みます。その際、島の住民たちは、彼が即座に倒れて死ぬだろうと思いますが、使徒〔パウロ〕はその動物をぽいと火の中に放り投げ、生きているのです。神のみぞ知る隠されたキリストの教会の歴史がいつか公にされるとき、人は保護の多さに相当驚いていることでしょう。

もっとも、驚くことの多いこの記事の最も重要な御言葉は、何と言っても最後の御言葉です。この御言葉は我々には一つの要点のように思われます。「しかし、悪霊があなたがたに服従するからといって、喜んではならない。むしろ、あなたがたの名が天に書き記されていることを喜びなさい」（二〇節）。しるしが少ない現代のキリスト者である私たちを助け、私たちの災いを転じて福となすために、キリストがそのようなことを語られるということはまずないでしょう。もしそうであるならば、そもそも具体的な救出のこのようなしるしを経験しない方が良く、賢明であるということを意味するでしょう。しかし、弟子たちは気分が高揚して、今や御国それ自体としるしを決して取り違えることのないように、キリストは弟子たちにそのようなことを語られるのです。というのは、人はしるしを追い求めるようにもなりえますし、しるしばかり見て、すべてのしるしが指し示そうとする唯一の主をもはや見なくなることもありうるからです。それどころか、しるしに感激して、到底すべてのしるしが神からのものではないという事実、反キリストの奇跡もあり、悪魔の奇跡もあるという事実に対して、目が見えなくなることもありえます。すなわち、人は悪魔の委託を受けてしるしや奇跡を行い、体験することもありうるのです。「かの日には、大勢の者がわたしに、『主よ、主よ！　わたしたちは御名によって預言し、御名によって悪魔を追い出し、御名によって多くの御業を行ったではありませんか』と言うであろう。そのとき、わたしはきっぱりとこう言おう。『あなたたちのことは全然知らない。不法を働く者ども、わたしから離れ去れ』」（マタイによる福音書七章二二節、二三節〔による〕）。

イエスの御名によってしるしや奇跡を行うことは良いことです。ただし、そこで神の御力を自由に使うことが問題となっているのでない限りは。すなわち、奇跡行為が恵みの状態に根拠を持っており、ただ恵みによってのみ生きるというへりくだった考え方に由来する限りは。七十人が感激して帰って来る際、主が彼らに「むしろ、あなたがたの名が天に書き記されていることを喜びなさい」と言われるとき、主はここで、奇跡行為とキリストを必要としていることとの間のこのような本質的な関連を指さして警告しておられるのです。命の書に名が書き込まれているということ、それは旧約聖書においても新約聖書においても恵みのしるしであり、地を所有することよりも大いなることなのです。陰府に対する支配よりも大いなることです。命の書に名が書き込まれていることは当たり前のことでも、機械的にあらかじめ決定されていることでもありません。なにしろ、すべての人がいつでも再び、「あなたが書き記された書の中から消し去られる」〔出エジプト記三二章三二節による〕ことがありうるのですから。それは恵みであり、ただひたすら恵みなのです。

新約聖書において、使徒パウロはこの恵みの特別な証人です。彼は健康になりたかったでしょうし、しるしを見たかったでしょう。しかし、キリストは彼に「わたしの恵みは、あなたに十分である」〔コリントの信徒への手紙二　一二章九節〕とお答えになりました。確かに、パウロは彼の公務出張旅行中にしるしや奇跡を見ることを許されました。しかし、彼がかつてこのような旅行から帰って来たとき、教会への彼の報告は、「わたしたちが神の国に入るには、多くの苦しみを経なくてはならない」〔使徒言行録一四章二二節〕という言葉において頂点に達しました。主は七十人の帰還の際、そのことについて彼らに注意を喚起しようとしておられるのです。すなわち、恵みを欠いたしるしと奇跡は無に等しいものですが、恵みはしるしや奇跡を欠いても大いに重要なものであるということです。「しかし、悪霊があなたがたに服従するからといって、喜んではならない。むしろ、あなたがたの名が天に書き記されていることを喜びなさい。」

59　災いを告げる叫びと喜びの叫び　10章21―24節

21そのとき、イエスは聖霊によって喜びにあふれて言われた。「天地の主である父よ、あな
たをほめたたえます。これらのことを知恵ある者や賢い者には隠して、幼子のような者にお
示しになりました。そうです、父よ、これは御心に適うことでした。22すべてのことは、父
からわたしに任せられています。父のほかに、子がどういう者であるかを知る者はなく、父
がどういう方であるかを知る者は、子と、子が示そうと思う者のほかには、だれもいません。」
23それから、イエスは弟子たちの方を振り向いて、彼らだけに言われた。「あなたがたの見て
いるものを見る目は幸いだ。24言っておくが、多くの預言者や王たちは、あなたがたが見て
いるものを見たかったが、見ることができず、あなたがたが聞いているものを聞きたかった
が、聞けなかったのである。」

ここでは、あたかも主が一瞬、御自分がどこにおられ、どのような状況におられるのかを忘れてお

られるかのようです。主はもはや天に、父のもとにおられるのではないということ、なにしろ、その間にクリスマスが生じたからであり、主は今や人間として、この地上で人々の間に滞在しておられるということを忘れておられるかのようです。また、主はまだ復活しておられず、なお十字架が目前に迫っており、まだ父のもとに再び戻ってはおられず、まだ父の右に挙げられていないことを忘れておられるかのようです。あたかも主はとっくに、エルサレムやカファルナウムやこの世を後にされたかのようです。自分が一人だと思い込み、独り事を言い始める人のように、この地上で主は御父と親しく語り合っておられます。そして、周囲を取り巻く人々は御子と御父の間の対話から、いくつかの謎に満ちた御言葉、はるか、はるか遠くから風に乗って運ばれてきたような御言葉、永遠からこちらに運ばれてきた御言葉を小耳にはさみます。

「主である父よ」と主は言われます。御子は御父に対して、親密な交わりと畏敬の念に満ちた隔たりの関係にあります。すなわち、主である父です。それは、やっとの思いで抑えられた歓声のように、感謝すること、賛美すること、ほめたたえることです。「そのとき、イエスは聖霊によって喜びにあふれて言われた。『天地の主である父よ、あなたをほめたたえます』」（二一節）。「そのとき」、このようなことが起こるのです。それがどのような時期であるかを見落とさないでください！　つい先ほど、主は湖畔の町々をお叱りになったばかりであり、それらの町々に対して災いを告げなければならなかったのです。なぜなら、主を信じる理由を最も多く持っていたはずのこれらの町々が主に心を閉ざしたからです。つい先ほど、ティルス、ソドム、ゴモラの町の名前が出たばかりでした。つい先ほど、主は、ガリラヤでの明らかな失敗を考慮に入れて、自分たちの成功に歓声を上げていた七十人の気勢をそがなければならなかったのです。ところが今や――「そのとき、イエスは聖霊によって喜びにあふれて言われた。『天地の主である父よ、あなたをほめたたえます――』」。

しかし、主を信じないのはガリラヤの農夫たちや高地の住人たちだけではありません。今まさに主がガリラヤに背を向け、まっすぐにエルサレムの方に向かれるとき、かの地の権威ある人々、権力と名声を手にしていたファリサイ派の人々や律法学者たちや祭司たちもまた、すでに主に関して否定的な判断を下していたということを主ははっきり自覚しておられます。まさにかの地の人々、知恵ある者や賢い者が主に心を閉ざしたのです。弟子たちは主の召しにあずかり、主のものとされましたが、たとえ、今や十二人の小さな集団が七十人の群れに拡大したとしても、このような主の「信奉者たち」は世の人々の前では見栄えがしないということをイエスははっきり分かっておられます。ここでは、地位も名声もない人々が問題となっています。神殿貴族たちの判断においては、彼らは「地の民」〔アム・ハ・アレツ[83]〕です。ユダヤ教の会堂においては、「呪われており、律法について何も知らない」という発言が彼らに向けられます。イエスは彼らのことを「幼子のような者」と呼ばれます。

ある特定の人々の集団、例えば若者たち、あるいは男性陣、あるいは知識人たちから離れていることによって、人はどれほど憂鬱な気持ちにさせられることがあることでしょうか！　このような誘惑に駆り立てられて、人はどれほど「そうではありません、父よ！」と叫びたくなることでしょうか。しかし、「そのとき、イエスは聖霊によって喜びにあふれて言われた。『そうです、父よ、これは御心に適うことでした』」。

知力の軽視でしょうか。知性も創造主の贈り物です。キリスト者はそれを用いるべきですし、塔を建て、あるいは出征する前に、「蛇のように賢く」なければなりません。なにしろ、キリスト者は慎重に損失を見積もるべきなのですから。しかし、知性の間違った用い方と正しい用い方があります。

そして、もし知性を用いることで神と神の国の秘義に近づく道を手に入れようと考え、それを期待して、それがなされるならば、知力の使い方を間違ったことになります。誰であろうと、理性を用いることでキリストを探究しようと試みる者には、キリストの御業と人格の秘義は閉ざされます。キリストは比類なき方であり、唯一無比なる方です。思慮分別のある人々の知性はこの方を把握せず、しかしまた、どんなに深い心情もこの方を把握しません。

知恵ある者や賢い者には、それは隠されています。彼らが知恵に富み、賢いからではありません。むしろ、生まれつきの創造の賜物が天の御国にぴったり合う鍵であると彼らが考えているからです。どんな山もそれほど高くありません。なにしろ、どんな山でも、いつの日か人間によって登頂されるでしょうから。しかし、ここには、決して人が登り詰めることのない高さがあります。どんな海もそれほど深くありません。人間による調査が遅かれ早かれそれを徹底的に究明することでしょう。しかし、ここには、人間が絶対に究明できない深さがあります。どんな峡谷もそれほど幅が広くありません。いつかは橋が向こう側へ通じます。しかし、ここには、人間による橋が決してまたぐことのない広さがあります。どんな空の星も、少なくとも人間の思想の飛翔が到達できないほど遠くありません。しかし、ここには、どんな人間の思想も到達しない遠さがあります。ここには、あらゆる高さに勝る高さがあり、あらゆる深さよりもずっと深い深さがあり、あらゆる広さのはるか彼方に及ぶ広さがあり、あらゆる遠さよりもさらに遠く離れた遠さがあるのです。

そうです、このような高さ、深さ、広さ、遠さはここではまったく比較の対象や尺度として引き合いに出されることはできません。というのは、ここでは、あらゆる想像が止まるからです。イエス・キリストにおいて、「近寄り難い光の中に住まわれる」〔テモテへの手紙一　六章一六節〕方が私たち人間の間に立っておられるのです。幼子イエス、この方の上空でクリスマスの日に天が開き、天使の大群が喜びます。十字架につく僕（しもべ）、この方の上空で聖金曜日に太陽がその輝きを失います。勝利者、この方の墓の前でイースターの夜、石が脇へ転がります。全能者、人々が見ているうちに雲がこの方を覆います。ここには、唯一なる主がおられます。この方は御自分について二度「だれも……ない」と語られます。「父のほかに、子がどういう者であるかを知る者はなく、父がどういう方であるかを知る者は、子のほかには、だれもいません」（二二節〔による〕）。だれもいません。ここには、御父と御子、この両者が「お二人だけで」おられます。そして、もしここで、ひょっとして、「三番目の仲間」[84]について語られうるならば、それはきっと一人の人間ではなく、聖霊であられるでしょう。「だれもいません――だれもいません――」、この謎に満ちた、他を除外する言葉においては、永遠の三位一体の、他を寄せ付けない秘義が暗示されています。

古代の信仰箇条において、例えば、初期キリスト教のモザイクにおいても、非常に厳格に、非常に印象的に、近寄りがたいものとして表現されている、比類のない、唯一無比なる、未知のイエスについての知らせは、今日これまで以上に現代に関わりを持っています。列に組み入れることのできない方を列に組み入れ、唯一無比なる方を規格化することに私たちは熟達し、イエスを控え目で、私たちが考えること、願うこと、感じることに適合するイエス――人は最近では、それを「非神話化された」イエスと呼びます――にしてしまいました。イエスを、この飼い慣らされない方を、私たちの敬虔で、教会的で、神学的な企てに適合させ、順応させ、この方を、当世風の、時代と流儀に即したイエスにしてしまうまで静かにしませんでした。しかし、私たちにはどうしても、この唯一なる、列に組み入れることのできない方が、今日これまで以上にはっきりと次のように語っておられるように思われます。「だれもいません――だれもいません――主である父よ、わたしはあなたをほめたたえます。これらのことを知恵ある者や賢い者には隠されました」（ルカによる福音書一〇章二一節による）。しかし、今やさらに、「そして、幼子のような者にお示しになりました」と言われ、「子が示そうと思う者に」と言われ、「あなたがたの見ているものを見たかったが、見ることができず、あなたがたが見ているものを見たかったが、見ることができず、あなたがたが聞いているものを聞きたかったが、聞けなかったのである」（二三、二四節）と言われています。そうだとすると、やはり認識しえないものを認識する可能性があるのでしょうか。確かにそうです、しかし、それは下からの接近ではなく、上からの開放です――それは啓示です。深淵にかかる橋があります。しかし、その橋はあちらから私たちの側へやって来きます。それは古い城の跳ね橋にたとえることができます。一つの扉があります。しかし、それは、外側にだけ扉の取っ手がついており、内側には扉の取っ手がついていない精神科の療養病棟の扉に似ています。「そして、子が示そうと思う者に。」まさにそのようにして、すなわち、扉が向こう側から開くという形で、キリストの御業と人格の秘義が一人の人間に明らかになります。ここで私たちにできることは、扉が開くまで戸を叩き、待つことです。

「そして、子が示そうと思う者に。」キリストが望んでおられるということは確かです。そのために、キリストは最後には人間となられ、この惑星で一時滞在者となるために降って来てくださったのです。しかし、キリストが御自分をお示しになる人には、家畜小屋の中にいる幼子が御子であられること、十字架につく僕（しもべ）が主であられ、三日目に甦り、父の右におられること、そして、この方が大いなる力と栄光に満ちて来られるということが明らかになります。

それだけなのでしょうか。私の生活のさまざまな困惑の中で、それをどうしろというのでしょうか。

「すべてのことは、父からわたしに任せられています」（二二節）。マタイが語っているように、「すべてのこと」〔マタイによる福音書一一章二七節〕です。確かに、この唯一無比なる、列に組み入れることのできないキリストには、父からすべてのものが委ねられていると、この方は信頼されてしかるべきです。日常生活において私たちを憂鬱にさせるいくつかの事柄があり、耐えられなくなりうるいくつかの事柄があります。思い切ってこれらの事柄をキリストに委ねてみてください。ひょっとしたら、それはまた、ただ一つの事柄だけかもしれません。それをこの方に委ねることから信仰は始まるでしょう。

60　善きサマリア人のたとえ　10章25—37節

25するど、ある律法の専門家が立ち上がり、イエスを試そうとして言った。「先生、何をし
たら、永遠の命を受け継ぐことができるでしょうか。」26イエスが、「律法には何と書いてあ
るか。あなたはそれをどう読んでいるか」と言われると、27彼は答えた。「『心を尽くし、精
神を尽くし、力を尽くし、思いを尽くして、あなたの神である主を愛しなさい、また、隣人
を自分のように愛しなさい』とあります。」28イエスは言われた。「正しい答えだ。それを実
行しなさい。そうすれば命が得られる。」29しかし、彼は自分を正当化しようとして、「では、
わたしの隣人とはだれですか」と言った。30イエスはお答えになった。「ある人がエルサレム
からエリコへ下って行く途中、追いはぎに襲われた。追いはぎはその人の服をはぎ取り、殴

りつけ、半殺しにしたまま立ち去った。31ある祭司がたまたまその道を下って来たが、その
人を見ると、道の向こう側を通って行った。32同じように、レビ人もその場所にやって来たが、
その人を見ると、道の向こう側を通って行った。33ところが、旅をしていたあるサマリア人は、
そばに来ると、その人を見て憐れに思い、34近寄って傷に油とぶどう酒を注ぎ、包帯をして、
自分のろばに乗せ、宿屋に連れて行って介抱した。35そして、翌日になると、デナリオン銀
貨二枚を取り出し、宿屋の主人に渡して言った。『この人を介抱してください。費用がもっと
かかったら、帰りがけに払います。』36さて、あなたはこの三人の中で、だれが追いはぎに襲
われた人の隣人になったと思うか。」37律法の専門家は言った。「その人を助けた人です。」そ
こで、イエスは言われた。「行って、あなたも同じようにしなさい。」

この有名なたとえにおいては次のことが重要です。すなわち、私たちが初めにイエスを見るということ、そして、それからイエスの光の中ですべての人々、全世界をも見るということです。祭司とレビ人はまさにイエスを見ません。それゆえに、彼らには、隣人を見る目がないのです。この祭司においても、このレビ人においても、イエスを見る目が開くということが重要でしょう。イエスの思いを満たし、イエスの心から血を流させるのは、半死半生の人ではなく、サマリア人でもありません。本当の意味で心配をかける子どもは、ここでは、この二人の聖職者たちなのです。強い調子で呼びかけ、強く求め、得ようとする努力がこのたとえ全体を貫いています。救い主はここでこの祭司とレビ人の魂を得ようと戦っておられます。それどころか、救い主はここでイスラエルの民の魂を手に入れようと努力しておられるのです。「ご覧なさい」とイエスはイスラエルの民に大声で呼びかけられま

す。「一人のサマリア人があなたがたよりも多くの神認識を持っている。一人のサマリア人がその目に、あなたがたよりも多くの光を持っている。」教会教父たちがこの善きサマリア人のたとえを解釈したとき、彼らは決まって、意義深いことに直前の二節を加えて取り上げました。「あなたがたの見ているものを見る目は幸いだ。言っておくが、多くの預言者や王たちは、あなたがたが見ているものを見たかったが、見ることができず、あなたがたが聞いているものを聞きたかったが、聞けなかったのである」（二三節、二四節）。イスラエルの民の目、祭司やレビ人たちの目、律法学者やファリサイ派の人々の目、敬虔な人々の目は幸いではありません。彼らは目が見えず、耳が聞こえません。彼らは、弟子たちが聞いているものを聞きません。彼らは、弟子たちが見ているものを見ず、弟子たちが聞いているものを聞きません。しかし、イエスは彼らの目と耳を開くことを望んでおられるのです。彼らの前に立っておられるのがどういう方であり、彼らがここで関わり合いを持つ方がどういう方であられるのかが、彼らにも明らかになることを望んでおられます。

サマリア人についてのこの小さな物語を語るきっかけを与える対話はそのように理解されるべきです。この導入部には特に注目すべきです。ある律法学者がイエスのもとに来て、イエスを「試します。」すなわち、どうしたら有罪に追いやるなんらかの証言によってキリストをひっ捕らえることができるかと律法学者は試みます。従って、〔この男は〕イエスから何も求めず、すでにイエスとの関係は終わっており、イエスに反対の立場を取った人々の中の一人なのです。主にとって、この男は一人の失われた人であり、イエスが面倒を見なければならない人です。なにしろ、イエスは、失われたものを捜すために来られたのですから。

見せかけの問いは次のような内容です。「何をしたら、永遠の命を受け継ぐことができるでしょうか」（二五節）。ここで質問している者はずっと前からそのことを正確に知っていると思っているがゆえに、この問いは不誠実です。どうしたら人は救われるのかということについて、もはや誰も彼に語る必要はありません。高地出身のラビであれば、なおさらのことです。彼は自分のすることに自信を持っており、本当に必要に迫られて尋ねるのではありません。むしろ、彼がイエスを試したいがゆえなのです。そして、イエスはそのことをご存じです。そのために、イエスはさしあたり、彼の問いにまともに取り合われません。「律法には何と書いてあるか。あなたはそれをどう読んでいるか。」それは律法に書いてあり、律法学者は律法に精通しているのです。彼は専門家として、いわば半ば眠っている状態でも暗唱できることを即座に答えます。それはすべてのイスラエル人にとって、よちよち歩きの頃からよく知っている御言葉です。なぜなら、毎日の祈りの儀式、すなわち「シェマー・イスラエル」[85]（申命記六章一―九節）の一部がそこでは問題となっているからです。「『心を尽くし、精神を尽くし、力を尽くし、思いを尽くして、あなたの神である主を愛しなさい――また、隣人を自分のように愛しなさい』」。

ところで、この「シェマー・イスラエル」に関しては、事情は次のとおりです。人が日に二度これを暗唱し、聖句箱[86]に刺繍し、額に結びつけ、戸口の柱に釘づけするだけでなく、それを真剣に考えるならば、人はそのことに関してへりくだり、ここでは、実行は意欲にはるかに及ばないことを認めるほかありません。神と隣人に対して一途な心を求めるこの御言葉は、人が真剣であることを前提とするならば、その人にとって苦しみとならざるを得ないでしょう。そのことを主はご存じです。主がこの男に驚くほど単純に「正しい答えだ。それを実行しなさい。そうすれば命が得られる」（二八節）と続けて語られるとき、主はこの男の誠実さに訴えかけておられるのです。ある人がこの御言葉を実行するために、ほんの少しでも誠実な歩みを始めようとするならば、その人は、自分が罪の赦しに頼らざるを得ず、救い主を必要とするということを認めるほかないということをイエスはご存じです。イエスはそのようにお答えになることでこの男を追い詰め、彼がどれほど救いを必要としているか、言い換えると、彼がどれほどキリストを必要としているかということを彼が理解せざるを得ない地点に彼を導こうとなさるのです。

そして、この律法学者はそのことに気づきます。彼は永遠の命を獲得するために救い主を必要とすることを謙虚に認める恵みを得るでしょうか。しかし、しばしばそういうことがあるように、彼の場合、「人がそのことに気付き始めて」も、頭がそれを許しません。敬虔な人々にも頭があります。彼が望まないがゆえに、彼は逃げようとします。いざというときには、律法学者は逃げ口上に窮することはありません。人はいつでも、誰が自分にとって隣人であるかを知ることができるのではないでしょうか。選択範囲は大きいにもかかわらず、誰に対しても人は隣人になれるわけではありません！「あなたの隣人を愛しなさい」、「それは言うべくして、……」[87]云々。「しかし、彼は自分を正当化しようとして、『では、わたしの隣人とはだれですか』とイエスに言った」（二九節〔による〕）。

さてその後、主がある男に関する小さな物語を彼に語り聞かせるということが起こります。その男は、エルサレムとエリコの間の、危険でいささか不気味な道の途上で、強盗の襲撃の犠牲になり、道端に倒れ伏しています。ある祭司が来て、通り過ぎます。あるレビ人が来て、通り過ぎます。最後に半ば異邦人である人、すなわち、あるサマリア人が来ます。そして、実行します――彼は何を実行するのでしょうか。英雄的な行為でしょうか。隣人愛に基づく行為でしょうか。いいえ、彼は最も自然で、当たり前のことをするだけです。それ以下でも、それ以上でもありません。しかし、祭司とレビ人はその当たり前のことをしませんでした。隣人を愛すること、すなわち、最も自然で、当たり前のことをすること、人が理屈抜きですることを。人はそのために聖マルティヌス[88]のような人である必要はなく、聖フランツ[89]のような人でも、ペスタロッチ[90]のような人である必要もありません。人は「わたしの隣人とは誰ですか」と尋ねる必要もありません。

しかしまさに、このような単純なこと、このような当たり前のこと、このような最も自然なことを私たちはしないのです。それに対して、いかなる言い逃れも言い訳も自己正当化もできないこと、それを私たちはしないのです。主が善きサマリア人の小さな物語によって意図されていることに直面するとき、人はただ罪人であるほかありません。律法学者がどんなにあがき、どんなに言い逃れをしても、ここでは何の役にも立ちません。しかし、彼と共に私たちも窮地に追い込まれ、救い主の支配下に置かれています。道端に横たわっている男に関するこの小さな物語以上に逃れられない裁きの御言葉はまずないでしょう。この男について、主は注目すべきことに、「ある人がいた」――としか述べられません。ここで今や相当な数の怠慢が念頭に浮かんでくるかもしれません。それらの中には、何年も前に書かれずじまいになったいくつかの手紙や、実行されなかった訪問、守られなかった約束が念頭に浮かんでくるかもしれません。見渡すことのできないほど多くの、水泡に帰した良い計画、ひょっとしたら、取り立てて犯罪というほどのことではまったくなく、ごくごく当たり前のこと、ごくごく当然のことでありながら実行されなかったこと。「そして、彼は通り過ぎた――そして、彼は通り過ぎた――」、隣人のそばを通り過ぎたのです。それらの隣人は半死半生の状態で道端に横たわっているのではありませんでした。彼らは私たちのそばで生活し、同じ食卓で食事をし、同じ通りで私たちに出会い、同じ番地に属する玄関口から入りました。多分、私たちは彼らに対してこれといって悪意はなかったでしょうけれども、私たちは――通り過ぎたのです。私たちの人生行路全体がエルサレムとエリコの間の道であり、通り過ぎることであったのです。人がこのような洞察から逃げず、人がこのような洞察によって自首させられ、言質を取られることを容認するならば、このような洞察は人を憂鬱にさせるかもしれませんし、でなければ――キリストを見る目を開くかもしれません。主は祝福された目を与えることを望んでおられます。以前は曇っていましたが、キリストの中に罪の赦しを見ることによって輝きを取り戻す目。これまでは硬くなり、生気がなかった目、硬直し、動かずに兄弟を無視した目、そして、キリストを見ることで、再び温かさと生気を取り戻す目。

確かに、人がこの小さな物語を読み、気を引き締め、決断し、敬虔かつ勇敢に取り組むならば、それは非難すべきことではありません。こんなことは今後もはや起こってはなりませんし、エルサレムとエリコの間の道、すなわち、通り過ぎることは終わりにしなければなりません。しかし、良い意図は、ここではただ人を惨めにし、繰り返し新たに失望させ、最終的にまさに落胆させます。キリストが私たちに見えるようになること、キリストが心を手に入れ、御手に受け取られること、キリストが怠慢の重荷を引き受けてくださること、そして、そのようにしてキリストが、キリスト御自身が私たちの――隣人となってくださることが重要なのです。そして、この隣人は決してお一人ではなく、いつでも信奉者がおり、同伴者がいます。キリストのもとで、人は隣人となる人々と出会います。キリストはすでに私たちのために選択肢を用意してくださっていることでしょう。道端にいる人々に対して、目が温かくなり、はっきり見えるようになること、それこそが、「多くの人の愛が冷える」（マタイによる福音書二四章一二節）時代にあって急を要することなのです。

「行って、あなたも同じようにしなさい」（三七節）。この率直なご命令と共に、キリストはこの律法学者を立ち去らせ、私たちをも立ち去らせられます。すなわち、それを実行し始める人は、主がこのご命令によって自分を御もとに召しておられるということにすぐに気づくでしょう。「行って、あなたも同じようにしなさい」、それは同時に「疲れた者、重荷を負う者であるあなたはわたしのもとに来なさい。わたしはあなたを休ませてあげよう」〔マタイによる福音書一一章二八節による〕ということなのです。

61 キュリオス[91] 10章38―42節

38一行が歩いて行くうち、イエスはある村にお入りになった。すると、マルタという女が、
イエスを家に迎え入れた。39彼女にはマリアという姉妹がいた。マリアは主の足もとに座って、
その話に聞き入っていた。40マルタは、いろいろのもてなしのためせわしく立ち働いていたが、
そばに近寄って言った。「主よ、わたしの姉妹はわたしだけにもてなしをさせていますが、何
ともお思いになりませんか。手伝ってくれるようにおっしゃってください。」41主はお答えに
なった。「マルタ、マルタ、あなたは多くのことに思い悩み、心を乱している。42しかし、必
要なことはただ一つだけである。マリアは良い方を選んだ。それを取り上げてはならない。」

ヘブライ人への手紙には、次のような御言葉が書いてあります。「ある人たちは、気づかずに天使たちを泊めました」〔一三章二節による〕。ベタニアの姉妹マリアとマルタはここで天使以上の方を泊

めます。彼女たちは、「父はわたしに十二軍団以上の天使を用いさせることがおできになるのだ」〔マタイによる福音書二六章五三節による〕と御自分について語ることのできる方の訪問を受けます。この方について、誘惑の物語に引き続き、「すると、天使たちが来てイエスに仕えた」〔マタイによる福音書四章一一節〕と言われています。この方には天使たちが仕えており、天使たちがこの方を取り囲み、この方にお供します。天使たちも目に見えない同伴者として、例のベタニアの姉妹たちの家に居合わせないとしたら、それは奇妙なことでしょう。そういうわけで、イエスは今やエルサレムの門のすぐ手前のベタニアに滞在されます。それに伴って、ガリラヤにおけるイエスの働きは一応の終結を迎えました。

ところで、この物語においては多くのことが次のことを示唆しています。すなわち、主人役のマルタは優れた女性であるということ、接待し、社交的な集いにおいて、天使のためではありませんが、人々のために動き、接待に協力することに慣れている女性であるということを。しかし、この日のように高貴な訪問客を彼女はまだ一度も受け入れたことがありませんでした。この物語はとても短いのに、その中で三度も「キュリオス」——すなわち「主」と呼ばれている方が今や彼女の家の屋根の下におられ、この食卓に着いておられるのです。もちろん、マルタはこの訪問の重要性をその影響範囲全体においてはっきり自覚しているわけではないように思われます。永遠なるものがこれほど近づいて、彼女は息をのむに違いないと思われます。しかし、マルタは見たところ、とても正常な呼吸をしているようです。彼女は社交的に振る舞い、主人役として働きます。彼女は見事な腕前で、確実にそれをします。「すると、マルタという女が、イエスを家に迎え入れた」（三八節）。この言葉はゆったりした母性愛の世界を映し出しています。マルタは何も知らないのでそんなにも大胆なのであるとルカは言おうとしているのです。すなわち、「彼女はイエス（キュリオス！）を彼女の家に迎え入れるのです。」そして、そのようにして彼女は事実また、彼女が客を温かくもてなすためのあらゆる騒々しい装置を駆使します。「マルタは、いろいろのもてなしのためせわしく立ち働いていた」（四〇節）のであり、「多くのことに思い悩み、心を乱している」（四一節）のです。確かに、自ら進んでするのではない思い悩みや心の乱れがあります。それらは自分に課されたものであり、負われなければならないものです。しかし、マルタは思い悩みます。必要以上に彼女の心を乱します。手入れのよく行き届いた家庭――素敵な台所――鏡のようにぴかぴかの部屋の床――キラキラ輝く窓ガラス――整然と折り重ねられたカーテン――ぴかぴかに磨かれたドアの金具や家の呼び鈴の取っ手――すべてのものが上品できちんとしています――しかし、もしその背後に、手入れのよく行き届いていない家族の共同体があり、破綻した夫婦関係があり、なおざりにされた子どもの魂が隠れているならば、どうなるのでしょうか。「マルタ―マルタ！」。

「彼女にはマリアという姉妹がいた。マリアは主の足もとに座って、その話に聞き入っていた」（三九節）。マリアは、役に立たず、実生活に向かず、義務を忘れた女の子であることがすでに判明していました。役に立たないこと――実際的な適応能力の欠如――義務を忘れること、これらは中部ヨーロッパの人々の三つの大罪です。しかし、これらのすべてのことについて、ここには何一つ書いてありません。普段はマリアが彼女の義務を極めてよく自覚し、彼女の務めを果たしているということは十分に考えられうることです。しかし、彼女は今やこの瞬間の重要性にいくらか気づいていたように思われますし、うすうす感づいています。彼女はそこの応接室に座っておられる方がまさしく主であり、キュリオスであられるということが何を意味するかをいくらか理解しています。どうして彼女がこのような状況下でテーブルクロスや銀食器のセットのことを考えることができるというのでしょうか！　そのうえ、今や主はようやく話し始められるのです。彼女は主の口から出る御言葉を一言も聞き逃すまいとします。そして彼女は、キュリオスがよりにもよってこの玄関口に来られ、この敷居をまたぎ、この屋根の下で、この食卓に着かれるということにただただ驚き、感謝するほかありません。確かにベツレヘムでの誕生の出来事が起こった当時のように、ここでは、この家の上空に星はありません。しかし、星がなくても、今ここに座しておられる方は世界の救い主であられます。いったい誰が、自分たちの家にこの方を迎え入れたことを、今なおいくらか自慢しようとするでしょうか。ここでは、実際に役割の交換が起こったという感情がマリアの心に重くのしかかります。すなわち、彼女たちがこの方の主人なのではありません、この方が彼女たちの主人であり、彼女たちを食卓へと招き、他に誰も彼女たちに振る舞うことができない食事、すなわち、永遠の命を養う食べ物と飲み物がその食卓で振る舞われます。人はこの方に仕えていると思っていますが、実際には、人がこの方の奉仕を受けているのです。マリアがこの時間の重要性を認識しているがゆえに、彼女はキリストの足もとに座り、耳を傾けます。それですから、羊飼いたちは聖なる夜、その群れを野原に残し、ベツレヘムに向かって走り出したのです。ヤコブの井戸辺の女性はメシアを見出したがゆえに、彼女は水がめを置いたまま、走って町に引き返します。今や主が、キュリオスがそこにおられることをマリアは知っているがゆえに、マリアは後に高価なナルドの香油が入った壺を壊すのです。

しかし、マリアがそのようにイエスの足もとに座り、主の客となっている一方で、マルタは引き続き、気前のいい女主人としての彼女の役割を演じます。マルタは彼女の家庭での出来事によって悩まされているのにひきかえ、彼女は神の国における出来事によって悩まされていないように思われます。

そして、彼女は何も知らずに、彼女の姉妹の態度をまったくけしからぬことと感じます。マリアは今や、仕事日の最中にじっと座り込み、両手を膝の上に置き、耳を傾けること以上に賢明なことはないことを知っています。マルタはそれを、義務を怠ることと感じます。彼女はそれを確信しているので、イエスに「どうか私の姉妹ののぼせた頭を冷やしてください」と頼みます。それどころか、マルタが彼女の怒りをもはやぐっと飲み込むことができず、次のような言葉でイエスに頼むとき、そこには、イエス御自身に対するひそかな非難が込められています。「主よ、わたしの姉妹はわたしだけにもてなしをさせていますが、何ともお思いになりませんか。手伝ってくれるようにおっしゃってください！」（四〇節）。マルタも「主よ」と言っています――人はなんと多様な意味で「主よ」と語りうることでしょうか！

マルタが受け取る答えは幻滅以上のものであり、頭への一撃以上のものです。「マリアは良い方を選んだ。」「良い方」というのは、聖書において意義深く、重みのある表現です。すなわち、それによって相続分が念頭に置かれています。カインではなく、アベルが良い方を選びました。エサウではなく、ヤコブが良い方を選びました。失われた息子が父から要求し、浪費するものを、マリアはここで選んだのです。それが「必要なただ一つのこと」、見つける価値のある高価な真珠であり、掘り出され、手に取られなければならない畑の中の宝なのです。それは、キリストが御自分の者たちに、何よりもまず神の国と神の義を求めるように命じられるとき、キリストが言おうとされていることです。生まれたままの人間にとって、マルタの非難に対するイエスの答え以上に大きなつまずきはまずないでしょう。「マルタ、マルタ、あなたは多くのことに思い悩み、心を乱している。しかし、必要なことはただ一つだけである。マリアは良い方を選んだ。それを取り上げてはならない。」

この御言葉はマルタにとって裁きです。彼女の人生はそれによって粉々に砕け、彼女の足もとに横たわっています。そのように、人が秤にかけられ、そこで「不足と判明した」〔ダニエル書五章二七節『聖書協会共同訳』による〕という判決を下される瞬間があります。しかし、このような裁きの日々は祝福なのです。たとえマルタに対するキリストの答えがさしあたり打ちのめすように見えたとしても、キリストはマルタを滅ぼそうとしておられるのではありません。キリストがつらい思いをさせるとき、キリストはキリストであることをやめられません。イエスの答えはマルタに対する申し出なのです。すなわち、マルタは今や、彼女としても必要なただ一つのことを認識するように、またイエスが「良い方」と呼ばれる相続分をつかむように招かれているのです。要するに、マルタはマリアになることが許されているのです。マルタが相続分を拒否したと推測する理由はありません。それがすぐに起こったのか、それとも後に起こったのかは私たちには分かりません。それは、この有能な頭脳において考え方の大きな変化をもたらし、彼女の家庭において大々的な家具の入れ替えを生じさせました。そして、本当に大きな洗濯を行わせました。それは、キリストが「今日、救いがこの家を訪れた」〔ルカによる福音書一九章九節〕と語られる例のザーカイの家におけるのと似たようなことを意味したに違いありません。

　ここで二人の姉妹たちについて語られることから、ある影響が生じざるを得ません。それは決して、この二人の姉妹たちが、部分的に非常に感傷的な写し絵のために、繰り返し新たにモデルを務めなければならないというような影響では決してありません。マリアとマルタはキリストの人格と御業の証言です。あらゆる多種多様なこと、不可欠でもあり、重要でもあるあらゆることの中から、必要なただ一つのこと、すなわち、イエスが主であられ、キュリオスであられるということを認識し、つかむことが肝要なのです。

訳注

（1）マタイによる福音書五章三節の「心の貧しい人々は、幸いである、天の国はその人たちのものである」という御言葉。

（2）「二人のブルームハルト」とは、父ヨーハン・クリストフ・ブルームハルト（Johann Christoph Blumhardt、一八〇五年六月一六日―一八八〇年二月二五日）と、その息子であるクリストフ・フリードリヒ・ブルームハルト（Christoph Friedrich Blumhardt、一八四二年六月一日―一九一九年八月二日）のことである。父子共にドイツの牧師。

（3）ヘルマン・クッター（Hermann Kutter）、スイスの改革派牧師（一八六三年九月一二日―一九三一年三月二二日）。

（4）レオンハルト・ラガッツ（Leonhard Ragaz）、スイス宗教社会主義運動の指導者（一八六八年七月二八日―一九四五年一二月六日）。

（5）フリードリヒ・ツンデル（Friedrich Zündel）、ドイツの牧師（一八二七―一八九一年）。

（6）カール・バルト（Karl Barth）、スイスの神学者（一八八六年五月一〇日―一九六八年一二月一〇日）。

（7）ギリシア語の αὐτόπτης（目撃者）の複数形。

（8）ドイツ語で Gottlieb。直訳すると「神を愛する」。ドイツ語で男性名として用いられる。

（9）ドイツ語の『ルター訳聖書』（一九一二年版）では、überschatten（陰で覆う）という言葉が用いられている。

（10）直訳すると「祝福された胎」（gesegneten Leibes）。

（11）ドイツ語の『ルター訳聖書』（一九一二年版）に従った訳。

（12）福音主義教会讃美歌三六二番 Ein feste Burg ist unser Gott の第三節の歌詞。『讃美歌21』三七七番、マルティン・ルター作詞作曲「神はわが砦」。リュティの引用では、「悪魔」という言葉が「権力」を表す言葉に変更されている。

（13）ここでのフクロウとナイチンゲールについての言及は、一二〇〇年頃に成立した中世イギリス論争詩に関係していると考えられる。フクロウとナイチンゲールの二羽が問答する。この鳥たちが何を意味するかは様々に論じられてきたが、その中の一つに、フクロウは、禁欲的な生活を主張する宗教詩人を象徴し、ナイチンゲールは現世的生活を肯定する恋愛詩人を象徴するという解釈がある。『梟とナイチンゲール――中世イギリス論争詩――』、佐々部英男訳、京都・あぽろん社、一九七五年参照。

（14）ヨーロッパを中心に世界各国に散在している少数民族。

（15）原義は「住むこと」。ヘブライ語の動詞 shāchan（住む）に由来。神殿やイスラエル共同体に内在して君臨する神をさす。タルムードのなかで、神は遍在するとともに内在する神でもあることが説かれて、特別の用語シェキナー（内在者）が使われた。

（16）福音主義教会讃美歌四五〇 Morgenglanz der Ewigkeit の第一節の歌詞。

（17）ギリシア語で「救い主」を意味する。

（18）「律法の要求に忠実なユダヤ教徒は、互いに『同胞』であるが、律法を無視し、もしくは無知なために、浄・不浄に関する規則を守らない輩は、『同胞』ではなく『地の民』の名を与えられた」（『旧約新約聖書辞典』、教文館、一九八九年、七五二頁）。

（19）リュティはここで、新約聖書のギリシア語の原文の異読の中で、「人々」を意味するギリシア語を挿入する読み方に基づいて理解している。

城などの上に鋸歯状に並ぶ守備軍掩蔽用の壁。

(21) 福音主義教会讃美歌一四七番 Wachet auf, ruft die Stimme の第一節の歌詞。『讃美歌21』二三〇番「『起きよ』と呼ぶ声」。

(22) ギリシア語で奴隷に対する主人を意味する言葉。

(23) ゴットフリート・ケラー、『ケラー著作集』、一九八九年、松籟社、一四一頁。「夕べの歌」の一節。

(24) ヨハン・アルブレヒト・ベンゲル (Johann Albrecht Bengel)、ドイツのシュヴァーベン地方の敬虔主義の父と呼ばれる聖書学者(一六八七年六月二四日—一七五二年一一月二日)。

(25) ドイツ語で Kaiseradler。直訳すると「皇帝鷲」という意味。肩羽には白い斑紋が入り、和名の由来になっている。

(26) 「分割統治」とも言う。フランスの国王ルイ十一世の言葉に由来する。被支配者間の対立を助長して連帯性を弱め、統治をしやすくする方法。

(27) リュティがこのように解釈したのは、キリストの誕生と共に紀元が始まると考えているからだと思われる。その時には、ヘロデ大王はすでに紀元前四年に死んでいたため、エルサレムで二歳以下の男子を虐殺したのは、当時の領主ヘロデ・アルケラオスと考えたのであろう。

(28) カロリーナ・マリーア・デ・ジェズース (Carolina Maria de Jesus)、ブラジルの女性作家(一九一四年三月一四日—一九七七年二月一三日)。

(29) カロリーナ・マリーア・デ・ジェズース、『カロリーナの日記』、浜口乃二雄訳、河出書房新社、一九六二年。原著 (Quarto de Despejo,『物置小屋』) はポルトガル語で一九六〇年に出版される。リュティが引用しているドイツ語訳は一九六二年に出版される(『貧困日記』Tagebuch der Armut. Aufzeichnungen einer brasilianischen Negerin)。

(30) カロリーナ・マリーア・デ・ジェズース、『カロリーナの日記』、浜口乃二雄訳、河出書房新社、一九六二年、五七頁以下。

(31) イェレミアス・ゴットヘルフ(Jeremias Gotthelf)、スイスの作家(一七九七年一〇月四日―一八五四年一〇月二二日)。

(32)『ハイデルベルク信仰問答』、吉田隆訳、新教出版社、一九九七年、九頁。

(33) アーデルベルト・フォン・シャミッソー(Adelbert von Chamisso)、ドイツの詩人、植物学者(一七八一年一月三〇日―一八三八年八月二一日)。

(34) ここで紹介されている言葉は、ニコラウス・レーナウ(Nikolaus Lenau)の Robert und der Invalide という詩に登場する。

(35) ラテン語で Medice, cura te ipsu。「医者の不養生」という意味で用いられる。聖書のこの箇所がこの諺の語源とされるが、すでに聖書の時代にこういう諺があったようである。しかし、この文脈でこの諺が用いられる場合には、主イエスが故郷以外の場所では癒しを行っているのに、故郷のナザレでは癒しを行おうとしないことに対する批判として理解することができる。

(36) リュティのドイツ語の原文では、ここに「結婚させる」という動詞が使われており、「娘たちの父」が結婚させることについて語られている。

(37) ゴットフリート・ケラー(Gottfried Keller)、スイスのドイツ系作家(一八一九年七月一九日―一八九〇年七月一五日)。

(38) ギリシア語で「主」を意味する。

(39) 公衆の衛生維持・健康保護を目的とする警察作用。

(40) ここで使われているドイツ語の Siech という言葉の語源は Seuche(伝染病)である。

(41) ライン川・ドナウ川の上流に住んだ西ゲルマンの一種族に由来するドイツ語の一方言。

(42) ドイツ語で Volkspolizei。この言葉は旧東ドイツの警察機関を表す。

(43) リュティのドイツ語の原文では、Brautführer（花嫁の介添え人）という言葉が用いられているが、ここでは聖書に合わせて「花婿の介添え人」とする。
(44) ヨハン・ヴォルフガンク・ゲーテ、『ファウスト』第一部、相良守峯訳、岩波文庫、一九五八年、一一五頁。原文に従い、一部改訳。
(45) 福音主義教会讃美歌第四四〇番 All Morgen ist ganz frisch und neu の第一節の歌詞。
(46) ドイツ語で Statthalter。一定の地方で元首の代理を務める役人。例えば、代官、太守、総督、知事など。
(47) ベザ写本による。『新共同訳聖書』ではタダイ。
(48) ドイツ語で Wer zuletzt lacht, lacht am besten（最後に笑う者が最もよく笑う、真の勝敗は最後になってみなければ分からない）という意味の諺。
(49) 『ケラー作品集』第一巻、高木久雄他訳、松籟社、一九八七年、一七九頁。
(50) ここでリュティが引用しているドイツ語 Wem die Stunde schlägt は、アーネスト・ヘミングウェイの長編小説『誰がために鐘は鳴る』（For Whom the Bell Tolls）のドイツ語訳。
(51) ギリシア語（τεχνίτης）で「技術家、細工人、職人」を意味する言葉。
(52) 太陽神ミトラを崇拝するペルシア起源の宗教。
(53) ジェームズ・クック（James Cook）。イギリスの探検家（一七二八年一〇月二七日―一七七九年二月一四日）。
(54) ゾロアスター教徒が死者を鳥葬に処する際の遺体置場。
(55) 死者の記念日、普通一一月二日。
(56) 教会暦の最後、すなわちアドヴェントの直前の日曜日。
(57) 直訳すると「恐れを知らず、非の打ちどころのない騎士」（Ritter ohne Furcht und Tadel）という意味の言葉。

（58）リュティはドイツ語の Groschen という言葉を用いている。「グロッシェン」はユーロ実施前のオーストリアの通貨単位であり、ドイツの一〇ペニヒ硬貨であった。

（59）リュティの原文では「ゲルゲサ人の地方」（Gergesenerland）となっている。聖書の写本により、読み方が異なる。『新共同訳聖書』ルカによる福音書八章二六節では「ゲラサ人の地方」。

（60）ヒレル（Hillel）、紀元前一世紀のユダヤ教のラビ。

（61）アレクサンドリアのフィロン（Philon von Alexandria）、アレクサンドリアのユダヤ人家系出身の哲学者（前二五（二〇）年頃―後四五（五〇）年頃）。

（62）泉に映った自分の姿に見とれて恋した美少年。ナルキッソス。「ナルチスとゴルトムント」は直訳すると「自己陶酔者と金の口」。

（63）Märchen für die Jugend, herausgegeben von Heinrich Pröhle. Mit einer Abhandlung für Lehrer und Erzieher, Verlag der Buchhandlung des Waisenhauses, Halle, 1854, S. 175–176.

（64）リュティの引用しているドイツ語のルター訳聖書（一九一二年版）では、ここは「ガダラ人」（Gadarener）となっている。

（65）ローマの軍隊組織の一単位で、約六千人の兵士で編成される軍団。

（66）ジョージ・バーナード・ショー（George Bernard Shaw）、アイルランド出身のイギリスの劇作家（一八五六年七月二六日―一九五〇年一一月二日）。

（67）ハムスターは大きな頰ぶくろに穀物を貯蔵して運ぶことから「ためこみ屋の霊」。

（68）リュティが引用しているドイツ語の『ルター訳聖書』（一九一二年版）には、五四節にこの御言葉が挿入されている。

（69）福音主義教会讃美歌集第三六二番 Ein feste Burg ist unser Gott の第二節の歌詞。『讃美歌21』第三七

七番、マルティン・ルター作詞作曲「神はわが砦」。

（70）注15参照。

（71）ヨハン・ヴォルフガング・フォン・ゲーテ、『ファウスト』第一部、相良守峯訳、岩波文庫、一九五八年、一一五頁。原文に従い、一部改訳。

（72）ヨハネの黙示録二一章三節による。「見よ、神の幕屋が人の間にあって……。」

（73）フリードリヒ・フォン・ボーデルシュヴィング（Friedrich von Bodelschwingh）、ドイツにある福祉施設の町ベーテルを建設した牧師（一八三一年三月六日—一九一〇年四月二日）。同名の息子がおり、父のあとを継ぎ、ベーテルの福祉施設長を務める（一八七七年八月一四日—一九四六年一月四日）。

（74）ルターはギリシア語の διαλογισμός（考え、思い、疑い、議論）の訳語として、ドイツ語の Gedanke（考え）を当てた。

（75）ドイツの民謡。

（76）オットー・フリードリヒ・ルドルフ・フォン・ターベル（Otto Friedrich Rudolf von Tavel）、スイスのジャーナリスト、作家（一八六六年一二月二一日—一九三四年一〇月一八日）。

（77）プロイセン王フリードリヒ二世（大王）（一七一二年一月二四日—一七八六年八月一七日）の言葉。

（78）アドルフ・シュラッター、新約聖書講解3、『ルカによる福音書』、新教出版社、登家勝也・蓮見和男訳、一九七六年、一一五頁。この部分は後代の加筆と考えられる。ギリシア語原典では五五節bとなっている。

（79）『新共同訳聖書』では「七十二人」であるが、リュティが用いているドイツ語のルター訳聖書（一九一二年版）では「七十人」となっている。

（80）ドイツとイタリアの侵略に脅かされたスイスの第二次大戦下の食糧自足計画（食糧増産政策）のことをヴァーレン計画（別名「栽培戦争」（Anbauschlacht））と呼ぶ。スイスの農学者であり、政治家であるフリードリヒ・トラウゴット・ヴァーレン（当時、連邦戦時食糧局の農業担当部長）により提唱された。一九四〇―一九四五年。田村久男、「スイスの作家マインラート・イングリーンの短編小説『黒いタナー』――第二次大戦における「栽培戦争」と個人主義の脱却――」、『明治大学教養論集』、通巻五一七巻（二〇一六年三月）、八一―九六頁参照。

（81）シャローム・ベン・コーリン（Schalom Ben-Chorin）、ユダヤの宗教哲学者（一九一三年七月二〇日―一九九九年五月七日）。

（82）注79参照。

（83）律法を無視し、もしくは無知なために、浄・不浄に関する規則を守らない輩は「同胞」ではなく、「地の民」の名を与えられた。

（84）フリードリヒ・フォン・シラーの物語詩である『人質』（Die Bürgschaft）の中で最後に王が語る言葉に由来する。

（85）申命記六章四節のヘブライ語で「聞け、イスラエルよ」という意味。

（86）ユダヤ教で旧約聖書の聖句を記した羊皮紙を収める革の小箱。テフィリンとも言う。

（87）「……、行ないがたい」と続く。

（88）トゥールのマルティヌス（Tours Martinus）、ローマ帝国時代のトゥールの司教、フランスの保護聖人（三一六（三一七）―三九七年）。一五歳でローマ騎兵となるが、この頃裸のもの乞いに与えるものがなく、自分のマントを半分に切って与え、夢の中にキリストから「その男こそ私だ」と告げられた（『キリスト教人名辞典』（日本基督教団出版局）による）。

（89）アッシジのフランチェスコ（Francesco d'Assisi）、イタリアの聖職者・聖人（一一八一年―一二二六年一〇月三日）。

（90）ヨハン・ハインリヒ・ペスタロッチ（Johann Heinrich Pestalozzi,）、スイスの教育実践家、シュタンツ、イベルドン孤児院の学長（一七四六年一月一二日―一八二七年二月一七日）。

（91）　注38参照。

訳者あとがき

本書は以下の書物の翻訳です。Walter Lüthi, Lukasevangelium: ausgelegt für die Gemeinde, Band I, Kapitel 1-10, Verlag Friedrich Reinhardt AG. Basel, 1962.

リュティの説教集の中には、日曜日の朝の礼拝で語られた説教を速記者が原稿に起こし、リュティがそれに手を入れ、出版されたものが少なくありません。たとえば、『使徒言行録』講解説教の場合には、一九五五年の聖霊降臨祭から一九五八年の聖霊降臨祭までの三年間、日曜日の朝の礼拝で語られ、講解説教が終わると同時に一冊の説教集として出版されました。しかし、この『ルカによる福音書』講解説教の成立事情はそれとは少々異なります。

序言で言及されているように、この『ルカによる福音書』の執筆は数十年にわたっています。リュティはもともと説教においてルカによる福音書の御言葉を取り上げることが多かったようですが、ベルンのミュンスター教会の牧師時代、一九四八年秋から一九五〇年春まで週日の夕礼拝において、ルカによる福音書の講解説教に初めて本格的に取り組みました。リュティが日曜日の朝の礼拝で語った説教の分量と比べると、この『ルカによる福音書』に収められた説教の分量が半分程度であるのは、これが週日の夕礼拝で語られた説教を基にしていることと関係があるかもしれません。しかし、この説教集が出版されたのは、この夕礼拝での講解説教が終わってから一二年後のことですから、必ずしもその時の夕礼拝の説教がそのままの形で説教集に収められたのではないように思われます。むしろ、リュティが序言で、「それ以来、ルカによる福音書について書き留めた文書を何回かの休暇の旅行に持って行きました」（三頁）と語っているように、数十年に及ぶ牧師生活の中で書き留めた説教原稿に手を入れ、推敲を重ね、編集して生まれたのがこの説教集だと考えられます。

このような成立事情ゆえに、一つ一つの説教が語られた年代を把握するのは困難です。しかし、中には年代を推測しうる説教もあります。たとえば、ルカによる福音書四章二節b―四節に基づく説教の中で、リュティは「今ちょうど、ブラジルのある黒人の本、カロリーナ・マリーア・デ・ジェズースの『カロリーナの日記』が世界中を駆け巡っています」（一一四頁）と語っています。これは、ブラジルの黒人女性作家がサンパウロの貧困地区でのひどい貧困生活について克明に記した日記が書物となったものです。原著はポルトガル語で一九六〇年に出版され、たちまち反響を呼び、多くの国々の言葉に翻訳され、一九六二年にドイツ語にも翻訳されました。そうすると、少なくともリュティの説教のこの部分に関しては、一九六二年に手が加えられたものと推測することができます。

このように長い年月を経て、ルカによる福音書一―一〇章に基づく六一編の説教が一九六二年に第一巻として刊行されました。読者は当然、続きの第二巻を期待するわけですが、どういうわけか、その実現には至りませんでした。もちろん、ルカによる福音書一一章以下の御言葉に基づいてリュティが語った説教は多数存在します。しかしながら、それらの説教がまとまった形で一冊の説教集として刊行されなかったことは誠に残念なことです。ちなみに、ヨハネによる福音書全体の講解説教は一九四二年に一冊の書物として出版されましたが、共観福音書の講解説教に関して言えば、まとまったものとしてはこの『ルカによる福音書』講解説教だけです。

もちろん、リュティはこの説教集において、ルカによる福音書だけを独立させて取り上げているわけではありません。むしろ、リュティは他の福音書とのつながりを絶えず意識しつつ、私たちの目の前に福音書の世界を生き生きと描き出し、その中心に立っておられる生ける主イエス・キリストの御前に私たちを導きます。

すでにルカによる福音書一章一―四節に基づく最初の説教においてそのような特徴が顕著に見られます。リュティはこの説教に「御言葉の奉仕者」と題をつけました。そして、その冒頭で「ルカは御言葉の奉仕者として自己紹介します」（一五頁）と説教を語り始めるのです。しかもリュティは、ルカが「『多くの人々がすでに手を着けています』」と語っていることに注目し、「あたかも彼は御言葉に、この特別な御言葉に仕える唯一の人でもなければ、最初の人でもないことを喜んでいるかのようではないでしょうか」（一六頁）と指摘します。そのうえでリュティは次のような比喩を用いて、四つの福音書が書かれた意義を説明します。博物館のメインとなる展示物は、鑑賞者が四方からその作品を眺めることができるように置かれています。それと同様に、キリストを四つのすべての側面からじっくりと眺めることができるように、神はマタイ、マルコ、ルカ、ヨハネの四人の報告者たちを用意されたのだとリュティは言うのです。「そのように神の摂理が、たった一人の人が主の御言葉と御業を書き留めることのないように配慮したのです」（一七頁）。ルカは自分を、数多くいる「御言葉の奉仕者」の一人として理解し、他の奉仕者たちと共に喜んで御言葉に仕え、キリストを証しました。同時にこの点にリュティの説教者としての自己理解を見ることができます。序言で語られているように、リュティはカール・バルトの『教会教義学』を通して、「キリストを聖書の中心として倦むことなく指し示」（四頁）すことこそ説教者の務めであることを学び、「御言葉の奉仕者」の一人として、生涯その務めに忠実に留まり続けました。

このようなリュティの説教者としての姿勢はこの説教集の最後の説教に至るまで貫かれています。ルカによる福音書一〇章三八―四二節には、いわゆる「マルタとマリア」の物語が記されています。リュティはその説教に「キュリオス」と題をつけました。「キュリオス」とは、ギリシア語で「主」を意味します。リュティはこの説教集において繰り返しこのギリシア語の言葉をドイツ語に翻訳せずにそのまま引用しています（三七頁、一六〇頁、一九五頁、一九七頁、二一九頁、二四八頁、二五四頁、二五五頁、三八二頁以下）。「キュリオス」はこの説教集を理解するうえで、さらに言えば、聖書全巻を理解するうえで最も重要なキーワードです。なぜなら、聖書は全巻を通して、「ナザレのイエスとはどなたか」という問いを読者に突き付け、この方こそ『『キュリオス・クリストス』（主キリスト）」であると証しているからです。「『キュリオス・クリストス』（主キリスト）、これが教会の初めの時における、キリスト教の信仰告白の最初の、最も簡潔な形です」（一九五頁）。そのようにリュティは語り、次のような言葉でこの説教集を締め括ります。「マリアとマルタはキリストの人格の証言です。あらゆる多種多様なこと、不可欠でもあり、重要でもあるあらゆることの中から、必要なただ一つのこと、すなわち、イエスが主であられ、キュリオスであられるということを認識し、つかむことが肝要なのです」（三八七頁以下）。この説教集に一貫する主題がこの結びの言葉に明確に示されています。

リュティはあたかも今私たちが置かれた状況に向かって語りかけているかのように、一つ一つの説教の言葉が半世紀以上の時を経てもなお古びることなく、私たちの心に新鮮に響きます。その中でも、現在の「コロナ禍」で苦しむ私たちの心に強く迫るのは、ルカによる福音書八章二六―三九節の御言葉に基づく説教ではないかと思います。この説教の中でリュティは、ガダラ人の地方の悪霊にとりつかれた男を、現代に生きる私たちと重ね合わせて見ています。リュティによれば、私たち人間は家に住むだけではなく、私たち自身が住まいとされ、占拠されるのです。しかも「『人間に居を構え、住むことができるのも、決して細菌や伝染性の病原菌だけではありません。衛生や医学的処置によっては、人が除去できない住人がいるのです』と聖書全巻が私たちに告げます。……聖書はそれらを諸力、支配、諸霊、権威、悪霊、悪魔と呼びます。……それらは個々の人間だけではなく、諸国民の領域や全世代をも占拠し、そこに住むことができるのです」（三〇〇頁以下）。ここでリュティは、悪霊に支配された人間がいかに孤立させられ、他者に対してだけではなく、自分自身に対しても攻撃的になり、遂には自殺的になるかを指摘します。そして、主イエス・キリストを自分自身の支配者として受け入れ、キリストの所有物にされる以外に、失われた人間性が回復される道はないと語るのです。「キリストの所有物となり、それと同時に神を自分の主人とする人間はこれとは異なります。イエスがこのガダラ人の男を解放し、御自分のものとされた後、この男は落ち着き、正気になり、おとなしくなり、人を信頼するようになり、人々との交わりを求め、いわば新しい服、新しい心、新しい顔、新しいまなざしを手に入れます。……そのようにイエスは破壊された人間の尊厳を回復させてくださるのです」（三〇四頁）。この言葉からも、リュティの説教がいかに時代を越えて私たちの魂の奥深くにまでキリストの福音の光を届ける力を持っているかを感じ取っていただけることでしょう。簡潔な叙述の中にも、キリストの福音の高さ、深さ、広さ、豊かさを存分に味わうことのできる珠玉の説教集です。ぜひ、それぞれの教会の聖書研究会や読書会などのテキストとして用いていただければ幸いです。

今回もこれまでと同様、訳者が後から聖書個所を明記した箇所は〔　〕によって示してあります。聖書の引用に関しては、基本的には日本聖書協会の『新共同訳聖書』から引用し、部分的に『聖書協会共同訳聖書』からも引用しました。ドイツ語の原文と齟齬が生じる場合には、原文に即して訳し、〔……による〕と記しました。また、訳注の中の説明に関しては、日本基督教団出版局の『キリスト教人名辞典』等を参照しました。

翻訳にあたり、今回も日本基督教団魚津教会牧師のウェーラー・ルツ・エステル先生には、ドイツ語の難解な箇所について多くのご教示をいただきました。また新教出版社の小林望社長には、今の極めて困難な状況の中で、本書の出版のために大変ご尽力いただき、本のタイトルや細かい校正に至るまで貴重なアドヴァイスをいただきました。これらの方々に心から感謝申し上げます。

最後になりますが、訳者が仕えている白銀教会の信徒の方々には、水曜日の聖書研究祈祷会において、このリュティの『ルカによる福音書』講解説教を繰り返し共に学んでいただきました。拙く読みにくい翻訳であるにもかかわらず、信徒の方々は忍耐強く学び、訳者を励まし続けてくださいました。記録を確認すると、二〇〇八年一二月のアドヴェントに初めてこの説教集を聖書研究祈祷会で取り上げました。そこから数えるならば、この訳書の出版に至るまでに一〇年以上の歳月を費やしたことになります。この場をお借りして、白銀教会の信徒の方々のこれまでのお祈りとお支えに心から感謝申し上げます。

リュティの説教に導かれ、御言葉を分かち合い、共に祈る交わりの時は実に祝福に満ちたものです。誠に拙い翻訳ではありますが、この説教集を通して聖霊の息吹を受け、キリストの福音の深みと豊かさに触れる喜びが日本の諸教会に広がることを願っています。

二〇二〇年五月三一日　ペンテコステ

野崎卓道

ブリューゲル、ピーテル（Breugel, Peter）232
ブルームハルト、クリストフ・フリードリヒ（Blumhardt , Christoph Friedrich）4
ブルームハルト、ヨハン・クリストフ（Blumhardt , Johann Christoph）4
ペスタロッチ、ヨハン・ハインリヒ（Pestalozzi , Johann Heinrich）380
ヘッセ，ヘルマン（Hesse, Hermann）275
ベンゲル, ヨハン･アルブレヒト（Bengel, Johann Albrecht）85, 108
ボーデルシュヴィング，フリードリヒ・フォン（Bodelschwingh, Friedrich von）331
ボナパルト，ナポレオン（Bonaparte, Napoléon）48

マ行

マホメット（Mohammed）106
マルティヌス，トゥールの（Martinus, Tours）380

ラ行

ラファエロ・サンティ（Raffaello Santi）333
ラガツ，レオンハルト（Ragaz, Leonhard）4
ルター , マルティン（Luther, Martin）47, 62, 118, 188, 295, 348
レントゲン，ヴィルヘルム・コンラート（Röntgen, Wilhelm Conrad）181

ワ行

ワーグナー , フレッド（Wagner, Fred）252

人名索引

ア行

アウグスティヌス，アウレリウス（Augustin, Aurelius）188

カ行

ガンディー，マハトマ（Gandhi, Mahatma）217
カント，イマヌエル（Kant, Immanuel）217
キュリー，マリア・スクウォドフスカ＝（Curie, Maria Salomea Skłodowska-）181
キェルケゴール，セーレン（Kierkegaard, Sören）343
クック，ジェームズ（Cook, James）252
クッター，ヘルマン（Kutter, Hermann）4
ゲーテ，ヨハン・ヴォルフガング・フォン（Goethe, Johann Wolfgang von）120
ケラー，ゴットフリート（Keller, Gottfried）160, 226
孔子（Konfuzius）106, 217
ゴットヘルフ，イェレミアス（Gotthelf, Jeremias）119
コーリン，シャローム・ベン（Chorin, Schalom Ben）361, 362

サ行

ジェズース，カロリーナ・マリーア・デ（Jesus, Carolina Maria de）114
シャミッソー，アーデルベルト・フォン（Chamisso, Adelbert von） 136
ショー，ジョージ・バーナード（Shaw, George Bernard）302
ショーペンハウアー，アルトゥール・（Arthur Schopenhauer）275

タ行

ターベル，ルドルフ・フォン（Tavel, Rudolf von）341
ツンデル，フリードリヒ（Zündel, Friedrich）4, 97, 98
ディーゼル，ルドルフ・クリスチアン・カール（Diesel, Rudolf Christian Karl）181

ハ行

パスツール，ルイ（Pasteur, Louis）181
バルト、カール（Barth, Karl）4
ヒレル（Hillel）275
フィロン（アレクサンドリアの）（Philon von Alexandria）275
仏陀（Buddha）106
聖フランツ（アッシジのフランチェスコ）（Francesco, von Assisi）380

著者　ヴァルター・リュティ（Walter Lüthi）

1901年スイスのギュンスベルクで生まれる。六人兄弟の五番目。幼くして父を亡くし、貧窮の中を母に育てられる。ベルン、チューリヒ、チュービンゲン、ローマなどで学ぶ。ヴィネルツとバーゼルの教会を経て、ベルンのミュンスターで23年間牧会。トゥルンアイゼンと共に雑誌『バーゼル説教集』の編集に関わる。名説教者として知られ多くの説教集を出版した。1982年逝去。

訳者　野崎卓道（のざき・たかみち）

1973年生まれ。東京神学大学博士課程前期課程修了、同後期課程単位取得退学。日本基督教団阿佐ヶ谷教会伝道師を経て、2001-2003年ミュンヘン大学で学ぶ。現在日本基督教団白銀教会牧師。訳書『霊の現臨』（エーバハルト・ユンゲル説教集2、共訳）『プロテスタンティズム』（F. W. グラーフ著）『キリストは甦られた』（R. ランダウ編。いずれも教文館）。『祝福される人々』『十戒』『主の祈り』（いずれもW. リュティ著、新教出版社）。

主イエスの言葉と働き

ルカ福音書1章から10章による講解説教

2020年7月31日　第1版第1刷発行

著　者……ヴァルター・リュティ
訳　者……野崎卓道

発行者……小林　望
発行所……株式会社新教出版社
　〒162-0814 東京都新宿区新小川町9-1
　電話（代表）03 (3260) 6148

印刷・製本……モリモト印刷株式会社
ISBN 978-4-400-52108-2　C1016